Coulommiers. — Typog. Albert PONSOT et P. BRODARD.

LA VIE
DOMESTIQUE

SES MODÈLES ET SES RÈGLES

D'APRÈS DES DOCUMENTS ORIGINAUX

PAR

CHARLES DE RIBBE

TOME SECOND

PARIS
ÉDOUARD BALTENWECK, ÉDITEUR
7, RUE HONORÉ-CHEVALIER, 7

LA TRADITION

LIVRE TROISIÈME

LA LOI DE DIEU DANS TOUS LES TEMPS

LA TRADITION

LIVRE TROISIÈME

[illegible]

LIVRE TROISIÈME

CHAPITRE PREMIER

LES FAMILLES MODÈLES ET LA TRADITION

Les archives intimes du foyer domestique nous ont donc gardé de véritables trésors. En voici deux : nos lecteurs auront-ils partagé nos impressions à leur sujet ?

La première fois que nous lûmes le manuscrit d'Antoine de Courtois, nous nous disions presque à chaque page : — Comme il est dans le vrai! Ce père de famille si occupé du gouvernement de son foyer, cet agriculteur sans cesse au travail pour faire prospérer son domaine, ce maire de Sault dont le souci constant est de garder en paix sa commune, d'y maintenir les bonnes mœurs et d'en éloigner les procès, n'a rien assurément en lui du lettré de profession ; et cependant, comme il écrit bien! Et surtout, comme il touche juste sur les points décisifs!

Quant à d'Aguesseau, il est au contraire un lettré, et des plus éminents. Il représente à nos yeux un monde qui n'a presque aucun rapport avec celui auquel appartenaient les petits propriétaires fonciers de la province. Et cependant, n'admirons-nous pas dans sa famille et dans sa personne des mœurs exactement semblables?

Ce sont deux diamants ; mais seraient-ce des diamants trouvés dans du sable?

Non certes; car nous savons qu'il y en a une multitude d'autres.

Des textes très-nombreux nous l'ont dit : partout, malgré les différences de lieu, de temps, de classe, d'éducation et d'instruction, même fonds invariable d'inspirations communes ; mêmes formules nettes, précises, et souvent lumineuses ; mêmes maximes qui gravent sans effort l'idée essentielle ; même rectitude d'esprit, même droiture de cœur avec une simplicité d'expression et un arome d'honnêteté qui saisissent. Ce qui change, ce ne sont que les développements et les ornements.

Tous n'ont pas à un égal degré la culture littéraire; mais tous traduisent bien, et presque toujours d'une manière distinguée, solidement, pratiquement, sans phraséologie, sans s'égarer à droite ou à gauche, les *vérités maîtresses*, celles-là mêmes qui semblent le plus perdues pour nous. Tous obéissent en cela à une méthode tracée, et ils la suivent, presque sans s'en douter, pour imprimer la notion vive du vrai et du bien dans la mémoire, dans la conscience de ceux auxquels ils s'adressent.

Nous avons sous les yeux un Livre domestique qui nous vient, non plus d'une de nos provinces françaises, mais de la Suisse, et nous pouvons y suivre dans ses principaux événements l'histoire d'une famille de Neufchâtel, depuis le XVIe siècle jusqu'à notre temps. Cette famille qui porte le nom de Bonvêpre se distingue par d'admirables mœurs patriarcales. Ses membres ne sont pas seulement de bons pères qui se consacrent tout entiers à l'éducation de nombreux enfants; ils sont aussi des citoyens dévoués, ils se succèdent de génération en génération dans les conseils de la ville, et, comme maîtres-bourgeois et maîtres-bourgmestres, ils concourent au gouvernement d'un pays dont les institutions sont aussi libres que possible, bien que, depuis la mort de la duchesse de Nemours (1707), il soit placé sous la souveraineté du roi de Prusse.

L'un d'eux commence ainsi son journal en 1665 : « *Mémoire des bénédictions reçues par moy Daniel Bonvêpre.*

« *La plus belle finesse est de ne point en avoir, et le plus beau secret est de craindre Dieu et de garder ses commandements.*

« *A l'honneur et à la gloire de Dieu soit le commencement et la fin. Amen.* »

La première bénédiction dont il remercie la Providence est d'abord son mariage, au sujet duquel il écrit : — « *Le vendredi, 28 août 1668, il a plu à Dieu de m'appeler au saint état de mariage avec ma chère femme...*

..... « *Dieu veuille nous combler de ses grâces, et nous fasse prospérer dans toutes nos bonnes entreprises, avec tous les bonheurs et les avantages qu'avec sa bénédiction nous en espérons!* »

Les enfants sont ensuite l'objet d'autant d'actions de grâces à Dieu : — « *Le mercredi, 3 novembre 1669, m'est née une fille de la part du Seigneur... Dieu la comble de ses bénédictions les plus précieuses!* » Une dizaine de naissances se trouvent enregistrées avec de semblables formules.

Le 9 mai 1665, il est nommé notaire; le 27 mars 1672, il est élu « du nombre de Messieurs les Quarante; » le 11 novembre 1677, il est appelé au Conseil « de Messieurs les Vingt-quatre; » et toujours il invoque Dieu, il veut travailler « pour son honneur et gloire; » il lui demande « de lui faire connaître l'équité et les voies de la justice, afin qu'il se conduise fidèlement, qu'il s'acquitte bien de sa charge pour le contentement du public, et qu'il parvienne à la vie éternelle. »

Ce n'est pas seulement Daniel Bonvêpre qui écrit cela, ce sont tous les membres de sa famille dont le Livre domestique nous permet de contempler à la fois l'esprit d'union et l'ardent patriotisme. Bornons-nous ici à noter ces détails [1]; ils ne diffèrent en rien de ceux que nous avons observés en Provence. Les modèles du bien que nous venons d'offrir ne sont donc pas des exceptions, et l'on peut dire qu'ils portent en eux les grands principes qui ont été de tout temps la vraie force des nations [2].

1. Il y en a d'autres qui caractérisent les mœurs. Ainsi, un Bonvêpre va terminer ses études à Bâle, en 1731, chez un ami de sa famille. Il raconte, entre autres souvenirs de son séjour dans cette ville, le fait suivant : « Nous avions pour voisin un nommé M. Guesler, à la rue des Nobles, chez lequel j'ai vu à table père et mère avec leurs dix-huit enfants. »

2. Voir dans le beau livre de M. Claudio Jannet, intitulé : *Les États-Unis contemporains* (Paris, Plon, 1876, deuxième édition, p. 190), les anciennes mœurs toutes patriarcales des familles puritaines qui ont constitué la société américaine. « Chaque soir, les membres de la famille se réunissaient autour du foyer pour prier Dieu ensemble. La Bible était la lecture quotidienne, et, sur les larges marges de ses grandes pages, le père inscrivait les naissances de ses en-

Assurément, et nous ne l'ignorons pas, à côté des familles exemplaires, personnifications vivantes du bien, il y en a d'autres qui ne sont pas des modèles. Les classes urbaines, et surtout les familles qui se condamnent à l'oisiveté, ont eu toujours à se défendre contre les influences corruptrices des villes, où se développe si promptement l'orgueil et où sévissent les abus de la richesse. Cette corruption s'est montrée plus d'une fois, avec trop d'éclat, dans les cours des princes; elle est plus marquée à certaines époques, par le fait d'un surcroît de prospérité qui a porté atteinte aux mœurs de toutes les classes. Les passions humaines n'ont jamais désarmé : partout et toujours, c'est au prix d'une lutte incessante que les sociétés ont dû maintenir, chez les familles dégradées, le respect de la loi morale. Mais, et ici est le point important, il n'y a pas alors de doute, pas de contestation, sur les caractères, la nécessité et l'autorité de cette loi morale. Elle est reconnue même par ceux qui la violent, et tôt ou tard ils y reviennent, s'ils ne sont pas exceptionnellement pervertis. Au milieu des plus terribles

fants et les principaux événements domestiques. Même aujourd'hui, c'est dans ces vénérables documents que l'on va chercher les preuves authentiques de l'état civil des familles. L'autorité paternelle était très-respectée. Les unions formées étaient fécondes. . »

crises religieuses ou politiques, il y a des vérités qui demeurent établies comme autant d'axiomes.

Du reste, ces vérités s'affirment et se démontrent par leurs fruits.

Les familles corrompues périssent, elles ne tardent pas à disparaître, quels que soient leur grand nom et leur opulence. « Il ne faut pas s'étonner, disait le chancelier L'Hôpital, si tant de grandes et illustres maisons que nos pères ont veues au sortir de terre, ou d'un estre médiocre, monter tout-à-coup à une excessive et démesurée hauteur, se sont non-seulement rabaissées, mais presque esvanouïes, comme si elles n'avoient jamais esté [1]. »

Quant aux familles gardant la tradition du bien, et ce sont celles que nous décrivons, elles sont seules stables, durables, et on les trouve alors en très-grand

1. *Traité de la réformation de la justice*, t. I, p. 165. — Œuvres de Michel de L'Hospital, publiées en 1824 par M. Dufey.

Cette observation de L'Hôpital est un des enseignements que les pères ne manquent presque jamais d'adresser à leurs enfants. Les mères font de même quand elles prennent la plume. Ainsi, au XVIIe siècle, la marquise de Lambert dit à son fils :

« *Nous avons vu quelquefois des hommes s'avancer par de mauvaises voies; mais si le vice est élevé, ce n'est pas pour longtemps; ils se détruisent par les mêmes moyens et avec les mêmes principes qui les ont établis.* » — Œuvres de Mme la marquise de Lambert, nouv. édit. en 2 vol.; Paris, 1748, t. I, p. 53.

nombre à tous les degrés, dans toutes les classes, dans les profondeurs surtout du monde rural. Les mœurs, les lois, les institutions, le régime représentatif, le suffrage communal, les appellent à la direction morale du pays et au contrôle de son administration, en leur imposant même l'obligation de se dévouer à lui presque sans mesure. L'opinion et la coutume leur confèrent un ascendant dont elles usent et auquel on a recours dans les discordes civiles. Ces familles se distinguent par des traits toujours exactement semblables : elles sont soumises à Dieu ; il y a chez elles une remarquable simplicité de vie, la sévère discipline du travail, une autorité paternelle honorée et dévouée s'appliquant à maintenir, avec la pureté des mœurs, les qualités et les vertus de la race. Elles sont pour leur entourage des exemples tangibles et sensibles, plus efficaces que les meilleurs sermons de morale ; elles représentent aux yeux de tous, et spécialement aux yeux du peuple de tout temps porté à envier le sort des riches, l'idée élevée du devoir et par cela même les conditions du progrès. En elles, sont *les sages* ayant autorité et pouvoir, pour faire aimer, pratiquer et respecter autour d'eux les grands dogmes sociaux.

Il n'est pas une société dans le monde, ayant eu

une certaine civilisation, qui n'ait vécu par les forces morales dont ces familles sont les dépositaires. Il n'est pas un peuple de l'antiquité qui n'ait cherché et vénéré dans les sages que ces familles ont produits, ses législateurs, ses réformateurs, ses sauveurs dans les périls nationaux [1]. Par malheur, notre littérature depuis un siècle semble avoir oublié tout cela, elle s'est vantée même de l'avoir effacé. Elle nous offre trop souvent le spectacle du mal; que sait-elle et que nous dit-elle sur les principes, sur les exemples du bien? Quelle idée se fait-elle surtout de la loi morale, et comment la traite-t-elle? Aussi, aux yeux d'une opinion égarée, l'ancienne société française a-t-elle perdu absolument tout droit au respect. L'impression générale qu'on a sur nos pères est qu'ils étaient ignorants, opprimés, souffrants, malheureux, que les classes dirigeantes d'autrefois ont été toujours et toutes

1. « Il se trouve toujours, parmi la foule, des hommes divins, peu nombreux, il est vrai, dont le commerce est inestimable, qui ne naissent pas plutôt dans les États policés que dans les autres. Les citoyens qui vivent sous un bon gouvernement doivent aller à la piste de ces hommes qui se sont préservés de la corruption et les chercher par terre et par mer, en partie pour affermir ce qu'il y a de sage dans les lois de leur pays, en partie pour rectifier ce qui s'y trouverait de défectueux. Il n'est pas possible que notre république soit jamais parfaite, si l'on ne fait ces observations et ces recherches, ou si on les fait mal. » Platon, *Les Lois*, liv. XII.

formées à l'image des hommes et des femmes du XVIIIe siècle, dont les mémoires et les correspondances nous révoltent par leurs scandales ; et les vertus des admirables familles, qui sauvèrent notre pays au XVIe siècle, disparaissent dans les descriptions qu'on nous fait de la corruption de la cour des derniers Valois, sur laquelle des peintres sans pudeur ont déchiré tous les voiles.

Les moralistes de l'antiquité, dont les livres classiques sont entre les mains de la jeunesse, mais dont on n'explique plus à celle-ci les grandes leçons, avaient une autre manière de comprendre le progrès et le patriotisme. Ils regardaient comme leur premier devoir, celui de dire la vérité, en défendant les traditions du bien contre l'invasion incessante du mal. Ils voyaient chaque génération naître avec la propension à suivre l'appât de la nouveauté, pour renverser les œuvres fondées sur l'expérience de sa devancière, la jeunesse portée à traiter l'autorité paternelle et la vieillesse de surannées, les meilleures règles de discipline, les plus saintes coutumes perdues, lorsque le père cesse d'être respecté et que les classes dirigeantes se livrent à l'erreur, au vice et à la recherche d'une vaine popularité [1].

1. « On peut voir dans le passé que tels ont été les principaux de la cité, telle a été la cité elle-même, et que

Quelles belles pages n'a pas écrites sur ce sujet Cicéron, le fidèle et éloquent interprète des traditions romaines !

Où Cicéron plaçait-il le danger le plus redoutable qu'eût à conjurer la société romaine de son temps? Entendons-le : « *Quand la fortune nous seconde,* dit-il, *et que le bonheur nous arrive de tout côté, notre grand soin doit être de nous défendre contre l'orgueil* [1]. »

L'orgueil a envahi Rome et les Romains, éblouis par l'avénement de la richesse, et les forces conservatrices de l'ancienne république s'en vont. Cicéron trace l'histoire de toutes les décadences :

« Nos grands hommes, sans les mœurs antiques, et nos mœurs, sans de tels hommes, n'auraient pu fonder et maintenir si longtemps, avec tant de gloire et de justice, un si prodigieux empire. Aussi, avant notre âge, voyait-on les sages traditions de nos pères former des hommes excellents, et ces grands hommes à leur tour consolider les anciennes mœurs et les institutions des aïeux.

toute altération qui s'est opérée dans les mœurs des premiers citoyens a été suivie d'une altération pareille dans celles du peuple. » — Cicéron, *Des Lois*, liv. III, 14.

1. *Des devoirs*, liv. I, 26.

« Notre siècle, au contraire, après avoir reçu la république comme un tableau admirable, mais à demi effacé par l'injure des temps, non-seulement a négligé de lui rendre son premier éclat, mais n'a pas même pris soin d'en conserver les derniers vestiges.

« Que reste-t-il des anciennes mœurs? Elles sont tellement plongées dans l'oubli que, bien loin de les pratiquer, personne ne les connaît plus parmi nous.

« Que dirai-je des hommes? Mais si les mœurs ont péri, c'est que les hommes leur ont manqué. Nous assistons à une grande ruine, et ce n'est pas assez d'en montrer les causes; la patrie nous en demande compte à nous-mêmes, et nous devons répondre à cette accusation capitale.

« *Ce sont nos fautes, et non pas nos malheurs, qui ont anéanti cette république dont le nom subsiste encore*[1]. »

Comment se formaient les hommes excellents, les grands hommes, produits par les anciennes mœurs et qui à leur tour les consolidaient? Cicéron le dit : ils étaient donnés à l'Etat par des familles exemplaires. Et Cicéron, en tête de son *Traité des de-*

1. Passage de *La République* de Cicéron, liv. V, 1, conservé par saint Augustin dans la *Cité de Dieu*, II, 21.

voirs qu'il dédie à son fils, met un tableau de la constitution naturelle de la famille; il définit et décrit même la *famille-souche*, avec des traits auxquels il n'y a rien à changer aujourd'hui [1]. Dans la *République*, il célèbre l'expérience domestique, il montre l'action paternelle à l'œuvre dans l'éducation de ces familles modèles, pépinières de bons citoyens, et il l'oppose aux stériles controverses des Grecs sur les meilleurs mécanismes de gouvernement.

Cicéron place sur les lèvres de Scipion Emilien ces paroles :

« Ecoutez-moi, je vous prie, non comme un homme à qui les livres des Grecs seraient entière-

1. « La famille est le principe de la cité, et en quelque façon la semence de la république. La famille se partage, tout en demeurant unie; les frères, leurs enfants et les enfants de ceux-ci, ne pouvant plus être contenus dans la maison paternelle, en sortent pour aller fonder, comme autant de colonies, des maisons nouvelles. Ils forment des alliances, de là les affinités et l'accroissement de la famille. Peu à peu les maisons se multiplient, tout grandit, tout se développe, et la république prend naissance.

« Les liens du sang sont en même temps les liens du cœur. Ceux qui tiennent à une même souche sont tout naturellement portés à s'entr'aider; ils ont les mêmes monuments de famille, les mêmes dieux pénates, un tombeau commun; n'est-ce pas là le plus solide fondement d'union qui soit au monde? » Liv. I, 17.

ment inconnus, ou comme un esprit entêté de leurs théories, ou commettant la faute, surtout en politique, de les préférer à nos antiques maximes, mais comme un Romain qui doit à la sollicitude de son père une éducation libérale, qui est enflammé depuis son enfance du désir d'apprendre, et *que l'expérience et les enseignements domestiques ont formé bien plus que les livres*[1]. »

Nous avons souligné déjà une pensée semblable, mise par Antoine de Courtois en tête de son Livre de raison. Il l'a écrit, dit-il, il veut qu'il soit conservé et continué, afin que ses descendants y trouvent « *une expérience domestique, toujours plus sûre et plus efficace que le raisonnement.* » Beaucoup d'autres s'expriment de même ; ils appellent leurs journaux domestiques de véritables « *cours d'expérience.* » Ils pratiquent ce dont leurs pères leur ont donné l'exemple, ils ont reçu d'eux des préceptes qui ont été pour eux autant de règles de conduite ; et ils obéissent même à leurs ordres, en les transmettant à leur postérité. Plusieurs, comme Agrippa d'Aubigné, ne craignent pas d'avouer et « de découvrir leurs fautes toutes nues, » et, comme

1. *De la République*, liv. I, 22.

Hurault de Cheverny, chancelier de France, ils demandent à leurs enfants « de faire beaucoup mieux qu'ils n'ont fait[1]. » Tous ont devant les yeux une voie droite ; tous sont convaincus que le raisonnement ne suffit pas à la jeunesse ni à l'âge mûr, dans le difficile voyage de la vie, pour empêcher l'homme de faire fausse route, surtout lorsque l'esprit de nouveauté travaille sans cesse à l'égarer.

« *N'imitons pas*, dit Sully dans ses Mémoires, *ceux qui sont plus désireux de faire estimer leurs escrits que d'annoncer les choses vrayes et enseigner les utiles, et emploient tous les beaux mots à la mode, lesquels ne produisent souvent que du vent*[2]. »

Le chancelier L'Hôpital parle de même comme homme d'Etat, et, ce que les pères enseignent à leur foyer, il le répète le 26 juillet 1567 au Parlement de Paris : « *Chascun se doit examiner, moy*

1. Voir *Les Familles*, t. I, liv. 1, chap. I, p. 17.

2. *Sages et royales Œconomies d'Estat de Henry le Grand*, t. II, p. 468.

Xénophon disait de même, il y a vingt-deux siècles, des sophistes de son temps : « Je leur reproche que, dans leurs écrits, ils sont à la recherche des mots, tandis que les pensées justes qui pourraient former les jeunes gens à la vertu brillent par leur absence... Ce ne sont pas les mots qui instruisent, mais les pensées justes. » — *De la Chasse*, chap. XIII.

le premier; nous estudions plus à apparoir qu'à estre. Ne se faut abuser soy-mesme[1]. »

Comment! Le raisonnement ne peut pas tout? L'esprit humain sera soumis à la tradition, et il n'aura pas en lui-même la puissance de trouver le vrai, sans se subordonner à ce qui a été pensé, cru et pratiqué avant lui par les sages? On s'insurge aujourd'hui contre de telles maximes. Les enfants regardent leur père comme très-inférieur à eux, s'il n'a pas la science professée dans les écoles. « Telle est la rapidité du progrès de nos connaissances, écrit un économiste, qu'aux deux tiers de sa carrière le père de famille n'est plus au niveau de ce qu'il faut savoir. Ce n'est pas lui qui enseigne ses enfants, ce sont ses enfants qui refont son éducation. Il représente pour eux la routine ancienne, la pratique usée, la résistance qu'il faut vaincre[2]. »

1. *Œuvres de Michel de L'Hospital*, t. II, p. 130.

2. R. de Fontenay, *Journal des économistes*, juin 1856, p. 401. — Combien l'esprit de la tradition était différent! Un des membres de la famille Bonvêpre de Neufchâtel, dont nous avons parlé plus haut, perd son père en 1735, quelques années après avoir terminé ses études à Bâle; et il écrit dans son journal : — « *Le 20 mai 1735, mon très-cher père est mort, âgé de quarante-neuf ans, notre perte est très-grande. Hélas! il nous laisse dans un âge où l'on n'a encore aucune expérience.* »

Voilà, trop exactement décrit, l'état de subversion qu'ont produit nos révolutions, et qu'aggravent chaque jour davantage ceux qui, confondant les sciences morales avec les sciences physiques, propagent en aveugles une notion absolument fausse du progrès. De là l'universelle instabilité ; de là, le désordre des idées, où nous perdons le sens des vérités les plus simples, les plus élémentaires et aussi les plus nécessaires.

Il y a de longs siècles, le philosophe de l'antiquité qui se servit le plus de la méthode expérimentale disait : « Voulez-vous découvrir avec certitude la vérité? Séparez avec soin *ce qu'il y a de premier*, et tenez-vous-y. C'est là en effet le dogme paternel, le dogme divin[1]. » Belle maxime! Dans le débordement inouï d'erreurs où nous sommes, elle se recommande aux méditations de tous et particulièrement de ceux qui, divisés sur d'autres points, demeurent unis dans la même foi religieuse. Les chrétiens ont le privilége de posséder, avec la révélation du dogme divin, la loi morale parfaite, les principes sociaux dans leur plénitude. Appuyés sur la tradition universelle et sur la pratique actuelle des peuples prospères, ils ont plus que ja-

1. Aristote, *Métaphysique*, t. XII, chap. 8.

mais à dégager de la confusion croissante des idées ce qu'Aristote nommait si bien « le dogme paternel, » les grandes vérités sur lesquelles reposent les fondements de la stabilité des familles et du progrès des nations.

Les études les plus utiles à la réforme de notre pays sont, avons-nous dit, celles qui, rétablissant la simplicité des formules, nous ramèneront à l'intelligence de ces lois éternelles. Entreprendre de retracer en son entier un si vaste tableau serait sortir du cadre de nos observations. Qu'il nous suffise, avant de donner la parole aux textes, d'indiquer quelques traits sur la conservation de la loi morale au foyer domestique.

Après les exemples, voyons le fond de la tradition, et nous comprendrons d'autant mieux les règles.

CHAPITRE II

LA SCIENCE DE LA VIE, SUPÉRIEURE A TOUTES LES SCIENCES, ENSEIGNÉE PAR LE PÈRE.

Un maître éloquent de la jeunesse française disait, il y a quelques années : « Aux périls et aux tentations qui de tout temps ont menacé la liberté naissante du jeune homme, il faut joindre aujourd'hui un mal et un danger particuliers : l'incertitude et la mollesse de la raison humaine. Quelle règle suivre? Deux choses nous manquent, et deux choses qui tiennent de près l'une à l'autre, la clarté et la joie. *Lux orta est de cœlo et recto corde lætitia* [1]. L'esprit de l'homme n'a plus la clarté qu'il avait, et le cœur par conséquent n'a plus la joie [2]. »

1. La lumière s'est levée pour le juste, et la joie pour l'homme au cœur pur. Ps. XCVI, 11.
2. St-Marc Girardin, *J.-Jacques Rousseau, sa vie et ses ouvrages.* — *Revue des Deux-Mondes*, 15 sept. 1851.

La meilleure partie de la société française a eu longtemps cette clarté; on peut l'affirmer, nous en avons donné et nous aurons l'occasion d'en fournir encore bien des preuves. D'Aguesseau, dont la famille est un des plus beaux modèles que nous ait laissés la tradition, nous dit de son père : « La loi de Dieu était la lumière qui éclairait ses pas, la règle de ses discours, l'âme de toutes ses actions. Il en était si fortement occupé qu'il y rapportait tous les événements... » La tradition n'a pas eu, assurément, le privilége de ne produire que des saints; mais elle faisait que chacun, au milieu de ses imperfections et de ses faiblesses, avait dans son esprit un principe de certitude, une notion pratique des premières vérités, notion établie sur la foi religieuse, sur la raison, sur l'expérience et la coutume, et qu'il pouvait la communiquer à ses enfants.

Aujourd'hui, quelle place ces premières vérités ont-elles dans les éducations et dans l'instruction?

« Oui, je vois le mal tel qu'il est, profond, tenace, écrit un autre de nos contemporains... Tout prêche la désobéissance au jeune homme...

« L'esprit général du temps, cet esprit d'égalité que les jeunes gens respirent avec l'air même dans les colléges, dans la famille, dans les théâtres, dans les réunions privées, dans les livres, dans les journaux, se manifeste chez eux par trois dispositions principales : le dédain de l'expérience, l'impatience de la tradition et la confiance en soi. A ces faits généraux s'en ajoutent d'autres plus particuliers et aussi importants. Aujourd'hui, les fils et les pères ne sont presque plus du même avis sur rien. En politique, en philosophie, en littérature, en religion, le dissentiment entre eux est complet et manifeste. Autrefois, les fils cachaient ou atténuaient cette divergence d'opinions; aujourd'hui, ils l'affichent et volontiers l'exagèrent. Autrefois, les fils croyaient bien que leur père avait quelquefois tort; mais aujourd'hui, ils croient avoir toujours raison [1]. »

L'auteur qui trace ce triste tableau de notre désorganisation conclut cependant, au nom des principes et des progrès de la société moderne, mots dont nos catastrophes n'ont pu nous faire comprendre le vide absolu, qu'en dépit des désordres qui l'accompagnent la transformation de la famille est légitime et utile, qu'il était juste et nécessaire d'arracher les fils « à l'omnipotence paternelle, » que l'union ne peut plus se maintenir entre les

1. Ernest Legouvé, *Les pères et les enfants au XIX*e *siècle*, p. 3-4.

pères et les enfants aux mêmes conditions qu'autrefois, que chercher la concorde domestique dans la similitude des croyances est tout ce qu'il y a de plus chimérique [1].

Il est temps de creuser jusqu'au fond de ces questions maîtresses; car le problème qui se pose pour les pères et les enfants se reproduit, et avec quelle gravité! pour les maîtres et les serviteurs, pour les patrons et les ouvriers, et pour l'ensemble des rapports sociaux. Comment rétablir la paix dans une société où les hommes n'ont plus des idées claires, nettes et communes sur la distinction du bien et du mal, et vont jusqu'à regarder comme définitif un état de choses qui est la négation du lien social lui-même?

Il s'agit de savoir d'abord s'il y a une règle et où elle est, surtout en matière d'éducation.

Plus que jamais, la science est célébrée comme l'expression du progrès. Le jour est venu pour les bons citoyens de se demander quelle est la première des sciences, celle qui est la régulatrice de toutes les autres.

Un des titres d'honneur de notre temps est d'avoir fait de l'histoire une haute école d'enseigne-

1. Ibid., p. 12, 133, 131.

ment. Il importe d'examiner, à la lumière des textes, quelle a été dans le passé une autre école bien plus nécessaire, celle par laquelle les moindres familles avaient un enseignement domestique.

Pénétrons de suite au cœur de notre sujet, et, avant d'interroger les témoins de la tradition du foyer, indiquons succinctement l'esprit de cette tradition, son essence, sa substance. L'enseignement domestique, que nous nous proposons d'étudier, a cela de remarquable qu'il est net, qu'il est précis, qu'il est commun à tous, petits et grands.

Son trait distinctif est la simplicité.

Il y a des vérités simples, irréductibles, qui sont pour les mœurs ce que sont en chimie les corps simples dont sont composés les autres corps.

Il y a des principes que les pères et mères placent au-dessus du nom, de la richesse, du talent, de la culture libérale, des connaissances enseignées dans les écoles. Et le père, lors même qu'il est dépassé en instruction technique par ses enfants, est beaucoup plus savant qu'eux, parce qu'il possède la notion de ces principes consacrée par l'expérience.

Les principes dont nous parlons sont supérieurs à tous les autres. Et comment en serait-il autrement? Ils contiennent en eux la science de la vie, et qu'est cette science? sinon celle du bonheur.

Le bonheur est le but de la création de l'homme, le terme de sa destinée. Tous les hommes veulent être heureux, et tous y aspirent sans relâche, malgré les plus dures épreuves. Mais combien se trompent sur les moyens d'arriver à la véritable félicité! Et combien aussi croient pouvoir en trouver la source et le secret exclusivement en eux-mêmes, n'ont en vue que la satisfaction d'eux-mêmes!

Or, il est au monde un homme qui, à la différence de l'individu considéré à part dans sa raison propre et isolé dans ses jouissances propres, doit s'oublier absolument, lui, ses préjugés, ses passions, ses entraînements, pour faire le bonheur de ceux à qui il a donné le jour. Il est un homme, établi par Dieu comme son *ministre temporel* dans l'ordre de la famille et pour la conservation de la société, qui a reçu de lui la suprême mission de résoudre à son foyer, et pour ses enfants, le problème des problèmes, « la question capitale de la philosophie pratique [1]. » Il n'est pas permis au père de se tromper

1. P. Lescœur, prêtre de l'Oratoire, *La Science du bonheur*, Paris, Didier, 1858, p. 5.

Nous avons plaisir à citer ce livre excellent. Il répond à un des plus grands besoins de notre société et ne saurait être trop lu.

Ce que nous disons ici du père s'applique pratiquement à la mère. On verra quelle place les Livres saints donnent à celle-ci dans les éducations et dans la constitution des fa-

dans le choix de la route où il engagera ceux dont la destinée est mise sous sa responsabilité, afin qu'ils parviennent au souverain bien. La conscience lui en crée le devoir ; l'amour paternel, le plus pur et le plus désintéressé de tous les amours, lui fait trouver dans les sacrifices qu'il s'impose les plus douces satisfactions ; l'intérêt, et quel intérêt ! l'y oblige, s'il veut assurer l'honneur de son nom, la joie et le repos de ses vieux jours.

Où est la preuve sensible de la vie heureuse ? sinon dans la paix : paix des âmes, paix de la famille, paix entre les frères, paix dans les rapports avec les serviteurs et collaborateurs du travail domestique, paix avec les autres familles auxquelles on est lié par la parenté ou la communauté d'habitation. Encore une fois quelle œuvre ! Et cependant, il faut qu'elle s'accomplisse : l'avenir du foyer et l'existence de la société sont à ce prix.

Le père a donc dans son pouvoir, avec la source

milles. Rien aussi ne peut en donner une plus haute et plus juste idée que les pages dans lesquelles Antoine de Courtois, parlant à ses enfants de la grande sagesse de leur mère, les adjure de l'aimer, de la respecter et de lui obéir « comme à un être supérieur. »

Mais, tel est de nos jours, et dans notre pays, l'effacement des autorités paternelles qu'il est nécessaire d'insister, par-dessus tout, sur la mission de conservation morale et de salut social imposée par Dieu à la paternité.

de sa propre félicité, le principe conservateur du *lien social* entre les hommes.

Or, la voix et le témoignage de tous les siècles nous le disent : il n'a une telle puissance qu'en vertu de quelque chose de supérieur à lui ; car par lui-même, s'il y a résistance et révolte, il ne peut qu'user de la contrainte matérielle, et il n'est pas de force de ce genre qui se fasse aimer et respecter dans la paix, si elle ne se subordonne à une force morale descendue d'en haut.

Que représente le père dans la famille ? Ses enfants sont-ils son bien, sa propriété, parce qu'il a concouru à les former et qu'ils sont le prolongement de son être ? Relèvent-ils seulement de lui, de son droit, de sa volonté propre ? A-t-il l'autorité nécessaire pour leur tracer *la règle infaillible* et pour leur dire ? « Ce que je vous commande est le bien, ce que je vous interdis et recommande d'éviter est le mal ». Peut-il enfin donner une sanction à cette loi ?

Le père sent sa faiblesse, et plus il a la conscience de ses devoirs, mieux il comprend la nécessité de faire appel à une règle suprême, à laquelle ses enfants obéiront parce qu'il sera le premier à leur en donner l'exemple.

Cette règle suprême est en Dieu. *Il y a des commandements de Dieu;* il y a une loi divine, indépendante des volontés et des passions humaines, en vertu de laquelle le père a autorité pour commander à ses enfants, le maître au serviteur, le patron à l'ouvrier, le capitaine au soldat, le gouvernant au gouverné.

Dieu n'a pas jeté l'homme sur la terre, comme un informe embryon. Il n'a pas fait que tous les êtres inférieurs de la création aiment leurs semblables, pour laisser dans un état fatal de guerre avec son prochain l'être par excellence qui a reçu l'incomparable privilége de la liberté, pour s'élever jusqu'à lui. Des lois physiques président à l'harmonie du globe : il existe une loi morale qui répond à la nature de l'homme, fondement nécessaire de la distinction du bien et du mal, de la paix et du bonheur des races humaines, aussi supérieure aux lois physiques que l'âme l'est au corps.

Les anciens nous ont laissé à cet égard des maximes d'une énergie singulière : « Lorsqu'à un heureux naturel, dit Platon, l'homme joint une éducation excellente, il devient le plus doux des animaux, le plus approchant de la divinité. Mais, s'il n'a reçu aucune éducation, il devient le plus farouche des animaux que produit la terre [1]. » Aristote place la même observation en tête de sa *Politique* : « Si l'homme parvenu à toute sa perfection est le premier des animaux, il est bien aussi le dernier, quand il a renoncé aux lois et à la justice. Mais il a reçu les armes de la sagesse et de la vertu qu'il doit surtout employer contre ses passions mauvaises. Sans la vertu, c'est l'être le plus pervers et le plus féroce, il n'a que les emportements brutaux de la faim et de l'amour [2]. »

Cette loi première, dans laquelle est la condition de tout ordre et de toute paix, porte un nom consacré : elle s'appelle le Décalogue.

Proudhon, dont l'esprit associait les plus étranges contradictions et ne reculait devant aucune aberration, un jour, dans un instant de lucidité, écrivit ce qui suit au sujet du Décalogue : « Quel magnifique symbole ! Quel philosophe ! quel législateur que celui qui a établi de telles catégories et qui a su remplir un tel cadre ! Cherchez dans tous les devoirs de l'homme et du citoyen quelque chose qui ne se ramène point à cela, vous ne le trouverez

1. Platon, *Les Lois*, liv. VI, édit. Panthéon, t. I, p. 283.
2. Aristote, *La Politique*, traduct. de M. Barthélemy-St-Hilaire, liv. I, chap. I, p. 15.

point. Au contraire, si vous me montrez quelque part un seul précepte, une seule obligation irréductible à cette mesure, d'avance je suis fondé à déclarer cette obligation, ce précepte hors de la conscience, et par conséquent arbitraire, injuste, immoral[1]. » Jamais docteur de l'Église n'a célébré en des termes plus vrais la loi de Dieu et les éternels principes qui constituent avec elle et par elle la charte morale du genre humain. Le Décalogue résume, en effet, dans des formules simples, claires et précises, la substance même de tout ordre social. Il n'a pas été inventé ; il est aujourd'hui ce qu'il était hier, il sera dans la suite des siècles ce qu'il fut dès l'origine des temps. Il n'existe pas pour lui de changement ni de progrès. Les hommes ont travaillé sans cesse, dans le domaine propre qui est livré à leur activité, à étendre et à accroître le trésor des vérités scientifiques ; mais ils n'ont rien ajouté aux vérités morales et primordiales. On ne peut pas citer un peuple chez lequel, à une date déterminée et dans un monument authentique, ait été promulgué un nouveau principe constituant en matière de mœurs. Le genre humain nous présente le spectacle d'époques de prospérité et d'é-

1. *De l'utilité de la célébration du dimanche*, 1, 13 et suiv.

poques de décadence, qui se sont toujours produites par des causes exactement semblables. Les familles et les sociétés qui ont le mieux observé les commandements de Dieu se sont élevées le plus haut en civilisation et ont eu la plus grande stabilité. Celles qui les ont oubliés se sont condamnées à un état de malaise et de souffrance. Celles qui les ont violés, au point de n'en plus tenir compte, ont péri ou sont tombées dans le dernier degré de la dégradation [1]. Partout les hommes ont dû obéir à la même morale, les pères ont dû enseigner à leurs enfants les mêmes devoirs et faire régner dans leur foyer les mêmes vertus.

1. M. Le Play a mis en pleine lumière, par la méthode d'observation, ces grands enseignements de l'histoire et de l'économie sociale. Des gens de bien viennent de s'unir, pour continuer, propager et faire fructifier de si opportunes et nécessaires études.

L'Union de la paix sociale a entrepris de démontrer scientifiquement, c'est-à-dire par l'expérience même de l'humanité, que la loi de Dieu a été partout la première condition de l'existence et de la prospérité des races humaines, que ses applications ont créé les coutumes sur lesquelles ont été et sont toujours établies les constitutions les plus stables, les plus libres et les plus puissantes, et que la décadence est aussi partout venue de la révolte contre les commandements dans lesquels se résume l'ordre moral. — Voir l'*Annuaire de l'Union de la paix sociale, pour l'an* 1875; Tours, Mame, 1 vol. in-18, p. 43 et suiv.

Jésus-Christ a dit : « *Je ne suis pas venu détruire la loi, mais l'accomplir ;* » et il a ajouté : « *Il ne manquera à cet accomplissement ni un iota ni un trait*[1]. » Son œuvre n'a donc pas été celle d'un novateur. Il a restauré l'ordre fondamental, il l'a rétabli dans sa pureté ; il l'a fait progresser, en donnant aux hommes les moyens de le mieux comprendre dans une nouvelle lumière, et de mieux le pratiquer dans sa plénitude. Il le leur a montré réalisé dans le grand, dans le parfait modèle qu'ils auraient à imiter, et il leur a laissé une autorité ayant la mission de leur enseigner la morale dans toute sa précision[2]. Mais cette morale demeure ce qu'elle a toujours été. Jésus-Christ n'a pas plus changé la loi qu'il n'a changé les fondements de la famille et de la propriété.

La véritable science de la vie a donc toujours été dans la connaissance et dans l'observation des mêmes préceptes, en dehors desquels, si parfaits qu'aient été les hommes, il n'y a jamais eu de familles. La véritable philosophie de l'histoire a toujours été aussi, et par de semblables motifs,

1. S. Mathieu, V, 18.

2. Ne pouvant qu'indiquer ici un si grand sujet, nous renvoyons nos lecteurs au beau livre de Mgr Besson, évêque de Nîmes, sur le *Décalogue;* Paris, Bray, 1871, 2 vol. in-18.

dans l'étude des mœurs nées des vertus et de l'esprit domestiques, s'établissant à l'état de coutumes, produisant des institutions, et présidant à la destinée des nations. Joubert a dit : « Les philosophes du XVIIIe siècle ont voulu substituer leurs livres à la Bible. » Ils n'y ont que trop réussi, et, en renversant la Bible dans la conscience de notre pays, ils ont fait que nos contemporains n'ont presque plus la notion de cette grande tradition morale du genre humain, dont le Livre par excellence était pour nos pères le monument sacré.

Nous avons essayé, dans les pages qui suivront nos esquisses historiques, de mettre en évidence quelques-uns des textes bibliques qui contiennent le commentaire de la loi de Dieu, au point de vue de la famille. On lira ces textes immortels. On suivra dans ses détails, dans ses applications, dans son économie, cet enseignement à la fois si profond et si simple ; notons ici un point essentiel qui le caractérise, car la tradition universelle s'y montrera de suite en quelque sorte à son berceau.

Le texte suivant, entre tous, nous fait assister aux premières instructions données par les pères aux enfants :

« Mon fils, écoute-moi, apprends à régler ton

esprit, et rends ton cœur attentif ; car c'est dans la vérité que tu apprendras la science de Dieu.

« Dieu a créé l'homme de la terre, et il l'a formé à son image. Il lui a marqué le temps et le nombre de ses jours, il lui a donné l'empire de tout ce qui est sur la terre. Il a mis sa crainte en toute chair, établi sa domination sur les bêtes et les oiseaux.

« Il a créé de sa substance un aide semblable à lui, et il leur a donné le discernement, un esprit pour penser, et il les a remplis de lumière et d'intelligence.

« Il a créé en eux la science de l'esprit, il a mis dans leur cœur la conscience, il leur a montré les biens et les maux.

« Il a posé son œil sur leurs cœurs pour leur faire voir la grandeur de ses œuvres, afin qu'ils célébrassent la sainteté de son nom et qu'ils publiassent la magnificence de ses ouvrages.

« Il leur a prescrit encore l'ordre de leur conduite, et il les a faits héritiers de la loi de vie.

« Et ils ont vu de leurs yeux les merveilles de sa gloire, et il leur a dit : Gardez-vous de tout ce qui est inique. Et il a ordonné à chacun d'eux de veiller sur son prochain [1]. »

1. Ecclésiastic., XVI, 21-25, XVII, 1-12.

Voici maintenant le précepte qui fait au père une loi d'instruire ses enfants sur les commandements :

« *Or, les commandements que je vous donne seront gravés dans votre cœur, et vous les répéterez à vos enfants, vous les méditerez assis à votre foyer, marchant dans le chemin, le soir en vous endormant, le matin à votre réveil. Vous les porterez comme un témoignage vivant à votre poignet. Ils seront sans cesse devant vos yeux ; vous les graverez sur le seuil de vos demeures, sur le linteau de votre porte* [1]. »

Quelles paroles ! quelles recommandations ! Comme elles éclairent à nos yeux les coutumes gardées jusqu'à nos jours dans les sociétés chrétiennes, ces usages domestiques qui faisaient inscrire les maximes de la Bible en tête des généalogies, des psautiers, des livres de prière, des Livres de famille [2], et qui même dans quelques contrées faisaient graver, selon la teneur du précepte, les commandements de Dieu au-dessus de la porte des

1. Deuter., VI, 6-9.
2. *Les Familles*, t. I, p. 35 et suiv.

vieilles demeures patrimoniales [1] ! Là ne s'est pas limitée leur action. Elles ont retenti dans toute l'antiquité ; elles ont produit tout un sillon lumineux à travers l'histoire. Jusqu'au sein des sociétés païennes, on entend l'écho de la tradition primitive, exprimée quelquefois dans la langue propre à la Bible avec une fidélité qui marque l'empreinte de son origine. Les familles modèles la conservent, les sages la professent et la proclament [2].

1. Cette coutume est observée notamment dans le Lunebourg, en Hanovre. Voici la maxime qui se trouve inscrite sur la porte du Luttershof, ferme datant de l'an 1000 et qui, depuis 1400, est dans la famille de son possesseur actuel, le paysan Peter Heinrich Rabe :

« *La bénédiction du Seigneur fera ta richesse,*
« *Si, sans autre souci, tu restes*
« *Laborieux et fidèle dans la condition où Dieu t'a mis,*
« *T'appliquant à y remplir tous tes devoirs. Amen.* »

(Frédéric Monnier, *Les paysans à famille-souche du Lunebourg* (Hanovre). — *Bulletin de la Société d'économie sociale*, 17 mai 1868.)

2. « Les Écritures, qui devaient être un jour la lumière du monde, furent mises dans la langue la plus connue de l'univers. Ce qui se passait, même parmi les Grecs, était une préparation à la connaissance de la vérité. Leurs philosophes connurent que le monde était régi par un Dieu bien différent de ceux que le vulgaire adorait et qu'ils servaient eux-mêmes avec le vulgaire. Les histoires grecques font foi que cette belle philosophie venait d'Orient et des endroits où les Juifs avaient été dispersés. » Bossuet, *Discours sur l'histoire universelle*, part. II, chap. XVI.

Bossuet a écrit ailleurs, dans la dédicace qui est placée en tête de la *Politique tirée de l'Écriture sainte* :

« Tout ce que Lacédémone, tout ce qu'Athènes, tout ce

Donnons d'abord la parole aux sages. Ils nous expliqueront, en la formulant, l'influence toujours présente de la loi à laquelle les foyers doivent leur principe de stabilité et de durée.

« Les anciens, meilleurs que nous et plus proches des dieux, disait Socrate, nous avaient transmis par la tradition les connaissances sublimes qu'ils tenaient d'eux[1]. » Et Platon d'ajouter : « Les premiers hommes, sortis immédiatement des dieux, ont dû parfaitement les connaître comme leurs propres pères, et il est vraiment impossible de ne pas croire au témoignage des fils des dieux[2]. »

Ces connaissances sublimes qui ont présidé à la naissance des sociétés, et que les pères ont transmises aux enfants, Platon les découvre à nos yeux. La cité se forme, elle doit se régir en paix, les chefs de famille sont assemblés pour y pourvoir. Rousseau dans son *Contrat social* et les révolutionnaires actuels ont imaginé des hommes abso-

que Rome; pour remonter à la source, tout ce que l'Égypte et les États les mieux policés ont eu de plus sage, n'est rien en comparaison de la sagesse qui est dans la loi de Dieu, d'où les autres lois ont puisé ce qu'elles ont de meilleur. »

1. Platon, *Philèbe*, Œuvres, t. IV, p. 219.
2. Platon, *Timée*, Œuvres, t. IX, p. 342.

lument parfaits et égaux, qui, rejetant toute autorité, toute tradition, et s'isolant dans leur raison propre, n'ayant plus dès lors à chercher la vérité en Dieu, la vertu dans la pratique de ses commandements, l'ordre de la société dans la famille, la stabilité de cette société dans le respect du père et du foyer, ne plaçant en un mot qu'en eux-mêmes le principe et la fin de leur existence, font des lois aussi arbitraires et variables que le sont leurs volontés et subordonnent au nombre la justice et le droit. Entendons Platon, après avoir invoqué Dieu [1], s'adresser aux chefs de famille, et leur dire où est la loi suprême dans laquelle est le fondement de toutes les lois.

« Mortels! Dieu, suivant une ancienne tradition, est le commencement, le milieu et la fin de tous les êtres. Il marche toujours en ligne droite, conformément à sa nature, en même temps qu'il embrasse le monde. La justice le suit, toujours prête à punir les infracteurs de la loi divine. Quiconque veut être heureux doit s'attacher à elle, marchant humblement et modestement sur ses pas. Mais,

1. « Invoquons Dieu pour le succès de notre législation. Qu'il daigne écouter nos prières, et qu'il vienne, plein de bonté et de bienveillance, nous aider à établir notre ville et nos lois. » *Les Lois*, liv. IV.

pour celui qui se laisse enfler par l'orgueil, les richesses, les honneurs, les avantages du corps, celui dont le cœur jeune et insensé est dévoré de désirs ambitieux, au point de croire qu'il n'a besoin ni de maître, ni de guide, et qu'il est en état de conduire les autres, Dieu l'abandonne à lui-même. Ainsi délaissé, il se joint à d'autres présomptueux comme lui, il secoue toute dépendance et met le trouble partout. Pendant quelque temps il paraît quelque chose aux yeux du vulgaire; mais la justice ne tarde pas à tirer de lui une vengeance éclatante, et il finit par se perdre lui, sa famille et sa patrie[1]. »

Un dialogue est engagé entre Clinias et un Athénien : « Puisque tel est l'ordre immuable des choses, dit celui-ci, que doit penser, que doit faire le sage ?

« Clinias. Il est évident que tout homme sensé pensera qu'il faut marcher à la suite de la divinité.

« L'Athénien. Dieu est la juste mesure de toute chose, beaucoup plus qu'un homme quel qu'il soit. Par conséquent, il n'est point d'autre moyen de se faire aimer de Dieu que de travailler de tout son pouvoir à lui ressembler...

1. *Les Lois*, liv. IV.

« Ensuite, il faut honorer les auteurs de nos jours pendant leur vie; c'est la première, la plus grande, la plus indispensable de toutes les dettes. On doit se persuader que tous les biens que l'on possède appartiennent à ceux de qui on a reçu la naissance et l'éducation, et qu'il convient de les consacrer sans réserve à leur service, en commençant par les biens de la fortune, en venant de là à ceux du corps et enfin à ceux de l'âme; leur rendant ainsi avec usure les soins, les peines et les travaux que notre enfance leur a coûtés autrefois, et redoublant nos attentions pour eux, à mesure que l'infirmité de l'âge les leur rend plus nécessaires. Il faut, de plus, que, pendant toute sa vie, on parle à ses parents avec un respect tout religieux, parce qu'une peine très-lourde est attachée aux paroles, cette chose légère, et Némésis, messagère de la justice, est commise pour veiller à ces manquements. Ainsi, il faut céder à leur colère, laisser un libre cours à leur ressentiment, soit qu'ils le témoignent par des paroles ou par des actions, et les excuser, dans la pensée qu'un père qui se croit offensé par son fils a un droit légitime de se courroucer contre lui... En nous comportant de la sorte et en vivant selon ces règles, nous recevrons des dieux, et des êtres d'une nature plus parfaite que la nôtre, la récompense de notre piété, et nous passerons la plus grande partie de la vie dans la plus douce espérance. »

Le respect de Dieu, le respect du père, tels sont les fondements, d'abord de toute société, ensuite de toute éducation. La science et la direction de la vie sont dans la connaissance de la loi divine.

« L'Athénien. Il est à propos maintenant d'examiner le plus ou moins de soin que l'on doit prendre de son âme, de son corps et des biens de la fortune; c'est ainsi que nous parviendrons, autant qu'il est en nous, à la vraie éducation. Tel est désormais le champ ouvert à notre conversation.

« Clinias. Fort bien.

« L'Athénien. Prêtez de nouveau l'oreille, vous tous qui avez entendu ce que j'ai dit au sujet des dieux et de ceux dont nous tenons le jour. L'âme est, après les dieux, ce que l'homme a de plus divin et ce qui le touche de plus près. Il y a deux parties en nous : l'une, plus puissante et meilleure, destinée à commander, l'autre inférieure et moins bonne, laquelle doit obéir... Dès l'enfance, tout homme se persuade qu'il est en état de tout connaître, et il s'empresse d'accorder à son âme la liberté de faire ce qu'il lui plaît. Mais nous disons, au contraire, que se comporter de la sorte, c'est nuire à son âme au lieu de l'honorer... On ne l'honore point, lorsqu'on s'abandonne aux plaisirs,.. lorsqu'on préfère la beauté à la vertu,... lorsqu'on désire amasser des richesses, puisque c'est vendre pour un peu d'or ce que l'âme a de plus précieux... Ce n'est point des monceaux d'or, mais un grand fonds de pudeur qu'il faut laisser aux enfants... La vérité est le premier des biens; celui qui veut être heureux ne saurait s'attacher trop tôt à elle [1]. »

« Bornons ici, ajoute Platon, le prélude général de nos lois. »

Il est une partie des législations qui dépend des mœurs et du caractère des peuples; mais voilà les principes qui ne changent pas, et qu'on ne peut ébranler sans tout compromettre; en dehors d'eux il n'y a point de bonheur pour les individus, point de paix ni de véritable prospérité pour les familles et les Etats.

Les plus anciens monuments de la tradition domestique nous feront bientôt assister à la réalisation des enseignements des sages. Considérons ici à quel point ces enseignements sont regardés dans les sociétés antiques comme contenant en eux la

1. *Les Lois*, liv. v.

clef de la science de l'homme et de la vie. Les pères ne sont pas seuls à les transmettre à leurs enfants, les maîtres de la philosophie à leurs disciples ; les législateurs ne les rappellent pas moins aux peuples : « Dieu, dit Solon, donne un heureux succès à qui fait le bien [1]. » La tragédie leur prête aussi ses accents et les montre en action au théâtre : — « Puissé-je jouir du bonheur de conserver toujours la sainteté dans mes actions et mes paroles, selon les lois sublimes descendues du haut des cieux [2]. » — « O fol orgueil qui prétends être plus sage que les sages et antiques lois ! Doit-il coûter à notre faiblesse d'avouer la force d'un être suprême, quelle que soit sa nature, et de reconnaître une loi sainte, antérieure à tous les temps [3] ? »

Quel intérêt n'y a-t-il pas pour nous à trouver, dans la poésie religieuse de l'antiquité, cette prière sublime ! « Roi glorieux,... qui gouvernes le monde par tes lois, je te salue... Je célébrerai toujours, toujours je chanterai ta puissance... Rien ne se fait sans toi, ni sur la terre, ni dans le ciel, ni dans la mer profonde, excepté le mal que commettent les mortels insensés... De tant de parties diverses,

1. Solon, *Sentent. int. gnom. grec.*
2. Sophocle, *Œdipe roi*, v. 863.
3. Euripide, *Bacch.* v. 870.

tu formes un seul tout soumis à un ordre constant, que les infortunés et coupables humains troublent par leurs passions aveugles. Ils détournent leurs regards et leurs pensées de la loi de Dieu, loi universelle qui rend heureuse et conforme à la raison la vie de ceux qui lui obéissent. Mais, se précipitant au gré de leurs passions dans des routes opposées, les uns courent à la renommée, les autres à la richesse, les autres à de vils plaisirs qui en les séduisant les trompent. Auteur de tous les biens, Père des hommes, délivre-les de cette triste ignorance, fais-leur connaître la sagesse éternelle par qui tu gouvernes le monde [1] ! »

Lorsqu'on s'éloigne de ces grandes sources, on voit la religion se corrompre, la notion des fondements de la loi morale s'altérer et finir par se détruire, en se mêlant aux plus étranges aberrations de la raison et à l'apothéose des passions humaines. La nuit se fait et s'épaissit de plus en plus sur le monde, jusqu'au jour où paraît Celui qui est « la voie, la vérité et la vie, » par qui tout doit être relevé, tout sera réparé et restauré. Il reste cepen-

1. Cet hymne, attribué à Cléanthe, nous a été conservé par Stobée, Eclog. lib. I. Il a été traduit en vers en plusieurs langues, et notamment au XVIIIe siècle, en français par Bougainville, et en allemand par Gedick.

dant assez de rayons de cette vérité, pour que les âmes droites puissent la reconnaître, pour que des familles et même des races, préservées par leur isolement de la corruption générale, et gardant, avec la solidité de la constitution de la famille, la rectitude de l'esprit et la simplicité du cœur, continuent à démontrer par leurs exemples où sont la vérité et les conditions de la vie heureuse. Diodore de Sicile oppose les fermes croyances des Chaldéens aux vains raisonnements et au scepticisme des Grecs de la décadence [1], et Tacite mettra les *Mœurs des Germains* sous les yeux des Romains dégénérés de l'époque des Césars.

Les beaux traités de Cicéron sur la république, sur les lois, sur les devoirs, sont autant de com-

1. Diodore de Sicile, liv. C., loue les Chaldéens « de n'avoir point d'autres maîtres que leurs parents, ce qui fait qu'ils possèdent une instruction plus solide, et qu'ils ont plus de foi dans ce qui leur est enseigné. » — « Pour les Grecs, ajoute-t-il, qui ne suivent point la doctrine de leurs pères, et n'écoutent qu'eux-mêmes dans les recherches qu'ils entreprennent, courant sans cesse après des opinions nouvelles, ils disputent entre eux des choses les plus élevées, et forcent ainsi leurs disciples, continuellement indécis, d'errer toute leur vie dans le doute, sans avoir jamais rien de certain. »

M. Auguste Nicolas a résumé tous ces témoignages de l'antiquité dans ses *Etudes philosophiques sur le Christianisme* (liv. I, chap. IV et V), qui, depuis leur publication en 1845, ont été et sont toujours pour les intelligences de notre temps une lumière et une force.

mentaires pratiques des principes conservateurs de l'existence et de la paix des sociétés. « Garder les rites de sa famille et de ses pères, écrit-il, c'est garder une religion pour ainsi dire de tradition divine ; car l'antiquité se rapproche des Dieux. » Ecartons les rites religieux qui étaient devenus chez les païens une idolâtrie ; voyons la loi éternelle du vrai et du bien, formant l'objet de la tradition divine que représente la famille, et demandons à nos contemporains de relire le passage inspiré dans lequel Cicéron définit cette loi : « *Il existe une loi véritable, la droite raison conforme à la nature, immuable, éternelle, qui appelle l'homme au bien par ses commandements et le détourne du mal par ses menaces... On ne peut l'infirmer par d'autres lois, ni déroger à quelqu'un de ses préceptes. Ni le Sénat, ni le peuple, ne peuvent nous dégager de son empire ; il n'y en aura pas une à Rome, une autre à Athènes, une aujourd'hui, une autre dans un siècle ; mais une seule et même loi éternelle et inaltérable régit à la fois tous les peuples, dans tous les temps. L'univers est soumis à un seul maître, à un seul roi suprême, au Dieu tout-puissant qui a conçu, médité et sanctionné cette loi. La méconnaître, c'est se fuir soi-même, renier sa nature, et par là seul subir les plus cruels châtiments, lors même qu'on échapperait aux supplices infligés par les hommes* [1]. »

L'abandon et l'oubli de cette loi sont les causes de la décadence des peuples, de la ruine des sociétés :

« Quand une fois l'insatiable soif de licence prend un peuple à la gorge, et que, mal servi par ses échansons, on lui verse sans tempérament la rude liqueur de liberté, alors tout magistrat qui ne sait s'assouplir et ne relâche pas tout est poursuivi, insulté, accusé, traité de roi, de maître et de tyran. Quiconque obéit à quelqu'un est poursuivi par la populace qui l'appelle esclave volontaire. Le magistrat qui se fait simple citoyen, le simple citoyen qui traite le magistrat comme son égal, voilà ceux qu'elle accable d'éloges. Tout dans ce peuple ne

1. Passage de *La République*, liv. III, 22, conservé par Lactance, *Instit.*, VI, 8.

Ailleurs Cicéron dit encore : « Tandis que les hommes ont pris de leur mortelle origine tout le fragile et le périssable auxquels ils demeurent attachés, l'âme leur est donnée de Dieu, *et c'est pour cela qu'on peut nous appeler la famille, la race ou la lignée des êtres célestes*. Aussi, de tant d'espèces, il n'est aucun animal, hormis l'homme, qui ait quelque connaissance de Dieu ; et parmi les hommes il n'est point de nation si féroce et si barbare qui, si elle ignore quel Dieu il faut avoir, ne sache du moins qu'il faut en avoir un. » *Des Lois*, liv. I, 8.

peut plus être plein que de liberté pure. Le foyer domestique lui-même doit être vide d'autorité; il faut que le père tremble devant son fils, et que le fils n'ait aucun souci de son père. Il faut abolir la pudeur, pour qu'enfin on soit libre en tout. Plus aucune distinction d'homme à homme : le maître doit craindre ses élèves et les flatter, les élèves doivent mépriser leur maître; les jeunes gens prennent le poids et l'autorité des vieillards, et les vieillards doivent se mettre à l'école des jeunes gens, pour être tolérés par eux. La femme se croit l'égale de son mari... Que produit cette dilatation de licence? des âmes molles, lâches, qui, à tout appel du devoir, répondent par la colère et le refus de rien porter [1]. »

Ces textes et bien d'autres sont en pleine harmonie avec ceux des Livres saints; ils nous permettent de juger combien M. de Bonald avait raison, lorsqu'il disait : « Il y a des lois pour les fourmis et les abeilles. Comment a-t-on pu penser qu'il n'y en avait pas pour la société des hommes, et qu'elle était livrée aux hasards de leurs inventions? Ces lois, quand elles sont oubliées de la

1. Passage de Platon, reproduit par Cicéron, dans *la République*, liv. I, 43.

société politique, se retrouvent dans la société domestique 1. »

Elles s'y retrouvent, parce qu'au milieu des révolutions qui bouleversent les institutions politiques, la famille demeure toujours par la force même des choses l'unité sociale irréductible, qu'elle seule forme les mœurs, préside aux éducations, organise le foyer, l'atelier, le travail, la corporation, la commune, etc... L'homme n'est complet que dans la famille et par la famille. Et cela est si vrai qu'il ne se retrouve lui aussi que là, dans l'intégralité de sa conscience et dans ce qu'il a de meilleur. Aujourd'hui combien de pères ont à leur foyer des maximes, une conduite, une politique, toutes différentes de celles qu'ils affichent au-dehors et qu'ils veulent imposer à leur prochain! Combien sont les adversaires publics et déclarés de la tradition, des vieux principes, de la religion elle-même, et qui ont grand soin de confier leurs enfants à des instituteurs chrétiens, de leur faire enseigner par autrui l'antique sagesse!

On cite de Beaumarchais un mot qu'il répétait souvent dans sa vieillesse : « *Tout homme qui*

1. *Esprit de M. de Bonald*, ou recueil méthodique de ses principales pensées, par le docteur de Beaumont; Paris, Wattelier, 1870, p. 58.

n'est pas né un épouvantable méchant finit toujours par être bon, quand l'âge des passions s'éloigne, et surtout lorsqu'il a goûté le bonheur d'être père [1]. »

Nous n'avons pas à apprécier ici ce que Beaumarchais entendait par être bon. Il avait concouru trop activement, pour le repos de ses vieux jours, à déchaîner la révolution ; il se piquait de professer peu de morale, et cependant il avait senti, en devenant père, s'éveiller en lui de nouvelles impulsions. Non-seulement il n'avait pas formé sa fille unique à l'école de Voltaire, dont il avait édité les œuvres complètes; mais il lui avait fait donner dans un couvent une éducation religieuse, et, « s'il n'allait pas beaucoup à la messe, il n'était pas fâché qu'elle y allât pour lui [2]. »

La paternité est donc plus qu'une chose humaine, et, là où elle se rabaisse à ce niveau, l'autorité qui lui est propre disparait.

1. Sainte-Beuve, *Causeries du lundi*, t. VI, p. 208.
2. Louis de Loménie, *Beaumarchais et son temps*, 1873, t. II, p. 411.

CHAPITRE III

LA LOI DE DIEU ET LES PÈRES DE FAMILLE DE TOUS LES TEMPS.

De tout temps, les pères de famille ont été socialement les meilleurs juges de ce que les nations ont un intérêt majeur à croire et à faire respecter comme autant de dogmes fondamentaux. De tout temps, et chez tous les peuples prospères, les hommes qui ont eu des enfants à élever, des serviteurs et des subordonnés à commander, des ateliers de travail à garder dans la paix, ont exercé en réalité la partie la plus importante du gouvernement.

Ces pères de famille, combien peu se soucient de les interroger? Beaucoup d'érudits recherchent dans le passé les moindres détails propres à satisfaire leur curiosité. De nombreux savants recueillent de nos jours avec passion les vestiges de l'âge de pierre et de l'âge de bronze, et quelques-uns mettent une ardeur sans égale à inventer un homme préhistorique, qui aurait été à peu près au niveau des espèces animales alors existantes. En est-il qui se posent le problème des problèmes, celui duquel dépend plus que jamais notre existence, et qui pensent à demander à ceux qui ont qualité pour parler dans quelles conditions, partout et toujours, les familles ont vécu, possédé la vertu et le bonheur, progressé, prospéré, et élevé les peuples à la vraie civilisation?

Un grand penseur de l'antiquité a dit : « L'État le plus parfait est en même temps le plus heureux et le plus prospère. Le bonheur ne peut suivre le vice. L'État, non plus que l'homme, ne réussit qu'à la condition de la sagesse et de la vertu[1]. »

Il est devenu absolument nécessaire d'étudier, dans l'histoire des foyers domestiques, les applications de cette maxime. Or, il y a une époque où l'on a déclaré que l'antique sagesse avait fait son temps, que la vertu était chose indifférente pour le progrès des sociétés et même qu'elle était un obstacle dont il fallait se débarrasser. La fin du XVIIIe siècle a vu le *Contrat social* mis à la place

1. Aristote, *La Politique*, liv. IV, chap. I, p. 9. (Traduct. de M. Barthélemy St-Hilaire).

de la tradition ; elle marque la ligne de partage des eaux. Nous allons la prendre pour point de départ de notre enquête, et, remontant de siècle en siècle, il nous suffira de marquer la voie, de planter quelques jalons.

Ainsi, au XVIIIe siècle, un père de famille écrit dans son Livre de raison : — « *Je recommande à mes enfants, d'avoir Dieu en vue dans tout ce qu'ils feront et de tout rapporter à sa plus grande gloire. Qu'ils apprennent que c'est de luy que nous tenons tout, car de nous-mêmes nous ne sommes capables que de produire le péché. C'est luy qui bénit et fait prospérer nos entreprises. Nous serons toujours heureux, si nous observons sa sainte loi et gardons ses commandements, et, si nous faisons le contraire, toutes sortes de malheurs fondront sur nous....* »

Qui trace ces lignes ? C'est un marchand de drap, sorti d'un village près de Toulon, simple cadet de famille, et qui a fondé à Aix par son travail une maison de commerce importante. Et l'aîné de ses enfants, continuant le Livre paternel, d'ajouter : — « *Moy, Joseph M., fils à feu Toussaint M..., voulant laisser à mes enfants et désirant bien leur inculquer les principes de religion, dont mon père a eu soin de m'entretenir dès l'âge le plus tendre, je les exhorte à méditer sans cesse les briéves instructions qu'il m'a laissées écrites ci-devant de sa propre main, et à mettre à profit les leçons qu'il me donne. Qu'ils prennent l'idée la plus avantageuse de ce grand homme.* »

Au XVIIe siècle, un autre père de famille adresse à ses enfants des conseils sous ce titre : *Mémoire pour ma maison* (1687). Voici une de ses premières recommandations : — « *Ayez en vue toujours dans vostre conduite les commandements de Dieu. Qu'ils soient empreints dans vostre esprit et dans tout ce que vous ferez. Quand vous aurez accoustumé cette douce façon de vie, elle vous sera aisée, et vous serez contents et pour l'âme et pour vostre repos, pour celui de vostre maison et de vos affaires* [1]. »

En 1671, Colbert place les instructions suivantes en tête d'un mémoire, sur ce que son fils, le marquis de Seignelay, alors âgé de vingt ans, doit observer pendant un voyage qu'il va faire à Rochefort, pour compléter son éducation théorique par des études pratiques sur la marine :

« *Estant persuadé, comme je le suis, qu'il a pris une bonne résolution de se rendre autant*

1. Livre de raison de M. de Mongé, habitant de la commune de Puymichel (Basses-Alpes).

honneste homme qu'il a besoin de l'estre, pour soutenir dignement, avec estime et réputation, mes emplois, il est surtout nécessaire qu'il fasse toujours réflection et s'applique avec soin au règlement de ses mœurs. Qu'il considère surtout que la principale et seule partie d'un honneste homme est de faire toujours bien son debvoir envers Dieu. Ce premier devoir tire nécessairement tous les autres après soy, et il est impossible qu'il s'acquitte de tous les autres, s'il manque à ce premier. Je crois luy avoir assez parlé à ce sujet en diverses occasions, pour croire qu'il n'est pas nécessaire que je m'y estende davantage.

« Après ce premier debvoir, je désire qu'il fasse réflection à ses obligations envers moy, non seulement pour sa naissance qui m'est commune avec tous les pères, et qui est le plus sensible lien de la société humaine, mais mesme pour l'élévation dans laquelle je l'ay mis, et par la peine et le travail que j'ay pris et que je prends tous les jours pour son éducation.

« Qu'il pense que le seul moyen de s'acquitter de tout ce qu'il me doibt est de m'aider à fournir à la fin que je souhaite, c'est-à-dire qu'il devienne autant et plus honneste homme que moy,

s'il est possible, et qu'en y travaillant, comme je le souhaite, il satisfasse en même temps à tous ses debvoirs envers Dieu, envers moy et envers tout le monde... ; moyens sûrs et infaillibles de passer une vie douce, ce qui ne se peut jamais qu'avec estime, réputation et règlement des mœurs[1]. »

Sully ne parle pas autrement à ses enfants : — « *Prenez tousjours,* leur dit-il, *les commandements de Dieu pour les règles de vos pensées, désirs et desseins, la vraye vertu pour but et pour guide ordinaire de vos actions et opérations, une douceur, loyauté et facilité d'accès envers vous, une aversion de tous vices et voluptés, et une raisonnable économie domestique, sans préjudice de qui que ce soit*[2]. »

Au XVIe siècle, Jeanne du Laurens nous raconte comment ses parents sans fortune, mais riches de vertus, avaient élevé dix enfants, dont huit fils docteurs, en leur répétant souvent cette maxime : « *Il n'y a que de marcher par les grands chemins des commandements de Dieu, et Dieu nous mandera ce qui nous est nécessaire*[3]. »

1. Pierre Clément. *Histoire de la vie et de l'administration de Colbert;* Paris, 1846, p. 297.

2. *Sages et royales Œconomies d'Estat de Henry le Grand,* chap. CXXXVII.

3. *Une famille au XVIe siècle,* deuxième édition, p. 87.

Au XVe siècle, la mère de Bayard dit encore de même à son fils : « *Pierre, mon amy, d'autant que mère peult commander à son enfant, je vous commande trois choses tant que je puis; et, si vous les faites, soyez asseuré que vous vivrez triomphamment en ce monde.*

« *La première, c'est que, devant toutes choses, vous aymiez, craigniez et servez Dieu, sans aucunement l'offenser, s'il vous est possible ; car c'est celluy qui nous a tous créés et qui nous fait vivre; c'est celluy qui nous saulvera, et, sans luy et sa grâce, ne saurions faire une seulle bonne œuvre en ce monde. Tous les soirs et tous les matins, recommandez-vous à luy, et il vous aydera*[1]... »

Au XIIIe siècle, saint Louis, exprimant ses dernières volontés à son fils Philippe, lui adresse ces conseils : « *Cher fils, pour ce que je désire de tout mon cœur que tu sois bien enseigné en toutes choses, je pense que je te fasse quelque enseignement par écrit; car je t'ai quelquefois ouï dire que tu retiendrais plus de moi que d'autre personne.*

« *Pour ce, cher fils, je t'enseigne première-*

1. *Chronique de Bayard*, par le Loyal Serviteur, ch. II.

ment que tu aimes Dieu de tout ton cœur et de tout ton pouvoir; car sans ce nul ne peut valoir quelque chose. Tu dois te garder de tout ton pouvoir de toutes choses que tu croiras qui doivent lui déplaire[1]. »

Ce n'est pas le lieu de dire quelle grande tradition représente saint Louis, ni à quel haut degré de prospérité la France s'éleva sous son règne. Ces faits sont connus de tous; en voici qui le sont moins. Nous n'avons encore cité que des textes appartenant à notre pays. Transportons-nous maintenant non loin des confins de l'Europe et de l'Asie, et nous entendrons les mêmes enseignements.

Au XIIe siècle, un peu plus d'un siècle après la conversion des races slaves au christianisme, et cent ans avant l'invasion mongole, Vladimir II, un des fondateurs de la civilisation de la Russie et grand-prince de Kieff, donne à son peuple un code de lois, qui témoigne d'un état social avancé, et à ses enfants toute une législation domestique qui n'est pas moins remarquable. « Cette période est

1. Nous reproduisons en entier à la fin de ce volume les enseignements de saint Louis à son fils Philippe, et aussi ceux qu'il laissa à sa fille Isabelle. Il faut aujourd'hui mettre ces beaux textes sous les yeux de tous, les rapprocher de ceux de la Bible et des autres monuments de la tradition.

riche en beaux exploits pacifiques, dit M. de Gerebtzoff; les principales villes furent entourées de murailles de pierre pour garantir la sécurité des habitants, de nouvelles cités furent fondées. Le grand-prince se distinguait surtout par ses lumières; il est probable qu'il n'était pas moins instruit que son père qui parlait cinq langues étrangères : le grec, le latin, l'allemand, le hongrois et le polonais. Vladimir développa beaucoup l'enseignement. Pour donner une idée du degré de culture morale que la Russie avait atteint en ce temps-là, nous ne saurions mieux faire que de citer quelques passages du testament qu'il adressait à ses enfants en 1125, à l'âge de soixante-douze ans :

« *En approchant de la tombe, je remercie Dieu pour la longue vie qu'il m'a accordée. Sa main m'a soutenu jusqu'à une vieillesse reculée. Pour vous, mes enfants, et vous tous qui lirez ces lignes, suivez les principes que j'écris ici.*

« *La crainte de Dieu et l'amour pour les hommes sont les sources de toute vertu. Grand est le Seigneur, et merveilleuses sont ses œuvres.*

« O mes enfants! louez Dieu, mais aimez aussi les hommes... N'oubliez pas aussi les pauvres, nourrissez-les, et souvenez-vous toujours que ce que nous avons appartient à Dieu et ne se trouve en notre possession que temporairement. Soyez les pères des orphelins, jugez les veuves vous-mêmes, et ne permettez pas aux forts d'offenser les faibles.....

« Ne jurez point par Dieu inutilement; mais, si vous avez une fois juré, exécutez la promesse de votre serment. N'abandonnez pas les malades et ne craignez pas les morts, nous mourrons tous. Recevez avec amour la bénédiction des prêtres; ne vous éloignez pas d'eux, faites-leur du bien, afin qu'ils prient Dieu pour nous.

« N'ayez de fierté ni dans l'esprit, ni dans le cœur, et pensez : nous ne sommes pas éternels, aujourd'hui nous sommes vivants et demain nous serons morts. Evitez toutes sortes de mensonges.

« Respectez les gens âgés comme des pères, aimez vos cadets comme des frères. Dans votre ménage, veillez vous-mêmes à tout.

« Soyez actifs à la guerre, car alors il n'est plus temps de songer aux festins. Quand vous voyagerez dans vos États, ne permettez pas à

votre suite d'offenser les habitants. Surtout respectez votre hôte, qu'il soit puissant ou faible, qu'il soit marchand ou ambassadeur.

« En apprenant à connaître le bien, efforcez-vous de vous en souvenir, et, ce que vous ne comprendrez pas, ayez soin de l'étudier. La paresse est mère de tous les vices, veillez à vous en préserver. Que jamais le lever du soleil ne vous trouve à votre lit! Allez de bonne heure à l'église offrir votre prière à Dieu; ainsi faisait mon père, ainsi font tous les honnêtes gens. Quand le soleil les éclairait, ils louaient Dieu avec bonheur. Ensuite ils discutaient les affaires avec leur conseil (droujina), *ou rendaient la justice au peuple. Je faisais par moi-même tout ce que j'aurais pu confier à un suivant* (otrok). *A la chasse comme à la guerre, le jour ou la nuit, sous les brûlantes chaleurs de l'été comme dans les terribles froids de l'hiver, je ne me permettais pas le repos. Je ne me fiais pas à mes lieutenants* (possadniks), *j'interdisais aux forts d'opprimer les pauvres et les veuves, je veillais moi-même aux affaires de l'Église, sans négliger l'ordre du ménage.*

« J'ai fait quatre-vingt-trois campagnes; quant aux petites expéditions, je ne m'en rappelle plus

le nombre... Dieu me gardait. Et vous, mes enfants, ne craignez pas la mort.., mais soyez braves; vous êtes sous la main de Dieu... Dieu garde mieux que les hommes[1]. »

N'y a-t-il pas là un beau commentaire pratique des commandements de Dieu, et surtout des deux plus grands dans lesquels se résume la loi[2]? Ce prince du XIIe siècle, appartenant à une époque et à un pays qui nous paraissent livrés à la barbarie, a la notion la plus parfaite des devoirs du père et du souverain. Il répète à ses enfants ce que son père lui a enseigné, ce que les pères modèles de tous les temps ont travaillé à inculquer à leurs fils. Il leur dit : « Demeurez fidèles à la loi de Dieu, soyez religieux et respectueux, soyez justes, soyez charitables; repoussez loin de vous l'orgueil, sou-

1. Nicolas de Gerebtzoff, *Essai sur l'histoire de la civilisation en Russie*, Paris, Amyot, 1857; t. I, p. 84-91.

2. « Un docteur s'approcha pour le tenter : « Maître, quel est le grand commandement de la loi? » Jésus répondit : « *Tu aimeras le Seigneur, ton Dieu, de tout ton cœur, de toute ton âme et de tout ton esprit. C'est là le plus grand et le premier commandement; et voici le second, semblable à celui-là : Tu aimeras ton prochain comme toi-même. Ces commandements renferment toute la loi et les prophètes.* » St Mathieu, XXII, 35-40.

mettez-vous au devoir du travail, veillez constamment sur vous-mêmes, et c'est ainsi seulement que vous serez heureux. » Son testament exprime plus qu'une tradition domestique. Nous y retrouvons les traits distinctifs des races slaves, les vertus qui caractérisent encore de nos jours le peuple russe, cette foi profonde, cet esprit de famille, ce respect de la vieillesse, cet attachement au foyer, cet amour du prochain, et enfin ce courage devant la mort qui ont toujours constitué les nationalités puissantes et les sociétés prospères.

Quelles utiles et opportunes études n'y aurait-il pas à entreprendre sur de tels sujets! Cicéron a donné une belle définition de l'histoire; il l'a appelée « le témoin des temps, la lumière de la vérité, l'école de la vie. » N'importe-t-il pas aujourd'hui plus que jamais de voir et de savoir à quel point cette école a été universellement et invariablement la même? Il n'est pas une race, si ancienne qu'elle soit, chez laquelle cet ordre fondamental ne se montre indissolublement lié à son degré de civilisation, à ses institutions, à ses conditions privées et publiques d'existence. Il n'est pas un peuple prospère, si étranger qu'il semble être à nos mœurs, dont on ne puisse dire : il a respecté Dieu, il a respecté le père, il a respecté et honoré le foyer domestique. Voulons-nous nous en convaincre? Ne nous arrêtons pas aux siècles dans lesquels s'est renfermée jusqu'ici trop exclusivement l'histoire; remontons jusqu'aux âges les plus lointains; et abordons l'antique Égypte autrefois renommée pour ses sages, où Platon avait trouvé quelques rayons de cette lumière qui l'a fait appeler « le divin Platon, » et qui est aujourd'hui explorée par de consciencieux savants.

On a osé prétendre, au nom de la science, que la famille est une création du progrès humain, et qu'elle est sortie sans Dieu, sans autorité paternelle, sans loi morale, d'un état de promiscuité bestiale. La raison suffit à confondre de si monstrueux systèmes, qui prennent pour point de départ l'abaissement où sont tombées certaines races sauvages dégradées. La vraie science nous montre au contraire les sociétés anciennes d'autant plus pures qu'elles se rapprochent davantage de leurs origines. L'Égypte des premiers temps, avant l'invasion de l'idolâtrie introduite par ses castes sacerdotales, et qui précipita sa décadence, professe les grands principes de la loi naturelle, révélée d'en haut : l'adoration d'un seul Dieu créateur, l'union des époux, l'autorité paternelle et le respect des parents, l'obligation du travail, l'immortalité de l'âme, la récompense des bons et la punition des méchants; on retrouve même chez elle la croyance à la rédemption, à la vie future, à la résurrection des corps et à la justification des âmes par les mérites du Rédempteur [1]... »

Des hommes de toute classe, des pères, des enfants, vivant il y a trois à quatre mille ans, vont nous répéter ce que nous ont dit nos pères de famille français.

Les papyrus, trouvés dans les tombeaux de cette terre conservatrice, justifient le témoignage de Diodore de Sicile [2], en nous expliquant la supériorité d'une race éminemment religieuse et morale.

Les plus anciennes inscriptions, déchiffrées sur les stèles funéraires, nous font assister à des examens de conscience, traduits souvent avec une élévation de sentiments remarquable. L'âme du

1. Alexis Chevalier, *La civilisation égyptienne, d'après les découvertes les plus récentes;* Douniol, 1872.

2. « Les honneurs extraordinaires qu'on rend aux parents ou aux ancêtres, qui ont échangé leur vie contre le séjour éternel, constituent chez les Égyptiens une des pratiques les plus solennelles. On ne saurait trop admirer ceux qui ont institué ces coutumes, et qui ont basé la pureté des mœurs, non-seulement sur le commerce avec les vivants, mais encore, autant que possible, sur le respect qu'on doit aux morts... Chez les Égyptiens, le châtiment du vice et l'honneur rendu à la vertu sont des faits visibles qui rappellent journellement chacun à ses devoirs. » Diodore de Sicile, liv. I, 93.

mort paraît devant le Souverain Juge, et elle lui rend compte de la manière dont elle a observé sa loi.

Sur le tombeau de Maï, fonctionnaire du Nouvel-Empire, on lit : « *Je me suis attaché à Dieu par mon amour ; j'ai donné du pain à celui qui avait faim, de l'eau à celui qui avait soif, des vêtements à celui qui était nu, j'ai donné un lieu d'asile à l'abandonné.* »

« Ce n'est point par hasard, dit M. Mariette, que ces touchantes paroles, où se font jour les aspirations d'une morale toute évangélique, se rencontrent ici. Les monuments égyptiens en font un si fréquent emploi, que nous sommes presque autorisé à y voir une sorte de prière d'un usage pour ainsi dire quotidien [1]. »

Un sarcophage de l'époque grecque, où était enseveli un basilicogrammate, prophète d'Osiris, nommé Onnophris, porte cette prière : « *J'ai vénéré mon père, j'ai respecté ma mère, j'ai aimé mes frères ; je n'ai jamais fait de mal contre eux pendant ma vie sur la terre. J'ai protégé le*

1. *Notice du musée de Boulaq*, Alexandrie, 1864, p. 72.

Nous empruntons les inscriptions tumulaires ici citées à l'excellent travail de M. Alexis Chevalier.

pauvre contre le puissant, j'ai donné l'hospitalité à tout le monde. J'ai été bienfaisant et aimant les dieux. J'ai chéri mes amis, et ma main a été ouverte à celui qui n'avait rien. Jamais mon cœur n'a dit : Ne donne pas. J'ai aimé la vérité et détesté le mensonge, etc.[1]. »

— « *Toutes les terres étaient labourées et ensemencées du nord au sud*, est-il dit dans l'inscription du tombeau d'Améni, gouverneur de province à une époque beaucoup plus ancienne, sous la XIIe dynastie. *Rien ne fut volé dans mes ateliers. Jamais petit enfant ne fut affligé, jamais veuve ne fut par moi maltraitée. J'ai donné également à la veuve et à la femme mariée, et je n'ai pas préféré le grand au petit dans les jugements que j'ai rendus*[2]. »

Dans la salle qui précède le sarcophage royal de Rhamsès V, de la XVIIIe dynastie, à Thèbes, ce prince est représenté se justifiant devant Dieu : « *O Dieu ! le roi, soleil modérateur de justice, approuvé d'Ammon, n'a point commis de méchancetés, n'a point blasphémé, ne s'est point enivré, n'a point été paresseux, n'a point enlevé les biens voués aux dieux, n'a point dit de*

1. *Ibid.*, p. 245.
2. Mariette, *Histoire d'Egypte*, p. 22.

mensonge, n'a point été libertin, ne s'est point souillé par des impuretés, n'a point secoué la tête en entendant des paroles de vérité, n'a point inutilement allongé ses paroles, n'a point eu à dévorer son cœur[1]. »

Il y a plus : des papyrus nous ont conservé le texte d'instructions données par les pères aux enfants, de véritables Livres de famille.

M. Chabas vient de publier, dans son recueil d'*Egyptologie*[2], la traduction d'une des pièces les plus précieuses du musée du Caire, d'un papyrus trouvé dans une tombe à Thèbes, près de Deir-el-Medinet. « C'est, dit-il, un recueil de maximes concernant la religion, la sagesse, la prudence et le savoir-vivre, adressées par un scribe nommé Ani à son fils Khonshotep, qui porte aussi le titre de scribe. Sur la fin de la composition, ce dernier réplique à son père, pour protester de son acquiescement à la doctrine qui lui est recommandée. »

Ce papyrus paraît remonter à l'époque qui s'est écoulée entre Rhamsès II et la fin de la XXIIIe dynastie.

Nous ne saurions le publier ici en entier, et nous ne pouvons qu'en noter quelques maximes :

1. Champollion-Figeac, *Egypte ancienne*, p. 54.
2. A Chalon-sur-Saône, 1874-1875.

« *Célèbre la fête de ton Dieu, renouvelle ses anniversaires...*

« *Pour celui qui élève ses esprits, il y a chant, prostration et encensement dans tous ses actes, adoration acceptable dans tout ce qui le concerne. Qui agit ainsi, Dieu élèvera son nom au-dessus de l'homme sensuel.*

« *Ce qu'a en horreur le sanctuaire de Dieu, ce sont les manifestations bruyantes. Prie humblement, avec un cœur aimant, dont toutes les paroles sont dites en secret. Il te protégera dans tes affaires, il écoutera ta parole, il acceptera tes offrandes.*

« *Garde-toi de la femme du dehors, inconnue dans sa ville, ne la fréquente pas. Elle est semblable à toutes ses pareilles. N'aie point de commerce avec elle, c'est une eau profonde, et les détours en sont inconnus. Une femme dont le mari est éloigné te remet des écrits, t'appelle chaque jour; si elle n'a pas de témoins, elle se tient debout, tenant son filet, et cela peut devenir un crime de mort, quand le bruit s'en répand* [1], *même lorsqu'elle n'a pas accompli son dessein*

1. Voir dans Diodore de Sicile, liv. I, 78, les lois portant les pénalités les plus rigoureuses contre la séduction.

en réalité. L'homme commet toutes sortes de crimes pour cela seul.

« Ne t'échauffe pas dans la maison où l'on boit la liqueur enivrante. Évite toute parole révélatrice du fait du prochain... Tu tombes d'ivresse, les membres brisés ; personne ne te tend la main. Tes compagnons boivent, ils se lèvent et disent : ôte-toi, homme qui a bu ! On vient te chercher pour parler de tes affaires, et l'on te trouve gisant à terre et semblable à un petit enfant.

« Ne sors pas de ta maison. Qui tu ne connais pas, ne le provoque pas. Sache bien où tu places tes affections.

« Rappelle-toi ce qui a été ; sache-le, place devant toi, comme une voie à suivre, une conduite équitable. Tu seras considéré comme t'étant préparé une sépulture convenable dans la vallée funéraire qui demain cachera ton corps. Que cela soit devant toi, dans toutes les choses que tu as à décider. De même que les vieillards, tu te coucheras au milieu d'eux ; il n'y a pas de rémission, même pour celui qui se conduit bien ; de même à toi, viendra ton messager de mort, pour t'enlever. Oui, il se trouve déjà prêt. Les discours ne te serviront de rien,

car il vient; il se tient près de toi. Ne dis pas : « Je suis un jeune enfant, moi, que tu enlèves. » Tu ne sais pas comment tu mourras. La mort vient, elle va au-devant du nourrisson, de celui qui est au sein de sa mère, comme de celui qui a accompli sa vieillesse.

« Vois, je t'ai dit des choses salutaires, que tu délibéreras dans ton cœur d'accomplir; tu y trouveras le bonheur, et tout mal sera écarté de toi.

« Garde-toi de toute occasion de blesser par tes paroles, ne te fais pas redouter. Dans le sein de l'homme, le bavardage est condamnable : ce ne sera pas une ressource au jour à venir. Tiens-toi éloigné de l'homme de contention, ne t'en fais pas un compagnon... »

Les instructions d'Ani à son fils ne sont pas le seul monument que l'antique Egypte nous ait laissé en ce genre. Le papyrus Prisse, que M. Chabas appelle après M. de Rougé *le plus ancien livre du monde*, nous offre la plus importante de ses sections consacrée aux maximes de Ptah-hotep, un contemporain du pharaon Assa. On a recueilli également les débris des *Maximes de Kakiman*, celles de *Tiaoufkhrot* à son fils, formant un traité de philosophie morale.

Ne nous étonnons pas de ces découvertes de l'égyptologie. La Chine présente des rapprochements encore plus saisissants.

L'extrême Orient a gardé presque toute la civilisation patriarchale des temps primitifs, mêlée sans doute à de grossières superstitions, et aujourd'hui bien envahie par la corruption, mais non discutée dans son principe [1]. La piété filiale, placée sous l'égide de la loi du Tien (de Dieu), y est non-seulement la plus grande et la plus honorée des vertus, mais la base du gouvernement. Les traités de morale usuels, comme les livres sacrés, en expliquent les préceptes, les devoirs, les règles, dans les rapports de famille et dans l'ensemble des rap-

1. « Les Chinois sont un peuple particulier, qui a conservé les marques caractéristiques de sa première origine ; un peuple dont la doctrine primitive s'accorde dans ce qu'elle renferme de plus essentiel, quand on veut se donner la peine de l'éclaircir, avec la doctrine du peuple choisi, avant que Moïse, par ordre de Dieu même, n'en eût consigné l'exposition dans nos Livres saints ; un peuple, en un mot, dont les connaissances traditionnelles, dépouillées de ce que l'ignorance et la superstition y ont ajouté dans les siècles postérieurs, remontent d'âge en âge, d'époque en époque, sans interruption, pendant un espace de plus de quatre mille ans, jusqu'au temps du renouvellement de la race humaine par les petits-fils de Noé. » — Ces lignes sont extraites d'un savant travail du P. Amyot sur l'antiquité des Chinois, qui se trouve inséré dans le tome II des *Mémoires des missionnaires de Pékin, au XVIIIe siècle*, p. 6.

ports sociaux. Les parents et les maîtres en inculquent à la jeunesse l'esprit et la pratique. L'empereur en donne l'exemple à ses sujets.

Nous trouvons presque un modèle dans les instructions données à ses fils par l'empereur Kanghi, un des plus grands souverains de la Chine, et certainement celui dont l'Europe s'est le plus occupée [1]. Son successeur, Yong-tching, les recueillit, il les écrivit en langue tartare et les publia en 1731 pour l'enseignement de tous ses sujets; et les pères Jésuites, missionnaires de Pékin,

1. Il était fils de Choun-tchi, fondateur de la dynastie des Tsing ou Mantchoux, et son long règne de soixante ans (1661-1722) a été une époque mémorable pour la Chine. Il y autorisa le libre exercice de la religion chrétienne, par un édit de 1692. Les lettres des missionnaires, dont il avait fait à la fois ses amis et les promoteurs de tout un mouvement scientifique, nous initient à sa vie privée et publique, à son gouvernement, aux rapports mêmes qu'il avait établis avec les savants de Paris.

Il avait donné l'ordre de traduire en langue tartare plusieurs ouvrages d'anatomie, de médecine et de physique des membres de l'Académie des sciences; et le P. Parennin, adressant ces traductions à Fontenelle, lui écrivait de Pékin, le 1er mai 1728 : « Ce prince, qui est mort le 20 septembre 1722, était un de ces hommes extraordinaires qu'on ne trouve qu'une fois dans plusieurs siècles. Il ne donnait nulles bornes à ses connaissances, et, de tous les princes d'Asie, il n'y en a aucun qui ait jamais eu tant de goût pour les sciences et les arts. C'était lui faire sa cour que de lui communiquer de nouvelles découvertes... » Voir le recueil des *Lettres édifiantes et curieuses*.

en insérèrent la traduction dans leurs Mémoires.

Citons ici quelques extraits du préambule :

« Mon père avait composé d'admirables instructions pour nous; il en avait formé un volume qu'il tenait renfermé dans une boîte ou cassette d'or, incrustée de pierres précieuses.

« Lorsque, dans mes jeunes années, j'entrais au palais avec mes frères aînés et cadets pour le servir et recevoir ses ordres..., il nous instruisait. Il disait que le plus important pour nous était le profond respect au ciel et ensuite aux ancêtres. Il nous excitait à respecter du fond du cœur son aïeule et sa mère; il assurait que le respect était la base, que la sincérité était la perfection des plus sublimes vertus...

« Il nous suggérait en temps et lieu tout ce que les sages avaient enseigné par leurs ouvrages. S'il survenait quelque affaire, il en rassemblait avec soin toutes les circonstances, et nous en instruisait avec des expressions si remplies de bonté qu'elles se gravaient dans notre cœur d'une manière ineffaçable. Tous ses préceptes étaient vraiment dignes d'être la base et la règle de notre conduite...

« Ses manières d'écouter, de regarder, de parler, de marcher, de boire, de manger, de s'asseoir, de se lever, étaient toutes conformes à la décence. Il apportait jusqu'en ces minutieuses actions une dignité attrayante, faite pour être imitée de tout le monde. Comme il était pénétré de la plus tendre affection pour nous, il éclairait notre esprit, il dissipait nos doutes, et, en nous instruisant, il nous insinuait le désir d'apprendre encore.

« Ayant écouté respectueusement ses leçons pendant l'espace de quarante ans, je les ai gravées dans mon âme, et tôt ou tard j'y ai conformé mes actions. Depuis que je suis monté sur le trône, je me suis encore plus efforcé de les mettre en pratique. Hélas ! me rappelant ces temps heureux où je goûtais le plaisir de parler à l'Empereur mon père, et celui de l'écouter, je me représente tellement les tendres instructions qu'il me donnait, que ses paroles semblent encore frapper mon oreille. Cependant, craignant de laisser effacer de si précieux souvenirs, je les ai, avec mon frère et les autres, tracées l'une après l'autre sur le papier. Nous en avons formé un livre entier que nous avons intitulé : *Sublimes et familières instructions*, fruits de la grande et sage prévoyance de mon père. Elle s'étend si loin qu'on ne peut l'exprimer, si ce n'est en disant que ce que j'ai retenu et rassemblé sur le papier n'est que la centième partie de ce que j'ai autrefois entendu de lui, aveu que je fais en rougissant...

« Si quelqu'un veut et peut les examiner chacune en particulier, en y apportant l'attention qui leur est due, et suivant les règles de la droiture, il verra que chaque caractère, chaque parole contient l'accomplissement de tous les devoirs. Ce volume, quoique petit, renferme en soi les moyens de pénétrer le fond de toute chose, de posséder complétement les sciences, de régler son cœur et sa personne selon les principes de la justice, de gouverner en paix les familles, de régir l'Empire et de rendre heureux et tranquille cet immense espace que couvre le ciel.

« Toutes les sentences, tous les préceptes transmis à la postérité par les empereurs Yao, Chun[1]..., se rapportent parfaitement aux maximes comprises dans ce livre que j'ai fait imprimer, que je veux publier et consacrer à la postérité la plus reculée. On trouve écrit dans le *Chou-king* : « *Si on observe les statuts de nos premiers rois, on déracinera les défauts et les vices ;* » et dans le *Chi-king* : « *Si vous parvenez à rendre votre fils sage et prudent par vos leçons et par vos exem-*

1. Premiers fondateurs de l'Empire chinois.

ples, vous le rendrez heureux et soumis tout ensemble. »

« Que la postérité fasse grande attention à ceci : suivez avec respect les préceptes des ancêtres [1]. Si, les ayant toujours devant les yeux, vous ne vous ralentissez pas dans la carrière où vous êtes entrés, l'utilité que vous en retirerez sera sans bornes. O mes fils, ô mes neveux ! conformez-vous-y toujours avec une profonde vénération.

« J'ai écrit avec un humble respect cette préface, la huitième année et le premier jour de la quatrième lune de mon règne [2]. »

1. Les préceptes dont il est parlé ici sont ceux du Décalogue. Les Chinois leur donnent le nom de *mandat du ciel*. Les missionnaires du XVIIIe siècle racontent dans leurs Mémoires que les lettrés, ayant été chargés d'examiner les Saintes Écritures, se déclarèrent impuissants à les réfuter, sans se mettre en contradiction avec les *Kings* ou Livres sacrés de la Chine. — « Je suis témoin, dit un missionnaire, t. IX, p. 380, que les lettrés ne font jamais de difficultés contre les commandements de Dieu. » — « *Ces dix commandements se trouvent dans nos Livres,* » répondait un juge à un accusé, dans une instruction criminelle dirigée contre des indigènes chrétiens. (*Lettres édifiantes*, t. XX, p. 129).

M. Emmanuel de Curzon vient de donner, d'après les Kings, la formule du Décalogue, tel qu'il existe chez les Chinois. On la trouvera dans une des récentes brochures de l'*Union de la paix sociale*.

2. *Mémoires concernant l'histoire, les sciences, les arts, les mœurs, les usages des Chinois*, par les missionnaires de Pékin; Paris, 1783, t. IX, p. 65-71.

L'étendue de ces instructions ne nous permet pas d'essayer même de les analyser, et nous devons nous borner à en placer divers fragments à la fin de ce volume. Nous regrettons de ne pouvoir y joindre d'autres textes non moins intéressants; ce sont deux édits solennels rendus par les mêmes souverains, par le père et par le fils, au sujet de l'observation du respect filial. Dieu y est invoqué; Dieu y est montré récompensant les bons fils et frappant les mauvais de sa malédiction. — « Si vous remplissez vos devoirs, y est-il dit, le Maître du ciel et de la terre en sera touché, et vous accordera une vie heureuse et une longue vieillesse. — Si vous y manquez, sachez qu'au cas même où vous échapperiez à la justice des lois, vous n'échapperez pas à celle du Tien. Je veux vous en citer quelques exemples des anciens temps... C'est ainsi que sont punis ceux qui manquent au devoir de la piété filiale. La sévérité du Tien est extrême, la promptitude de ses châtiments est effrayante[1]. »

Des familles modèles sont nommées dans les édits que nous venons de citer ; elles sont proposées à l'imitation de tous, comme ayant le mieux observé la loi du Tien. Les parents y ont été tou-

1. Ibid., t. IV, p. 226, 235.

jours attentifs à s'occuper de l'éducation des enfants, ceux-ci se sont toujours distingués par leur obéissance ; les frères y ont été dévoués pour leurs frères, les parents s'y sont entr'aidés et assistés... Aussi, vivent-elles avec honneur depuis des siècles.

Nous trouvons le type d'une de ces familles dans les mêmes Mémoires des missionnaires de Pékin, nous avons sous les yeux tout un testament, toute une charte domestique. La tradition n'y est pas seulement à l'état de vestige, elle s'offre à nous presque en son entier et en quelque sorte vivante. Le père commence par demander à ses enfants d'être fidèles à la loi de Dieu : « *Avant d'entreprendre une chose, voyez si elle s'accorde avec la loi du Tien ou si elle lui est contraire. Dans le premier cas, faites-la avec confiance; dans le second, ne vous y résolvez jamais, quoi qu'il en puisse arriver. Rien au monde ne doit détourner votre cœur de la vérité de l'épaisseur d'un cheveu. Le Tien suprême vous favorisera, et les esprits vous seront propices. Si vous vous mettez au-dessus de votre conscience, elle se vengera par des remords; le ciel et la terre, ainsi que les esprits, seront contre vous.* » Là est la règle fondamentale, et toutes les autres en découlent. Les enfants honoreront et vénéreront leur mère ; ils obéiront docilement à leurs maîtres, ils seront assidus au travail, ils s'efforceront d'acquérir la sagesse dans les Kings (les Livres sacrés de la Chine [1]). Ils se garderont des amis vicieux, du jeu, de la volupté, de l'amour de l'argent, des emprunts qui préparent la ruine des patrimoines. Ils seront simples dans leur vie, modestes, reconnaissants pour les services rendus. Ils s'aimeront, ils se soutiendront et se prêteront un mutuel secours, eux, leurs femmes, leurs enfants ; et, au cas où quelque différend s'élèverait entre eux, ils s'adresseront, non aux tribunaux, mais à des arbitres. Ils acquitteront les legs faits aux serviteurs... Nous publions ce testament dans un appendice, et nous

1. « Les Chinois disent de leurs Livres sacrés : « *Il n'y a qu'un saint qui puisse être l'auteur des Kings. — L'Y-king est le livre du ciel. — Le Chou-king est le livre du Chang-ty* (de Dieu)... » Il me serait facile d'accumuler les textes, pour prouver qu'ils disent à peu près des Kings ce que nous disons de nos divines Écritures.

« Quand on considère que les Kings parlent du Souverain Seigneur, de la Providence, de la récompense des bons, du châtiment des méchants, d'une vie après la mort, presque comme les divines Écritures, on ne se lasse pas d'admirer que leurs auteurs aient si bien conservé la doctrine de la haute antiquité, et on n'est pas surpris que les Chinois aient pour eux tant de respect et de vénération. » *Notes d'un missionnaire*, insérées à la suite des instructions de Kang-hi à ses enfants, dans le t. IX des Mémoires déjà cités, p. 350, prions nos lecteurs de le mettre en regard des conseils d'Antoine de Courtois à ses enfants. Ils jugeront que l'inspiration chrétienne de nos pères de famille français est très-supérieure à celle de ce père de famille chinois, qui n'est éclairé que des lumières de la loi naturelle; mais ils verront aussi combien cette loi naturelle est divine, quelle grande tradition elle porte en elle, là où elle a pu, chose rare et difficile, subsister avec ses caractères essentiels.

Du reste, les missionnaires qui évangélisent de nos jours cette vaste région du globe constatent, comme l'ont fait de tout temps les vrais observateurs, et particulièrement ceux de l'antiquité, l'influence que les milieux et une bonne organisation sociale exercent sur l'état moral des populations. Les grandes villes, les ports maritimes, sont corrompus; les campagnes gardent des races excellentes.

« La simplicité et la probité règnent encore dans ces villages, écrivait naguère un missionnaire, auquel nous devons la description méthodique de l'histoire, des mœurs et des institutions des vallées montagneuses de Ning-po, dans la province de Kiang-nan. Eloigné de tout contact mauvais, le montagnard conserve plus facilement les bonnes traditions de la famille. La Chine a conservé la tradition du respect de l'autorité... ; voilà le secret de la vitalité et de l'autonomie de l'empire chinois. Le père, ici plus peut-être que dans d'autres provinces, est respecté. Les nombreux enfants qui grandissent au foyer domestique lui sont soumis... Si quelques difficultés s'élèvent, le vieillard, aidé des conseils du chef du village, déclare sa volonté ; tous l'acceptent, et la paix est rétablie. Là d'ailleurs, le silence et la solitude des vallées favorisent peu les allures fières du lettré, race turbulente, l'un des fléaux de la Chine... Une âme recueillie, comme elle l'est dans ces vallées, sent des besoins inconnus aux hommes plongés dans le tourbillon des affaires et dans l'enivrement des plaisirs. Elle prie par instinct [1]. »

Ne négligeons pas de noter ici la coutume des Livres domestiques qui sont en Chine une institution, surtout dans les familles rurales. Ils portent le nom de *Kia-pou* [2] ; et par eux des races, dont quelques-unes sont dix fois séculaires, conservent leur généalogie, leur état civil, l'histoire des ancêtres, celle même de la localité qu'elles ont fondée,

1. P. Ravary, *Le pays de Ning-po*, — *Les Missions catholiques*, Paris, Challamel, 4, 11 et 18 février 1876.
2. *Kia*, famille, *pou*, livre, registre.

Un missionnaire écrivait le 3 février 1873 : « Hier, je suis allé voir la famille Ing, au village de Ing-tsen, près de Sué-tom. Elle a son Kia-pou qui commence à la dynastie des Héou-tang (923-934 après Jésus-Christ). En tête du premier volume, il y a une carte de Ing-tsen et de Sué-tom, avec les cimetières et les monuments qui appartiennent à la famille. On y trouve en outre les portraits des personnages illustres, leurs tombeaux avec les inscriptions, etc... La famille Ing nous prêtera probablement son Kia-pou. Nous pourrons alors copier la carte et les inscriptions. »

La famille Ho a conservé les noms des cinq cultivateurs qui, forcés par une inondation d'émigrer du Kiam-pé, au commencement du xe siècle de l'ère chrétienne, vinrent s'établir à Kein-sé, dans la vallée où s'élève aujourd'hui le village de Ho-tsen, à quinze *lys* de Sué-tom. Bien plus, elle peut citer plusieurs de ses ancêtres, mandarins sous la dynastie des Han et des Tsin (400-300 ans avant J.-C.). Le P. Ravary, missionnaire, a pu lire son Kia-pou qui commence à l'année 926 et se continue jusqu'à nos jours. Il en a même traduit quelques-unes des parties les plus anciennes, et nous leur consacrerons un de nos appendices.

« *O ciel !* écrivait en 960 un des chefs de cette

famille, *quel est l'homme qui ne désire avoir de la postérité et voir réunis dans sa maison un grand nombre de fils et de petits-fils? Pour cela, prenant tous les moyens d'arriver à cette fin, avant tout il consolide sa race. Consolider sa race, est-ce autre chose que pratiquer les bonnes œuvres et la vertu..., ?* »

« Telle est, ajoute le P. Ravary, la mâle éducation du respect, donnée à chaque génération qui grandit au foyer domestique. Le chef de famille n'a pas besoin de recourir à l'éloquence de la parole, pour rappeler à ses enfants le respect dû à la paternité [1]. Ils ont sous les yeux les registres des

1. M. le baron de Hübner, visitant naguère la Chine, était témoin de l'action que ce respect de la paternité exerce sur les libertés locales dont y jouissent les provinces:

« La forte organisation de la famille et l'esprit d'autonomie, joints à l'horreur qu'on a de l'intervention du mandarin et du recours aux tribunaux, offrent, dit-il, les moyens de restreindre considérablement et salutairement l'action du pouvoir officiel... La Chine est un État bureaucratique; et pourtant, il n'est pas de pays au monde où le nombre des mandarins soit si restreint. Dans cet immense empire, on ne compte pas au-delà de 12,000 mandarins, en prenant ce mot dans le sens le plus habituel, c'est-à-dire comme synonyme de salarié de l'État.

« Nulle part au monde, le principe du *self-government*, l'autonomie des communes, n'est plus développé. » *Promenade autour du monde*, 1871, t. II, p. 254, 270.

M. de Hübner ajoute que ces observations ont été faites par les personnages les plus autorisés, connaissant le mieux la langue, les hommes et les choses du pays.

ancêtres ; c'est la leçon de l'exemple, et l'exemple est la leçon la plus efficace. Si parfois, en feuilletant ces nombreux manuscrits (il y en a des collections de 82 volumes in-folio), le vieillard rencontre un nom indigne rayé par l'ordre du conseil de famille, il n'a qu'à montrer à ceux qui l'entourent le feuillet entaché. Ainsi sont traités les fils coupables qui ont violé la piété filiale, et qui attirent sur leur famille par leur mauvaise conduite une note infamante. La vue seule d'un de ces feuillets flétris est une instruction pratique et vivante, les jeunes intelligences la comprennent[1]. »

Quelles leçons pour nous que ces réponses des sages et des pères de famille de tous les pays et de tous les temps ! Et comme Bossuet résumait bien la substance même du vrai, lorsqu'il écrivait : « Le lien de société le plus étroit qui puisse se former entre les hommes est qu'ils peuvent posséder le même bien qui est Dieu. — La société humaine est appuyée sur ces fondements inébranlables : un même Dieu, un même objet, une même fin, une origine commune, un même sang, un même intérêt, un besoin mutuel tant pour les

1. Le P. Ravary, ibid., 25 février 1876.

affaires que pour les douceurs de la vie [1]. »

Un père de famille français du XVIIe siècle donnait la formule pratique de cet ordre fondamental : « Tout homme qui craindra Dieu sera bon mari, bon père, bon fils, bon maître, bon serviteur, bon voisin, bon citoyen, bon sujet, bon prince, qui sont les principales liaisons de la société civile [2]. »

M. Michelet, à l'époque où il ne s'était pas encore livré à ce funeste esprit révolutionnaire qui depuis un siècle détruit les meilleures qualités de notre race, résuma un jour dans un curieux ouvrage des études sur les *Origines du droit français cherchées dans les symboles et les formules du droit universel* [3]. Le spectacle que lui offrit la tradition du genre humain, si limité que fût le point de vue auquel il se plaçait, le laissa pénétré d'un religieux enthousiasme.

« En vérité, disait-il, pour qui ne verrait pas dans le genre humain la grande famille de Dieu, l'unité de création et de fin, il y aurait quelque chose de prestigieux et de quoi troubler l'esprit, à entendre

1. *Traité de la connaissance de Dieu*, chap. IV, § 12. — *Politique tirée de l'Écriture sainte*, liv. I, § 1.

2. *Testament ou conseils d'un père à ses enfants*, par P. Fortin, sieur de la Hoguette, Paris, 1661, p. 253.
Cet ouvrage eut, en quelques années, dix éditions.

3. Paris, Hachette, 1837.

ces voix qui, sans s'écouter, se répondent si juste de l'Indus à la Tamise.

« Ce fut pour moi une grande émotion, lorsque j'entendis pour la première fois ce chœur universel. Un tel accord du monde, si surprenant dans les langues, me touchait profondément dans le droit. Tout au rebours du sceptique Montaigne, qui s'informe si curieusement des usages de tous les peuples pour y surprendre des dissonances morales, j'en admirais la concordance. Le miracle devenait sensible. De ma petite existence d'un moment, je voyais, je touchais, indigne, l'éternelle communion du genre humain [1]. »

1. P. cv de l'Introduction.

CHAPITRE IV

LE RESPECT FILIAL ET L'ORDRE SOCIAL.

Après le respect de Dieu se place immédiatement le respect des parents. Le Décalogue n'est pas seul à l'enseigner; la tradition du genre humain, elle aussi, le proclame. On a vu, dans le beau préambule que Platon donne à sa législation, les deux préceptes se lier étroitement l'un à l'autre [1]. L'honneur à rendre aux parents est un devoir si sacré, que tous les peuples ont regardé le fils ingrat et rebelle comme marqué du sceau de la malédiction divine, et comme frappé de réprobation aux yeux des hommes.

Bien des siècles avant Platon, on écrivait en Égypte ce qui suit :

« *Le fils qui reçoit la parole de son père deviendra vieux à cause de cela. Aimée de Dieu*

1. Ci-dessus, p. 41.

est l'obéissance ; la désobéissance est haïe de Dieu. L'obéissance d'un fils envers son père, c'est la joie... ; il est cher à son père, et sa renommée est dans la bouche des vivants qui marchent sur la terre. Le rebelle voit la science dans l'ignorance, les vertus dans les vices ; il commet chaque jour avec audace toutes sortes de fraudes, et, en cela, il vit comme s'il était mort. Ce que les sages savent être la mort, c'est sa vie de chaque jour. Il avance dans ses voies chargé de malédictions. Un fils docile au service de Dieu sera heureux à la suite de son obéissance[1]. »

Ces lignes, déchiffrées de nos jours sur un papyrus que possède la Bibliothèque nationale, sont datées du règne d'Assa-Tatkéra, avant-dernier roi de la cinquième dynastie, et elles nous viennent de l'antiquité la plus reculée. Leur auteur, un vieillard de sang royal, portant le nom de Phtah-hotep, a été presque le contemporain des hommes qui ont construit les grandes pyramides ; l'époque où il vivait a été une des plus prospères de l'ancienne Égypte, celle où l'art s'éleva à un haut degré de perfection qu'il devait perdre plus tard. Dans ses conseils de morale, il établissait les règles

1. Chabas, *Revue archéologique*, XXIX, vol. de la 1re série.

à garder au sein des familles, et en même temps celles qui sont nécessaires au bon ordre de l'État.

Les lois de Manou, qui sont le code religieux des Hindous, ne sont pas moins formelles sur le principe religieux de la piété filiale :

« *Un instituteur est l'image de l'Être divin, un père l'image du Seigneur des créatures.*

« *Plusieurs centaines d'années ne pourraient faire la compensation des peines qu'endurent un père et une mère pour donner naissance à des enfants et les élever. Qu'un jeune homme fasse constamment, et en toute occasion, ce qui peut plaire à ses parents, ainsi qu'à son instituteur. Lorsque ces trois personnes sont satisfaites, toutes les pratiques de dévotion sont heureusement accomplies et obtiennent une récompense.*

« *Une soumission respectueuse aux volontés de ces trois personnes est déclarée la dévotion la plus éminente, et, sans leur permission, l'élève ne doit remplir aucun autre pieux devoir.*

« *Celui qui ne les néglige pas, devenu maître de maison, parviendra à l'empire des trois mondes. Son corps brillera d'un vif éclat, et il jouira d'une félicité divine* [1]. »

1. *Les Livres sacrés de l'Orient*, traduits par Pauthier; liv. II, nos 225-232 des lois de Manou, p. 351.

En Chine, la doctrine de la piété filiale est d'autant plus pure, d'autant plus lumineuse, observent les missionnaires, qu'on remonte vers sa première source. « *Les rapports immuables de père à fils*, dit Confucius, *découlent de l'essence même du Tien* (de Dieu), *et offrent la première idée de prince et de sujet. Un fils a reçu la vie de son père et de sa mère ; ce lien qui l'unit à eux est au-dessus de tout lien, et les droits qu'ils ont sur lui sont au-dessus de tout. Ainsi, ne pas aimer ses parents et prétendre aimer les hommes, c'est contredire l'idée de vertu ; ne pas honorer ses parents et prétendre honorer les hommes, c'est démentir la notion des devoirs.*

« *Honorer et aimer ses parents est l'accomplissement des lois fondamentales de la société humaine* [1]. »

— « *Soyez toujours pénétré de religion*, est-il dit dans le Ly-ki ; *la religion seule rend indissolubles les liens qui unissent le prince et le sujet, les supérieurs et les inférieurs, le père et le fils*, etc... *Le sage ne perd jamais de vue sa pre-*

1. T. IV, p. 46 et suiv. des Mémoires sur la Chine, déjà cités, contenant le *Hiao-king* ou livre canonique sur la piété filiale, qui fut composé par Confucius 480 ans avant l'ère chrétienne.

mière origine ; voilà pourquoi la religion est sa grande fin[1]. »

Les livres qui servent à l'enseignement, dans la famille et à l'école, font consister la science de la morale et de ses applications dans la connaissance de ces devoirs fondamentaux. Voici quelques-unes des maximes les plus répandues :

« Les anciens disaient : les pères et les mères les plus aimés sont ceux qui aiment le plus la vertu.

« Qui est bon fils est bon frère, bon époux, bon père, bon parent, bon ami, bon voisin ; qui est mauvais fils n'est que mauvais fils. — Tout scélérat a commencé par être mauvais fils. — Toutes les vertus sont en péril, lorsque la piété filiale est attaquée. — Les plus grands talents ne conduisent qu'à de grands vices, lorsqu'on ne les emploie pas à signaler son respect pour ses parents. — Si les pères et les mères achetaient des verges, les bourreaux vendraient leurs sabres. — La piété filiale a sauvé plus de vies que la médecine.

« La piété filiale fixe les vrais principes du gouvernement ; si on l'abandonne, les lois portent à faux, et l'autorité chancelle ou n'a plus de borne.

1. Ibid., t. II, p. 446 ; t. V, p. 28.

Elle remédie à tout dans le gouvernement quand elle domine. — Tout est désespéré dans l'État, quand les pères et les mères sont impunément méprisés. — Qui ose manquer à son père dans sa maison peut outrager impunément l'Empereur sur son trône[1].

« Il est rare que celui qui pratique les devoirs de la piété filiale et de la déférence fraternelle, aime à se révolter contre ses supérieurs[2].

« Mettre le bon ordre dans sa famille consiste auparavant à se corriger soi-même de toute passion vicieuse. Un homme qui ne s'est pas corrigé lui-même de ses penchants injustes est incapable de mettre le bon ordre dans sa famille.

« Pour bien gouverner un royaume, il est nécessaire de s'attacher d'abord à mettre le bon ordre dans sa famille. Il est impossible qu'un homme qui ne peut pas instruire sa famille puisse instruire les hommes. Conduisez-vous bien envers les personnes de votre famille, ensuite vous pourrez instruire et diriger une nation d'hommes[3]... »

1. Ibid., t. IV, p. 268 et suiv.

2. *Les Livres sacrés de l'Orient.* « Le Lung-yu ou entretiens philosophiques; » p. 177.

3. Ibid. « Le Ta-hio ou la Grande Étude; » p. 158. Platon dit de même dans *Les Lois;* liv. VI. « Il faut, pour mériter d'être élevé aux charges publiques, rendre un compte

Voilà bien des textes. Comme ils sont expressifs ! Et, même dans leurs erreurs, comme les sociétés païennes rendent sensibles à nos yeux l'origine, la puissance et le caractère permanent de la tradition ! Chez elles, l'idée de Dieu se matérialise, elle se brise ; l'homme ne sait plus s'élever par la foi jusqu'au Père qui est au ciel ; et alors il va jusqu'à adorer le père auquel il doit la vie terrestre, il en fait une divinité, il lui dresse des autels ; en son honneur, il entretient le feu sacré, il accomplit des sacrifices, il établit toute une religion domestique. Cette religion est exclusive, elle ne crée pas entre les hommes les liens d'une mutuelle charité ; mais elle conserve le foyer, et pour cela elle le rend inviolable et sacré, elle lui incorpore la famille, elle y unit les générations d'une manière presque indissoluble. La mort, loin de détruire des rapports si étroits, leur prête une nouvelle force, et l'ancêtre demeure au milieu de ses descendants comme une providence tutélaire.

« Chaque famille, en Grèce et à Rome, dit

suffisant de sa conduite à soi et à sa famille, depuis sa jeunesse jusqu'au moment de l'élection... Il est essentiel que tous se persuadent qu'aucun homme, quel qu'il soit, n'est capable de faire un digne usage de l'autorité, si auparavant il n'a appris à obéir... d'abord aux dieux, ensuite aux hommes âgés qui ont mené une vie honorable. »

M. Fustel de Coulanges, avait son tombeau où ses morts venaient reposer l'un après l'autre, toujours ensemble. Ce tombeau était ordinairement voisin de la maison, non loin de la porte, « afin, dit un ancien, que les fils, en entrant ou en sortant de leur demeure, rencontrassent chaque fois leurs pères et chaque fois leur adressassent une invocation[1]. » Ainsi l'ancêtre restait au milieu des siens, invisible, mais toujours présent ; il continuait à faire partie de la famille et à en être le père. Lui immortel, il s'intéressait à ce qu'il avait laissé de mortel sur la terre ; il en savait les besoins, il en soutenait la faiblesse. Et celui qui vivait encore, qui, selon l'expression antique, ne s'était pas encore acquitté de l'existence, celui-là avait près de lui ses guides et ses appuis ; c'étaient ses pères. Au milieu des difficultés, il invoquait leur antique sagesse ; dans le chagrin, il leur demandait une consolation, dans le danger un soutien, après une faute son pardon[2]. »

Tout cela se retrouve encore en Chine, dans les contrées dont les populations sont demeurées morales. Là est encore pratiqué le précepte de

1. Euripide, *Helen.*, v. 1168.
2. Fustel de Coulanges, *La Cité antique*. Paris, Durand, 1864, p. 36.

Confucius : « *Pendant le vivant de votre père, observez avec soin sa volonté; après sa mort, observez avec soin ses actions.* » En dehors du paganisme froid, matériel et grossier des villes, on rencontre dans les campagnes l'expression d'une foi vive qui s'adresse par des invocations ardentes et fréquentes aux divinités protectrices du foyer domestique. Chaque maison a, dans la salle de réception des étrangers, un autel où brûlent l'encens et les flambeaux, et où sont prodiguées les inscriptions et les images ; tous les âges s'y montrent confondus dans les mêmes prostrations et les mêmes démonstrations de respect. Chaque village a son *tse-dam*, son temple des ancêtres, où sont déposées les tablettes sacrées représentant les souches et les générations, et où les chefs de famille offrent des sacrifices solennels et publics[1].

1. P. Ravary, « Le pays de Ning-Po (Kiang-nan). » — *Les Missions catholiques*, 18 février 1876.

M. le baron de Hübner a été témoin de la transformation qui se produit chez les Chinois, lorsque, devenus chrétiens, ils joignent à cette pratique du respect filial la foi religieuse dans sa vérité et l'observation de la loi morale dans sa pureté. Il raconte la profonde édification qu'il ressentit, en assistant à une messe célébrée à *Peitang* et qu'entendaient avec lui un grand nombre de fidèles tous indigènes.

« J'ai retrouvé, dit-il, la coupe, non l'expression des figures qu'on rencontre dans les rues ; de la confiance, du respect, de la sérénité... Presque tous les étrangers, protes-

Nous avons signalé et cité comme spécimen des mœurs domestiques de la Chine un testament très-remarquable ; son auteur veut qu'il soit déposé, couvert de son enveloppe, au pied de sa tablette ; il prescrit que, le premier et le quinze de chaque lune, ses enfants assemblent toute la famille, et en fassent une lecture publique après les cérémonies aux ancêtres. Il les menace de la malédiction divine et de la sienne, s'ils manquent au devoir absolu qui leur est imposé d'aimer et de respecter leur mère...

C'est de cette religion du foyer et de la paternité qu'ont vécu des millions de générations humaines. C'est par elle, et malgré tous les vices de l'idolâtrie, que des mœurs ont pu subsister chez les peuples païens, et, le jour où elle a disparu dans une irrémédiable corruption, tout a sombré, parce qu'il ne restait plus rien qui pût soutenir l'ordre social.

Or, ce que le témoignage des siècles nous montre ainsi en action, Dieu l'a révélé et résumé, dans

tants et catholiques, qui ont visité les chrétientés de cet empire, sont frappés de l'influence que le Christianisme exerce sur la physionomie et sur le maintien de ceux qui l'ont embrassé. Plusieurs auteurs anglais en parlent dans leurs relations de voyage. » *Promenade autour du monde*, t. II, p. 274.

une formule simple comme la vérité. « Si jamais il prenait envie à nos législateurs, observe M. de Bonald, de déterminer avec précision le pouvoir et les devoirs des pères et des enfants, des maris et des femmes, des maîtres et des serviteurs, la société de famille serait impossible... « *Tu honoreras ton père et ta mère,* » a dit le législateur suprême, et dans ce peu de mots il a renfermé tous les pouvoirs et tous les devoirs publics et privés. » La formule complète du quatrième précepte du Décalogue est celle-ci : « *Vous honorerez votre père et votre mère, afin que vous viviez longtemps, et que vous soyez heureux sur la terre*[1]. » C'est donc la parole divine elle-même qui a lié l'idée de stabilité et de prospérité à la loi du respect dont la famille est socialement la gardienne.

« *L'œuvre de celui qui fait le mal est instable*[2] ; » c'est encore une des maximes de la Bible. Le bien n'est durable que parce qu'il produit le respect à tous les degrés. Le propriétaire foncier dans son domaine, le patron dans son atelier, le juge rendant des arrêts, le capitaine commandant des soldats, le prince portant le sceptre dans une

1. Deuter., v, 16.
2. Prov., xi, 18. « Impius facit opus instabile. »

nation, sont autant de chefs sociaux qui représentent et doivent réaliser l'idée, les devoirs de la paternité. Le respect n'existe qu'à cette condition. La conscience l'atteste, l'expérience le démontre. En fait, partout et toujours, les peuples n'ont pu et su mieux louer les chefs auxquels ils ont obéi, qu'en les appelant des hommes paternels, c'est-à-dire des hommes essentiellement droits d'intention, justes, bons, dévoués. Tant qu'ils ont trouvé en eux cet esprit, ils ont vécu en paix ; il n'y a pas eu du moins d'abus qui ne fussent réparables. Mais, lorsqu'ils se sont sentis et vus abandonnés par ceux qui avaient la charge de les conduire, quand la ruine de la famille et des vertus de famille n'a plus laissé de place qu'à la dureté de cœur, à l'indifférence et à l'égoïsme, ils n'ont jamais accepté cette condition de vie, et l'ère des catastrophes s'est ouverte.

Le XVIIIe siècle devait creuser l'abîme, dans lequel l'ancienne France s'est engloutie, en se livrant à un désordre inouï de mœurs. Le nôtre a rendu le gouffre encore plus profond, par le désordre des idées qui, des classes supérieures, est descendu jusque dans les dernières couches sociales. Nous avons cité Proudhon célébrant le Décalogue, alors qu'il niait Dieu, la famille, la propriété ;

en cela, il est sans doute une exception ; mais ses contradictions traduisent le mal propre à un temps où les hommes veulent trouver l'ordre, en aimant le désordre et en s'y livrant presque tout entiers.

Entendons Rousseau ; il a passé sa vie à se donner des démentis à lui-même [1]. Ainsi, il écrira ceci : « Observez à Paris, dans une assemblée, l'air suffisant et vain, le ton ferme et tranchant d'une impudente jeunesse, tandis que les anciens, craintifs et modestes, ou n'osent ouvrir la bouche, ou sont à peine écoutés. Voit-on rien de pareil dans les provinces ? Et pour toute la terre, hors les grandes villes, une tête chenue et des cheveux blancs n'impriment-ils pas toujours le respect [2] ? »

1. Rousseau, qui s'est attaqué aux grands principes fondamentaux de l'autorité paternelle, de la famille, de la propriété, de l'héritage, a, dans son *Discours sur l'économie politique*, fait pour l'Encyclopédie, soutenu l'intérêt social de la conservation des biens dans les familles. « Il faut, dit-il, que de père en fils, et de proche en proche, les biens de la famille en sortent et s'aliènent le moins qu'il est possible... » Tout ce passage que nous ne pouvons citer en entier est à lire.

2. J.-J. Rousseau, *Lettre à d'Alembert sur les spectacles*.

Valère Maxime, racontant sous Tibère les bonnes mœurs des anciens Romains, dit : « La jeunesse avait autant d'égards et de vénération pour la vieillesse, que si chaque vieillard eût été le père commun des jeunes gens... L'adolescence rendait à la vieillesse un juste hommage ; la vieillesse épuisée, au terme de sa course, animait et soutenait par ses encouragements ceux qui entraient dans la vie active.

Et il dira, d'autre part, en tête du *Contrat social* : « L'homme est né libre, et partout il est dans les fers... La plus ancienne de toutes les sociétés, et la seule naturelle, est celle de la famille. Encore les enfants ne restent-ils liés au père qu'aussi longtemps qu'ils ont besoin de lui pour se conserver. Sitôt que ce besoin cesse, le lien naturel se dissout. Les enfants, exempts de l'obéissance qu'ils devaient au père, le père exempt des soins qu'il devait aux enfants, rentrent tous également dans l'indépendance. » Si le père demeure sans autorité sur son fils, quels seront les droits du vieillard ? Et quelle inconséquence n'y a-t-il pas à déplorer la ruine des mœurs, lorsqu'on commence par proclamer le renversement du principe sacré qui les produit et les soutient ? Mirabeau va jusqu'au bout de la logique du mal. Il a déchaîné la révolution, après toute une vie de révolte contre son père, et il meurt, en laissant dans une formule la négation de toute autorité divine et humaine : « Moins les lois accorderont au despotisme paternel, plus il restera de force au sentiment et à la

« Athènes, académie, études étrangères, qu'êtes-vous au prix de cet enseignement domestique ? De cette école sortaient les Camilles, les Scipions, les Fabricius, les Marcellus, les Fabius. » *Fact. dictor, memorab. Lib. nov.*, liv. II, chap. I.

nature... Cet abîme de la mort, ouvert par la nature sous les pas de l'homme, engloutit ses droits avec lui. Supposer le contraire, c'est transmettre au néant les qualités de l'être réel [1]. » Enfin, au lendemain de la Terreur, les théophilanthropes essaient de faire rentrer le respect au foyer domestique. Mais quelle n'est pas leur impuissance! « Une religion, disait M. de Châteaubriand, qui a voulu s'élever sur les ruines du Christianisme et qui a cru mieux faire que l'Évangile, a déroulé dans nos églises ce précepte du Décalogue : « *Enfants, honorez vos pères et vos mères.* » Pourquoi les théophilanthropes ont-ils retranché la dernière partie du précepte, *afin de vivre lon-*

1. Le manuscrit de ce discours, trouvé dans les papiers de Mirabeau, fut lu solennellement par M. de Talleyrand, à la tribune de l'Assemblée constituante, le 2 avril 1791, et il y fut acclamé comme le testament politique du célèbre orateur révolutionnaire.

Mirabeau ne s'attaquait pas moins à la propriété qu'à la paternité. « Il faut voir, disait-il, si la propriété existe par les lois de la nature, ou si elle est un bienfait de la société; il faut voir ensuite si, dans ce dernier cas, le droit de disposer de cette propriété par voie de testament en est une conséquence nécessaire. » Et il répondait : « La propriété n'est qu'une création sociale... Les droits de l'homme, en matière de propriété, ne peuvent s'étendre au-delà du terme de son existence. »

Telle fut la nouvelle sagesse qui fut glorifiée en la personne de Mirabeau, et il ne faut pas s'étonner qu'elle ait produit ce que nous voyons aujourd'hui.

guement? C'est qu'une misère secrète leur a appris que l'homme qui n'a rien ne peut rien donner. Comment aurait-il promis des années, celui qui n'est pas assuré de vivre deux moments? Tu me fais présent de la vie, lui aurait-on dit, et tu ne vois pas que tu tombes en poussière... La morale est la base de la société ; mais, si tout est matière en nous, il n'y a réellement ni vice ni vertu, et conséquemment plus de morale[1]. »

Et maintenant, après avoir mis en présence la tradition et sa négation, sachons plus complétement encore quelle a été l'éducation de l'ancienne société française, au point de vue de ce grand devoir du respect pour le père, qui est en même temps le premier des dogmes sociaux.

Nous avons vu la loi de Dieu invoquée par les sages, promulguée dans la Bible, enseignée au foyer domestique. Demandons-nous comment le clergé en faisait la base de l'instruction religieuse. Les peuples chrétiens auraient-ils pu ne pas réaliser dans toute sa vérité, et en son entier, ce que des peuples très-inférieurs à eux en moralité, ayant une idée très-obscure de Dieu, viennent de nous faire admirer?

1. *Génie du Christianisme*, liv. VI, chap. III.

Citons sur ce sujet Bossuet : « Il faut faire le catéchisme plus encore dans les maisons, et en particulier, que dans les églises... Je m'adresse surtout à vous, pères et mères ; sachez que vous devez être les premiers et les principaux catéchistes de vos enfants. Vous êtes les premiers catéchistes de vos enfants, parce qu'avant qu'ils viennent à l'Église, vous leur inspirez avec le lait la saine doctrine que l'Église vous donne pour eux. Vous êtes les principaux catéchistes, parce que c'est à vous à leur faire apprendre par cœur leur catéchisme, à le leur faire entendre et à le leur faire répéter tous les jours dans la maison... Mais, comment pourrez-vous les instruire, si vous-mêmes n'êtes pas instruits ?... Les principes de la religion chrétienne contenus dans le catéchisme ont cela de grand que, plus on les relit, plus on y découvre de vérités...

« Il faut tâcher d'établir dans ce diocèse la coutume qu'on voit déjà dans beaucoup d'autres, que les hommes et les femmes d'âge, non-seulement assistent avec leurs enfants au catéchisme, mais encore sont bien aises d'y être interrogés et d'y répondre...

« Si les enfants sont bien instruits, les parents goûteront les premiers les fruits de leur instruction, puisqu'ils leur seront d'autant plus soumis...

« Répandez à propos dans tout le catéchisme des traits vifs et perçants pour inspirer aux enfants l'amour de la vertu et l'horreur du vice...

« C'est la fin de tous les mystères, Dieu n'ayant pas fait des choses si admirables pour être la pâture des esprits curieux, mais pour être le fondement des saintes pratiques auxquelles la religion nous oblige[1]. »

Dieu, en renouvelant les préceptes de sa loi du haut du Sinaï, avait dit : « *Or, ces commandements que je vous donne, vous les méditerez à votre foyer, vous les répéterez à vos enfants.* » Tel a été dès l'origine des temps le fondement de l'éducation et de l'instruction domestique. Bossuet ne fait que rappeler cette parole de Dieu. Le catéchisme est le formulaire des commandements de Dieu, le dépositaire des dogmes sociaux autant que des dogmes divins ; il résume en lui la loi, il l'explique, il l'éclaire de la lumière de l'Évangile. Les pères chrétiens de l'ancienne France regardaient comme un devoir de préparer leurs enfants, dès le bas âge, à l'intelligence des vérités, à la notion des principes de cette sagesse divine et humaine que

1. *Avertissement sur le catéchisme*; t. V des Œuvres complètes de Bossuet, publiées par Vivès, p. 10 et suiv.

contient le catéchisme. D'Aguesseau veut même que son fils en fasse toute sa vie l'objet de ses études : « *Pour ce qui est de l'étude de la doctrine que la religion nous enseigne, et qui est l'objet de notre foi ou la règle de notre conduite, c'est l'étude de toute notre vie, mon cher fils. Vous en êtes aussi instruit qu'on peut l'être à votre âge, et je vois avec plaisir que vous travaillez à vous en instruire de plus en plus. Je ne puis que vous exhorter à vous y appliquer sans relâche, et à lire pour cela le catéchisme du Concile de Trente*[1]. »

Le catéchisme recommandé par d'Aguesseau est en effet le modèle par excellence. Le Concile de Trente voulut, dans la crise religieuse du XVIe siècle, assurer par lui la restauration de la foi et la réforme des mœurs. Pour cela, dans une langue supérieurement concise et exacte, et avec une clarté merveilleuse, il présenta aux méditations de tous, et surtout à celles des pères de famille, les grands enseignements de la tradition. Notre but n'est pas ici d'exposer et encore moins de déve-

1. *Instruction contenant un plan général d'études*, envoyée par d'Aguesseau, alors procureur général, à son fils aîné; Fresnes, 27 sept. 1716; tome XV des Œuvres complètes, édit. de 1829, p. 10.

lopper la doctrine ; nous racontons simplement les faits ; mais il est impossible de ne pas nous arrêter à celui-ci. Nous nous sommes demandé comment le clergé a rempli sa mission d'instruire la jeunesse, et d'abord les pères de famille, sur les devoirs qui constituent, avec la vie du chrétien, le fond de la vie humaine. — Or, voici la réponse. Nous n'en connaissons pas de plus complète et de plus précise.

« Les pasteurs, y était-il dit, seront tenus de méditer le jour et la nuit la loi de Dieu, non-seulement pour y conformer leur vie, mais pour l'enseigner aux peuples. Ils s'attacheront à montrer : 1° que l'observation des dix commandements est d'une nécessité absolue pour le salut éternel, et qu'eux-mêmes dépendent des deux préceptes de l'amour de Dieu et du prochain, dans lesquels, selon la parole de Jésus-Christ, sont renfermés la loi et les prophètes ; 2° que cette observation donne la sagesse aux plus petits, et à tous, avec des joies pures, des récompenses infinies dans cette vie et dans l'autre ; 3° qu'elle doit être surtout fondée sur l'amour de Dieu, mais qu'elle n'est pas moins utile au bonheur temporel des hommes. Ici donc, le pasteur, pour faire sentir aux fidèles tout ce qu'il y a de grand dans cette vérité, leur dira avec le prophète qu'il y a une récompense infinie pour ceux qui observent les commandements; que, non-seulement Dieu leur promet de les bénir dans toutes leurs propriétés, de les combler de toute sorte de biens, de les rendre heureux sur la terre, mais qu'il leur réserve un trésor infini dans le ciel... Il faut montrer à leurs violateurs qu'il n'y a qu'un moyen légitime de conserver et d'accroître leurs biens, leur fortune et la gloire de leurs ancêtres, celui d'obéir à la volonté de Dieu et de pratiquer ses commandements; et que le mépris de ces commandements peut causer la ruine des familles les plus riches et les mieux établies, précipiter les rois de leur trône, les faire tomber du faîte des honneurs, et obliger Dieu de mettre à leur place des hommes d'une humble condition[1]. »

On devra enseigner aux pères et mères que tout homme est tenu de se soumettre à la loi du travail, tant pour soutenir sa famille que pour ne point languir dans une oisiveté qui est la mère de tous les vices, que tout chef de famille est obligé de régler celle-ci, de la corriger, de former les mœurs de ceux qui la composent; que le minis-

1. *Catéchisme du Concile de Trente*, traduction nouvelle de Mgr Doney, évêque de Montauban, t. II, chap. XXVIII et XXXV.

tère principal de la femme est l'éducation religieuse de ses enfants et le soin des choses domestiques, sa mission, de demeurer volontiers au foyer, et son devoir, d'en sortir seulement par nécessité et avec la permission de son mari[1]; que le désordre et la corruption des mœurs sont non-seulement des crimes contre Dieu, mais des attentats contre la famille et la société, « ceux qui s'y livrent ne pensant plus ni à Dieu, ni à leur réputation, ni à leur dignité, ni à leurs enfants, ni à eux-mêmes, devenant tellement pervers et incapables qu'on ne peut leur confier rien d'important, et se mettant dans l'impuissance de remplir aucuns de leurs devoirs[2]. »

Des instructions approfondies expliqueront aux enfants l'*honneur* dû par eux à leurs père et mère, la portée de ce mot différent par le sens de ceux d'amour et de crainte, l'extension de ce devoir d'honneur aux maîtres, aux vieillards, aux supérieurs, aux ministres de Dieu, aux magistrats publics, au souverain.

On placera sous la sanction expresse et positive de la religion *le respect du testament*, l'exécution

1. Ibid., chap. XXXII, § 3.
2. Ibid., chap. XXVII, § 6.

fidèle des dernières volontés du père et de la mère[1].

« Lorsque le pasteur aura developpé ces explications sur le quatrième commandement, il parlera des récompenses singulières promises à ceux qui lui seront fidèles. Le premier fruit de cette fidélité est une longue vie. Il est juste, en effet, que ceux qui gardent fidèlement la mémoire d'un bienfait en jouissent le plus longtemps possible. Ceux donc qui honorent leurs parents, et qui leur témoignent une vive reconnaissance pour le bienfait de l'existence et de la lumière qu'ils ont reçu d'eux, ont droit à jouir de la vie jusqu'à une grande vieillesse. Mais cette promesse divine demande une explication plus étendue ; il faut savoir qu'elle ne tombe pas seulement sur le bonheur de l'autre vie, et qu'elle a pour objet même les biens de la vie actuelle[2]. »

Ainsi, ce que la Bible a formulé dans le quatrième commandement, ce que les sages de l'Égypte, de la Grèce, de Rome, de l'Inde, de la Chine, du monde entier, ont pensé, cru, professé, proclamé, sous la dictée de la tradition, le voilà

1. Ibid., chap. XXXIV, § 3.
2. Ibid., chap. XXXII, § 5.

condensé dans un enseignement qui doit descendre presque chaque jour du haut de la chaire, se répéter au foyer et à l'école. « Quelle doctrine claire, lumineuse, suivie et prise dans les premiers principes ! dit d'Aguesseau... Quelle différence entre elle et les lueurs de vérité qui se font jour ailleurs comme à travers une nuit obscure[1] ! »

Achevons de montrer cet enseignement dans tout son côté pratique ; et nous comprendrons d'autant mieux ses fruits. Nous avons sous les yeux un des catéchismes les plus répandus, avant la révolution, dans le midi de la France ; ce sont des instructions destinées à préciser la vérité dans ses applications, à pénétrer jusqu'au vif des réalités qui portent en elles le fond de la vie religieuse, morale et domestique[2]. Nous allons citer une partie du chapitre consacré à l'explication des devoirs privés et publics qui se relient à l'observation du quatrième commandement.

1. D'Aguesseau, *Réflexions sur Jésus-Christ*, t. XV de l'édit. de 1829, p. 486.

2. *Instructions générales en forme de catéchisme*, imprimées par ordre de Charles-Joachim Colbert, évêque de Montpellier ; Lyon, 1705, t. I, § III, chap. v.

§ 1. — Du devoir des inférieurs envers les supérieurs.

« D. Que contient le quatrième commandement : *Honorez votre père et votre mère, afin que vous viviez longtemps sur la terre ?*

« R. Les devoirs des inférieurs envers les supérieurs, et des supérieurs envers les inférieurs.

« D. Pourquoi n'y est-il parlé que des pères et des mères ?

« R. Tous les supérieurs sont compris sous le nom de pères et mères, parce qu'ils doivent aimer leurs inférieurs comme leurs enfants, et parce que les inférieurs de leur côté doivent aimer, craindre, respecter leurs supérieurs comme leurs pères. Ainsi, sous le nom d'enfants, sont compris tous ceux qui sont soumis à quelqu'un qui a autorité sur eux.

« D. Quelles sont les obligations des enfants envers leurs pères et mères ?

« R. 1° Les honorer et les respecter ; 2° Les aimer ; 3° Les consulter ; 4° Leur obéir ; 5° Les assister dans leurs besoins en santé et en maladie, soit pour l'âme, soit pour le corps ; 6° Supporter leurs défauts ; 7° Prier pour eux ; 8° Imiter leurs vertus ; 9° Leur rendre les derniers devoirs après la mort ; 10° *Exécuter ponctuellement leur dernière volonté...*

« D. Quels sont les devoirs des jeunes gens envers les vieillards ?

« R. L'honneur, la déférence, le support [1].

« D. Quels sont les devoirs particuliers des serviteurs envers leurs maîtres ?

« R. 1° Les servir fidèlement et avec affection, comme servant Dieu en leur personne ; 2° Conserver leur bien et le ménager...

§ 2. — Devoirs des supérieurs envers les inférieurs.

« D. Quels sont les devoirs des supérieurs envers les inférieurs ?

« R. 1° L'amour ; 2° La vigilance ; 3° L'instruction ; 4° La protection ; 5° L'assistance ; 6° Le bon exemple ; 7° Les prières pour eux.

« D. Que doivent en particulier les pères et mères à leurs enfants ?

« R. 1° Les aimer pour Dieu et selon Dieu ; 2° Les nourrir, entretenir et établir suivant leur

1. « Les Chinois sont accoutumés dès leur jeunesse à respecter les vieillards, écrivait, en 1720, un missionnaire de Pékin ; nos chrétiens, en se confessant, rapportent au quatrième commandement de Dieu les fautes qu'ils font en cette matière. »

état ; 3° Les instruire, par eux-mêmes ou par d'autres ; 4° Veiller sur eux ; 5° Les corriger avec douceur, quelquefois avec force, toujours avec charité ; 6° Leur donner le bon exemple ; 7° Prier pour eux.

« D. Quels sont les devoirs des maîtres envers leurs serviteurs et ouvriers ?

« R. 1° Observer avec fidélité les conventions qu'ils ont faites avec eux ; 2° Ne point les faire attendre pour leur salaire ; 3° Les assister sains ou malades ; 4° Les corriger dans leurs fautes, veiller sur leur conduite et leur instruction ; 5° Les traiter avec charité comme leurs frères... »

Des réponses également lumineuses sont faites au sujet des devoirs des époux, des magistrats, des gouvernants et des gouvernés, et surtout de ceux qui concernent les riches et les pauvres. L'explication de chaque mot est éclairée par des renvois aux textes de la Bible, et par des exemples dont plusieurs sont notés au bas des pages.

Et maintenant, demandons-nous s'il y a un meilleur formulaire de la vraie science sociale que les simples réponses de ce catéchisme, si le jour n'est pas venu pour les familles, soucieuses de leur avenir et des destinées de la patrie française, de reprendre et de développer, en l'appropriant aux besoins actuels de notre société, cette œuvre d'instruction fondamentale.

Seuls ont été stables et prospères les peuples qui ont respecté et honoré le père. Les Romains en ont été dans le passé un grand exemple. Dans les temps modernes, les Anglais, les Américains[1], les Russes, etc., nous donnent les mêmes enseignements.

Les classes dirigeantes du XVIIIe siècle ont commencé par détruire dans la conscience publique de notre pays ce grand respect qui, après celui de Dieu, soutient tous les autres. Aujourd'hui les classes populaires suivent la voie qui leur a été tracée, et la désorganisation prend des proportions effrayantes.

Le salut public n'exige-t-il pas que les bons citoyens, faisant trêve à leurs divisions, s'unissent pour restaurer dans les idées, les mœurs et les lois, le principe et la pratique du quatrième commandement de Dieu ?

1. Voir dans le livre de M. Claudio Jannet, déjà cité, la désorganisation actuelle des États-Unis, produite par l'invasion des doctrines et des mœurs qui ont exercé de si profonds ravages dans notre pays.

CHAPITRE V

LE FOYER DOMESTIQUE, SA TRADITION ET SON GOUVERNEMENT.

Les nouvelles générations qui arrivent à la vie ne sauront bientôt plus ce qu'est la tradition. Il y a eu, partout et toujours, une idée presque religieuse attachée à ce mot entendu dans sa signification la plus élevée, comme exprimant ce qu'il y a de meilleur dans le patrimoine moral des familles et des sociétés. Ainsi, Cicéron est plein de vénération pour la tradition romaine; il admire et il célèbre la sagesse qui a fondé la République romaine et lui a donné un si prodigieux empire; il voit en elle la science des choses divines et humaines, confirmée par l'expérience des siècles. « Qu'y a-t-il de plus désirable que la sagesse? dit-il. Quoi de plus excellent et de plus digne de l'homme...? A quoi comparer des études dont l'unique but est de nous apprendre à bien vivre et de nous faire rencontrer le bonheur [1]? » C'est en ce sens que le P. Lacordaire écrivait à un de ses jeunes amis, pour le défendre contre les nouvelles philosophies de l'histoire, dont le point de départ est le renversement de la tradition : — « Je vous prie de ne pas vous laisser aller aux écrits modernes. Presque tous sont infectés d'orgueil, de sensualisme, de doutes, de prophéties, qui n'ont d'autre valeur que l'audace des poëtes qui se les permettent. Étudiez beaucoup les anciens. Les païens eux-mêmes, tels que Platon, Plutarque, Cicéron et beaucoup d'autres, sont mille fois préférables à la plupart de nos écrivains modernes; c'étaient des gens religieux, pénétrés de respect pour la tradition, et n'attendant la perfection de l'homme que de sa communication habituelle avec la divinité... Aujourd'hui, la littérature est dans un état de rébellion contre la vérité. Les gens de bien eux-mêmes, affaiblis dans leur sens intime par le contact avec l'erreur, ont semé les meilleurs livres d'opinions fausses et funestes [2]. »

L'ancienne France a été étudiée de notre temps

1. *Des Devoirs*, liv. II, 2.
2. P. Lacordaire, *Lettres à des jeunes gens*, recueillies et publiées par l'abbé Perreyve; Paris, Douniol, 1863; p. 59.

à des points de vue très-divers; mais on ne nous en montre guère que les surfaces. Quant au fond de sa vie morale, il demeure dans les ténèbres. Or, c'est cette vie intime qu'il importerait le plus de connaître. « Pour entrer dans la pratique, pour prendre le gouvernement des âmes, pour se transformer en un ressort d'action, écrivait-on naguère, il faut qu'une doctrine se dépose dans les esprits à l'état de croyance faite, d'habitude prise, d'inclination établie, de tradition domestique, et que des hauteurs de l'intelligence elle descende et s'incruste dans les bas-fonds immobiles de la volonté; alors seulement elle fait partie du caractère et devient une force sociale... [1]. » Alors seulement, ajoutons-le, on peut juger de ce qu'elle produit et de ce qu'elle vaut comme élément de progrès. Écartons ce qui est artificiel et factice dans toute civilisation et dans toute société; ne nous arrêtons pas aux apparences. En observant le passé, allons à l'homme vrai, à l'homme réel, tel qu'il se manifestait dans la trame de sa vie, pour savoir à quelles idées simples il obéissait, quelles étaient ses mœurs, sa manière d'être, de penser, de sentir, d'agir; et, lorsque nous l'aurons ainsi

1. H. Taine, *Les origines de la France contemporaine*. Paris, Hachette, 1876, p. 275.

envisagé en lui-même, à son foyer, dans ses rapports avec ses semblables, dans la plénitude de sa personnalité, de son activité et de sa moralité, nous apprendrons à discerner où est la sérieuse et solide philosophie de l'histoire.

Or, il y a eu en France jusqu'à nos jours toute une grande tradition religieuse, domestique et sociale, et cette tradition est presque absolument ignorée!

Il y a eu dans notre pays tout un ensemble de coutumes, qui étaient autant d'applications pratiques de la loi morale. Ces coutumes constituaient les mœurs; elles présidaient aux mariages, aux éducations, à l'économie et à la paix domestique, aux testaments; elles réglaient la vie des individus, la conduite des familles, l'exercice de l'autorité paternelle, les rapports des parents et des enfants, des maîtres et des serviteurs, des patrons et des ouvriers, et aussi des gouvernants et des gouvernés. Que savons-nous d'elles?

Il y a eu dans la famille chrétienne, telle qu'elle a existé pendant de longs siècles, tout un esprit qui s'est inspiré directement de la loi de Dieu. La Bible était alors vénérée comme le Livre par excellence contenant, avec les vérités de la foi, la science pratique du gouvernement de soi-même et de celui du foyer. Là était l'ordre fondamental dont les sociétés antiques n'avaient gardé que quelques vestiges; là était le monument sacré de la sagesse divine. Dieu s'y montrait traçant à l'homme la voie droite à suivre, lui donnant dans ses commandements autant de principes éternels et immuables, faisant de ces commandements le palladium des familles, et voulant que les familles, ainsi organisées comme des unités vivantes, devinssent des écoles de vertu. Rien n'est au-dessus du formulaire de la science domestique et sociale que renferment et résument les Livres saints. On y voit enseigné comment les familles sont en petit l'image de la nation, par quel labeur elles se fondent, quelle prudence les conserve dans la paix et les consolide, quelle pratique du bien forme des hommes au cœur droit, produit des races pures, fécondes et énergiques, constitue des sociétés florissantes. Et d'autre part, on y trouve, sur les causes toujours renaissantes des désordres sociaux, les axiomes mêmes du vrai, exprimés dans cette belle langue biblique qui unit la plus haute des philosophies à l'analyse profonde du cœur humain : les abus de la prospérité, l'orgueil et la corruption chez les riches, l'envie et la révolte chez les pauvres, le renversement de l'autorité paternelle, la déchéance de la vieillesse, la ruine du foyer, l'instabilité des idées, des mœurs et des lois, etc... Or, que reste-t-il chez nous de cet esprit de la Bible? Et quelle place les Livres saints ont-ils dans nos respects et dans notre vie domestique?

Voilà tout un grand côté de la tradition qui nous est à peu près inconnu. Nos lecteurs trouveront-ils intérêt à le considérer quelques instants de près?

Sans être trop prodigue de détails, et sans remonter trop loin dans le passé, notons simplement les traits qui sont le plus à notre portée.

Ainsi, il suffit de parcourir les lettres de Fénelon, pour voir quelles étaient encore au XVIIe siècle les mœurs établies dans beaucoup des plus grandes familles de France. Elles sont adressées à des gens du monde, à des dames, à des hommes d'État, à des personnages illustres, à des militaires. Elles sont pleines de conseils au sujet des Livres saints, elles marquent le choix à faire dans les lectures. « Tous les endroits, observe Fénelon, ne sont pas également propres à donner des instructions directes, immédiates et proportionnées à l'intelligence de chacun. On doit choisir ceux qui conviennent à l'état où l'on est, à la correction des défauts, et qui inspirent la fidélité aux devoirs de sa condition [1]. » — « Il faut tâcher de raisonner peu et de faire beaucoup, écrit-il encore ; si on n'y prend garde, toute la vie se passe en raisonnements, et il faudrait une seconde vie pour la pratique [2]. »

« Le Psautier, dit le P. Lacordaire, était le manuel de la piété de nos pères ; on le voyait sur la table du pauvre comme sur le prie-Dieu des rois [3]. » Ajoutons qu'on lisait aussi, dans les moindres foyers, les Livres sapientiaux avec l'Évangile. Il y avait à cet égard une coutume aussi ancienne que possible, et on la trouve recommandée dans les premiers siècles chrétiens. « Gardez-vous de regarder comme superflue l'étude des saintes Écritures, écrivait alors saint Jean Chrysostome. C'est en ce livre divin qu'il faut apprendre à vos enfants à honorer leur père et leur mère ; vous y gagnerez

1. *Lettres spirituelles de Fénelon*, édit. de M. de Sacy (Paris, Techener, 1850) ; t. I, p. 260-264, 381-384, t. II, p. 429.

2. Ibid., t. I, p. 341.

3. Frédéric Ozanam avait gardé la tradition des siècles chrétiens. « Chaque matin, raconte le P. Lacordaire, il lisait dans une bible grecque quelques versets ou quelques pages de l'Écriture sainte ; et l'onction de Dieu le retenait plus ou moins sur ce qu'il avait lu. C'était la première heure de sa journée... »

autant qu'eux-mêmes. N'objectez pas que cela est bon simplement pour les personnes séparées du monde. Certes, je ne prétends pas faire de vous des solitaires; il suffit que votre fils soit chrétien. Il est destiné à vivre au milieu du monde : c'est dans nos Livres saints qu'il apprendra sa règle de conduite; mais il faut qu'il commence à s'en pénétrer dans ses premières années [1]. » — « Que l'Écriture sainte tienne lieu à votre fille de diamants, de perles et de vêtements somptueux, disait également saint Jérôme à une illustre dame romaine. Qu'elle apprenne d'abord le Psautier; qu'elle prenne dans les Proverbes de Salomon des avis salutaires pour sa conduite; qu'elle s'accoutume avec l'Ecclésiaste à triompher du siècle; qu'elle trouve dans le livre de Job un modèle de patience. Qu'elle passe ensuite au saint Évangile, qu'elle l'ait toujours entre les mains... [2]. » Au XVII° siècle, Nicolas Pasquier rappelle tous ces textes; il nous apprend qu'il a élevé ses filles, en prenant pour maître saint Jérôme, et il leur recommande de suivre ses conseils [3]. Après lui,

1. Homél. XXI, in Epist. ad Eph.
2. *De l'éducation des filles.* Première partie, à Læta, en 403.
3. *Lettres de Nicolas Pasquier*, publiées à la suite de celles d'Etienne Pasquier, liv. III, 8 et 9.

Rollin les commente dans son *Traité des études* : « L'Écriture prescrit des règles et fournit des modèles pour toutes sortes d'états et de conditions. Rois, juges, riches, pauvres, gens mariés, pères, enfants, tous y trouvent des instructions sur tous les devoirs. »

De là, ces préceptes si concis et si précis sur les devoirs, que nos pères se plaisaient à inscrire en tête de leurs Livres de raison [1]. De là, tant de belles maximes empruntées aux Proverbes de Salomon, au livre de la Sagesse, qui se gravaient dans les esprits comme autant de formules consacrées par la religion et par la droite raison, par le sens intime et par l'expérience. Elles finissaient par devenir usuelles, et elles donnaient une véritable distinction au langage des hommes les plus modestes. Rollin nous montre cet enseignement pratiqué dans les écoles, et il nous raconte que les règlements de l'Université de Paris enseignaient aux maîtres de faire en sorte que les élèves ne passassent pas un jour sans apprendre par cœur une ou deux maximes des Livres saints, « afin que les autres études fussent comme assaisonnées de ce divin suc [2]. »

1. *Les Familles*, t. I, p. 35 et suiv.
2. Rollin, *Traité des Études*, discours préliminaire.

Nous trouvons à la date de 1730 un spécimen très-complet des instructions domestiques, données par les parents aux enfants avec la substance même des Livres sapientiaux. Ce sont deux ouvrages qu'un sieur Du Puy, secrétaire au traité de Ryswyk, avait composés pour l'éducation de son fils et de sa fille [1]. — « *J'ai tiré de l'Écriture sainte les instructions que je vais vous donner,* dit-il à sa fille. *C'est de ce livre sacré, de ce livre qui depuis des siècles est le fondement de la piété des fidèles, que j'ai recueilli la plus grande partie de ce que je vais vous enseigner. J'ai pris soin de ramasser ce qu'il y a de plus touchant concernant les mœurs... Les instructions que je vous donnerai, ma chère fille, sont le seul patrimoine que vous devez attendre de moi. La Providence ne m'a pas laissé d'autre bien à ménager; si vous savez en profiter, votre sort sera heureux...* » Remarquons ici la conclusion qui se reproduit toujours invariablement la même ; mais,

1. *Instruction d'un père à son fils sur la manière de se conduire dans le monde;* Paris, Jacques Etienne, 1730.

Instruction d'un père à sa fille, tirée de l'Écriture sainte, sur la religion, les mœurs et la manière de se conduire dans le monde, 2 vol. in-18.

Ces deux ouvrages eurent plusieurs éditions, dont la troisième fut publiée à Bâle, par Jean Schweighauser, en 1766.

à la différence des autres pères non chrétiens qui ont mêlé à leurs instructions une foule de divagations, celui-ci parle au nom d'une règle sûre, certaine, infaillible, et il est toujours dans le vrai.

Mais rien n'égale, comme type de la tradition, la famille d'Aguesseau. Tous, depuis l'aïeul jusqu'aux petits-fils, y sont tellement pénétrés de l'esprit de la Bible qu'il n'est pas une pensée, pas un acte de leur vie, à l'occasion desquels elle ne soit citée et invoquée.

Henri d'Aguesseau est un patriarche; il reproduit en sa personne, il rappelle à la fois les modèles de l'Ancien Testament et ceux du Nouveau. Au lit de mort, en même temps qu'il met une sollicitude scrupuleuse à expliquer les clauses de son testament, à s'occuper du sort temporel de ses fils, de ses filles, de ses petits-fils, de ses serviteurs, de ses pauvres, de tous ceux qui peuvent attendre encore de lui quelque secours ou quelques conseils, il dit à ses enfants, après les avoir bénis : « *Je prie Dieu, mes chers enfants, de vous faire à tous la grâce de vous attacher à vos devoirs, de les remplir selon son esprit et de vivre selon les règles de l'Évangile. Lisez-en toujours quelque chose; méditez ce que vous en lirez...* » Il recommande à un de ses fils de n'être pas trop philosophe, et il revient avec lui sur ce sujet : « *Je prie Dieu qu'il vous donne la foi, l'espérance, la charité, l'humilité... Je vous recommande la lecture de l'Écriture sainte, non par un esprit de curiosité, mais pour y apprendre vos devoirs. Lisez-en tous les jours quelque chose, et faites-vous-en une étude...* »

Et le Chancelier fera pour ses enfants ce que son père a fait pour lui. Son fils aîné, âgé de dix-neuf ans, va se trouver en contact avec une jeunesse, pour laquelle « un faux point d'honneur consiste à douter de tout ; » il devra tenir tête à « un torrent de libertinage. » — « Le meilleur parti, lui dit-il, sera pour l'ordinaire de ne pas répondre à ces prétendus esprits forts qui blasphèment ce qu'ils ignorent. » Mais il veut le mettre en état de soutenir le choc, et il entend que son fils « se fasse de bonne heure un grand fonds de religion, étude qui doit être le fondement, le motif et la règle de toutes les autres. »

« *Je ne crois pas avoir besoin de vous recommander la lecture de l'Écriture sainte. Je prie Dieu, mon cher fils, que vous vous y attachiez toujours avec fidélité, pendant tout le cours de votre vie. Je vous conseillerai, pour vous mieux remplir de toutes les vérités qu'elle renferme, de vous prescrire un travail que je regretterai toujours de n'avoir pas fait pendant ma jeunesse : c'est d'extraire des Livres sacrés tous les endroits qui regardent les devoirs de la vie civile et chrétienne, de les ranger par ordre, et d'en faire comme une espèce de corps de morale qui vous soit propre. Il y a des auteurs qui ont travaillé sur l'Écriture sainte dans cette vue ; mais je ne suis point d'avis que vous vous serviez de leurs ouvrages, si ce n'est peut-être après que vous aurez fait le vôtre, pour voir s'il ne vous sera rien échappé. La grande utilité et le fruit solide de ces sortes de travaux ne sont que pour celui qui les fait soi-même, qui se nourrit par là à loisir de toutes les vérités qu'il recueille et qui les convertit dans sa propre substance.*

« Il ne me reste, après cela, que de prier Dieu qu'il répande sa bénédiction sur l'étude que vous ferez de la religion. Qu'il vous préserve de cet esprit de curiosité qui se perd en voulant approfondir des questions vaines, inutiles, ou même dangereuses. Qu'il vous inspire ce goût solide de la vérité, qui la cherche avec ardeur, mais avec simplicité, qui s'occupe des vérités

utiles, bien moins pour les connaître que pour les pratiquer[1]. »

Le Chancelier n'est pas seul à suivre les exemples et les conseils paternels. Sa sœur Madeleine, mariée à M. Le Guerchois, conseiller d'État, non contente d'écrire pour son fils des *Réflexions sur les livres historiques de l'Ancien Testament*, lui adresse des avis si beaux, si éloquents, si pleins de l'esprit de l'Évangile, qu'ils furent imprimés après sa mort, sur la demande de tous ceux qui, en ayant lu des copies, voulaient les posséder et en faire leur profit pour l'éducation de leurs enfants. On disait d'elle dans la préface de l'édition qu'on en publia en 1743 : « C'était une mère que saint Jérôme aurait présentée comme modèle à son siècle, qui à l'exemple de Tobie donna des avis à son fils pour le rendre digne d'une vie meilleure que celle-ci, et qui voulut lui laisser pour héritage des règles de conduite, comme des biens infiniment plus précieux que ceux qu'il pourrait un jour recueillir dans sa succession. » L'idée qui se retrouve partout est encore exprimée ici : il y a une règle, une tradition du bien, et ce sont elles qui forment la meilleure partie du patri-

1. *Instruction contenant un plan général d'études*, p. 11.

moine des familles. Or voici ce que Madeleine d'Aguesseau dit à son fils :

« *Commencez, mon fils, par vous bien remplir des grandes vérités de la religion. Regardez cette étude comme votre principale occupation, et rapportez-y toutes les autres. Vous serez obligé d'apprendre bien des choses qui, pour l'ordinaire, et à moins d'une grande attention sur soi-même, dissipent l'esprit, l'amusent, le fatiguent souvent en pure perte, et l'éloignent de Jésus-Christ, unique objet de notre foi et le seul qui mérite notre cœur.*

« *Pour remédier à cela, il faut commencer par vous faire des principes sur toutes les vérités réduites en règles de conduite....*

« *Prenez l'habitude de ne pas passer de jour sans lire quelque chose du Nouveau Testament.*

« *Dieu, qui nous conduit par le ministère de ses créatures, donne pour l'ordinaire des lumières aux pères et aux mères pour l'éducation de leurs enfants, et pour leur conduite. Il faut suivre cet ordre, et, après Dieu, ce que vous devez préférablement respecter, craindre et aimer, ce sont ceux qu'il vous a donnés pour père et pour mère ; c'est à nous à ne nous con-*

duire que par lui, et malheur à nous, si nous avons d'autres vues...

« *Évitez avec attention un défaut où tombent les jeunes gens qui se croient maîtres d'eux-mêmes et hors de toute dépendance, dès que leurs études sont finies. Éloignez-vous de cette conduite ; conservez toujours pour nous le respect et la confiance que vous nous devez ; regardez-nous comme vos amis. Nous serons pour vous, monsieur votre père et moi, les plus véritables, les plus désintéressés et les plus tendres que vous puissiez avoir. Ne faites jamais de projets, de parties, de liaisons, ni de connaissances, que vous craigniez que nous ne sachions. Si vous faites des fautes, faites-nous-en sincèrement l'aveu ; montrez-vous à nous tel que vous serez...*

« *Aimez-nous, et vous trouverez plaisir d'être avec nous. Rendez à monsieur votre père et à moi, en toute occasion, des marques de déférence, d'attachement et de complaisance, en tout ce que nous pourrons désirer qui ne sera pas contre la loi de Dieu.*

« *N'ayez jamais d'autre volonté que la nôtre, affermissez-vous dans ces principes, et ne vous en écartez point pour quoi que ce soit. Vous mériterez par là les bénédictions que Dieu a promises à ceux qui honoreront leurs pères et leurs mères*[1]. »

Quel commentaire de la loi de Dieu et du quatrième commandement ! Nous avons déjà entendu à leur sujet bien d'autres témoignages ; nous avons suivi à travers les temps les échos de cette grande voix de la conscience et de la tradition, s'exprimant par la bouche d'hommes ignorants de la vraie religion, mais gardant le respect de Dieu et la notion de vérités supérieures à la raison individuelle et aux passions humaines ; mais nous n'avons pas encore rencontré, et nous ne trouverons pas en dehors des sociétés chrétiennes, une mère tenant un tel langage à son fils. Ici, nous sommes dans un monde où la femme, relevée de sa déchéance, a une place, une dignité et une beauté morale, absolument inconnues ailleurs que dans les civilisations nées de la Bible et de l'Évangile. Puisque Madeleine d'Aguesseau nous a conduit à parler de la mère de famille, arrêtons-nous à elle. On lira les textes incomparables dans lesquels les Livres saints nous tracent le portrait de

1. *Avis d'une mère à son fils*; Paris, Desaint et Saillant, 1748, p. 15-16, 47-50.

la femme forte, « dans le cœur de laquelle les commandements de Dieu sont comme des fondements éternels, » de la femme pure et sans tache, « dont la grâce surpasse toutes les grâces, qui est la part de ceux qui craignent Dieu et qui est donnée à l'homme pour ses bonnes actions. » Nous esquisserons aussi l'histoire de Tobie, pour en rapprocher, au point de vue du testament, les monuments de l'ancienne vie domestique. En attendant, recherchons l'idée que nos pères se faisaient du foyer; voyons comment ils comprenaient la sainteté de l'union conjugale par laquelle se fondent les familles, et nous jugerons de l'esprit qui présidait au gouvernement de ce foyer, à l'éducation des enfants, aux rapports avec les serviteurs, etc.

Le Livre de Tobie est le modèle; nous le citons :

Raguel et Anne, père et mère de Sara, donnent leur fille à Tobie, « *parce qu'il est le fils d'un homme très-sage et très-vertueux, d'un homme qui craint Dieu.* » Puis, prenant sa main droite et la main droite de celui que Dieu leur a envoyé, ils lui disent : « *Que le Dieu d'Abraham, le Dieu d'Isaac et le Dieu de Jacob soit avec vous! Que lui-même vous unisse et qu'il accomplisse sa bénédiction sur vous!*[1] »

Il est marqué dans le récit qu'ayant pris un livre, ils y écrivirent l'acte de mariage. C'était le Livre de la famille, et nous savons que sa tenue pour l'enregistrement des actes de la vie domestique s'est conservée dans l'Extrême Orient. Il est ntéressant de retrouver la coutume, avec la vieille angue biblique, dans nos Livres de raison de l'ancienne France. Nous avons cité ailleurs plusieurs des formules employées par nos pères, en pareille circonstance. En voici d'autres, empruntées aux journaux d'une famille établie à Aix, dans la dernière moitié du XVIIe siècle.

Le 27 janvier 1684, Balthazar de Fresse-Monval écrit dans son Livre de raison :

« *Aujourd'huy, je me suis marié dans la ville d'Aix, et ay espousé noble demoiselle Thérèse de Bougerel, fille de M. de Bougerel, conseiller et*

1. Un érudit, retraçant naguère les coutumes des mariages observées jusqu'à ces derniers temps par les populations des montagnes dans les Vosges, nous fait assister à des scènes qui rappellent la Bible : « Avant d'aller à la messe, dit-il, les époux et toute l'assistance se mettent à genoux et récitent une prière qui est terminée par la bénédiction que le père de l'époux donne au nouveau couple. » Xavier Thiriat, *La Vallée de Cleurie*, Mirecourt, 1869.

secrétaire du Roy, et de dame Isabeau d'Eyguisier.

« *Nos espousailles se sont faites à la paroisse Sainte-Magdeleine. Fasse le ciel que ce soit pour un heureux establissement et pour l'honneur et gloire de Dieu, afin que, s'il me donne des enfants, ils soient élevés pour l'honorer et le servir !* »

Douze enfants naissent successivement du 22 décembre 1685 au 13 janvier 1701, et leurs naissances sont marquées avec des invocations à Dieu, à la Sainte Vierge et au saint patron.

Antoine de Fresse-Monval, fils aîné de Balthazar, se marie le 23 février 1716. Il continue le Livre de raison de son père, et il écrit :

« *Le 23 février 1716, je me suis marié et j'ay espousé Gabrielle-Anne de Blacas, fille de messire Joseph de Blacas, chevalier, seigneur d'Ampus, de Vérignon et de Fabrègues, et de dame Anne d'Abran de Seillans, de Montpezat. Nos espousailles ont eu lieu à la paroisse du Saint-Esprit.*

« *Fasse le ciel que ce soit pour un heureux establissement et pour la gloire de mon Dieu, afin que, s'il plaît à sa divine providence de me donner des enfants, ils soient élevés pour l'honorer et le glorifier éternellement! Amen.* »

Suit la mention de sept enfants, nés du 22 décembre 1716 au 17 février 1730.

L'histoire des deux Tobie père et fils nous fait admirer la tradition dans toute sa pureté et sa simplicité, et nous lui consacrerons bientôt des observations d'un intérêt plus étendu que celles qui nous occupent ici. En attendant, notons encore quelques rapprochements.

Les vœux, formés par les parents et les proches pour les jeunes époux, sont autant d'hymnes à Dieu. — « *Faites, Seigneur*, disent le père et la mère de Sara, *que ces deux enfants vous bénissent de plus en plus et qu'ils vous offrent le sacrifice de louanges, pour la santé qu'ils ont reçue de vous, afin que toutes les nations sachent que, dans toute terre, il n'y a point d'autre Dieu que vous.* » — « *Que le Dieu d'Israël vous bénisse*, dit également Gabelus à Tobie, *parce que vous êtes le fils d'un homme bon et juste, craignant Dieu et faisant l'aumône! Et que vous voyiez vos fils, et les fils de vos fils jusqu'à la troisième et quatrième génération, et que votre race soit bénie!* »

Toussaint M., modeste marchand de drap, dont nous connaissons déjà les recommandations dernières adressées à ses neuf enfants, exprimera le même vœu pour son fils destiné à être l'héritier de sa race : « *Je désire que Dieu vous donne une épouse selon son cœur, avec laquelle vous viviez chrétiennement, afin que Dieu sanctifie les enfants que vous aurez de votre mariage.* »

Et ce fils, devenu à son tour père d'une nombreuse famille, remerciera Dieu d'avoir exaucé et réalisé la bénédiction de son père : « *Le Seigneur bénit mon mariage, n'ayant eu d'autres vues que de me donner une compagne, pour avoir des enfants et les élever, à l'exemple de mon père, dans l'amour et la crainte de Dieu.* »

Le père et la mère de Sara donnent des instructions à leur fille, au moment où elle va les quitter. « Et le père et la mère embrassèrent leur fille ; ils la laissèrent aller, *en l'avertissant d'honorer son beau-père et sa belle-mère, d'aimer son mari, de gouverner sa famille, de mettre l'ordre dans sa maison et de se conserver irréprochable.* » Tout est là en quelques traits précis. Le ministère de la femme est de concourir avec son mari au gouvernement de la maison ; or, qu'est ce gouvernement, sinon la mise en pratique de la loi de Dieu ? Nous avons entendu sur ce point les réponses d'un simple catéchisme de l'ancienne France. Donnons maintenant la parole aux parents qui nous les montrent en action. Nous ne pouvons citer ici de longs textes, mais on trouvera dans un appendice, à la fin de ce volume, des instructions toutes spéciales, données par un père à sa fille au moment de son mariage.

« *Appliquez-vous au gouvernement de vostre maison*, écrit Mme de Chantal à Mme de Toulongeon ; *travaillez à cela, et prenez l'habitude et façon de vivre d'une vraie mère de famille*[1]. » Louise de Castellan tient le même langage à sa fille : « Ma mère me fit une belle remonstrance de prendre bien garde à mes enfans, que j'estois obligée de ce faire, que j'en recevrois de l'honneur et mes enfans du profit : car l'honneur des pères et mères est que leurs enfans soient bien sages et vertueux. N'estant bien instruits ni chastiés, ils viennent en liberté de conscience et ne peuvent faire que mauvaise fin. Elle me dit encore : « *Ma fille, je vous recommande vos enfans, faites leur apprendre une vocation ; ayant cela et la crainte de Dieu, ils ont assez. Qu'est-ce qui manque à vos frères ? Quand je fus veufve avec tant d'en-*

1. Lettre écrite en 1625. *Archives de la Visitation d'Annecy.*

fans, je n'avois après Dieu que mes voisins et amis; car, de parens, je n'en avois point, vostre père estant de Savoye, et moy de la haute Provence... Je me recommanday fort à Dieu, et le priay de m'inspirer de bien gouverner mes enfans, estant sortis d'un si bon et si sage père. Que je fus heureuse et plus qu'heureuse d'avoir eu tant d'enfans de luy! Il estoit venu de rien, et, espérant que mes enfans suivroient les traces de leur père, je me résolus de faire tout mon pouvoir à les bien gouverner et les élever le mieux possible...[1] »

Combien de mères, devenues veuves, et ayant à maintenir dans la voie droite de nombreux enfants[2], se sont distinguées par des qualités éminentes et par une virilité de caractère, presque au-dessus de leur sexe! La Provence n'est pas seule à nous offrir de précieux monuments de la vie du foyer. Nous en trouvons aussi en Champagne. Voici ce qu'écrivait en juillet 1662, dans son Livre domestique, Jeanne Le Duc, fille de Pierre Le Duc, écuyer, seigneur de Compertrix, et de Marie

1. *Une famille au XVIe siècle*, p. 122-127.

2. Voir ci-dessous, chap. VII, par quelles clauses insérées dans leurs testaments les pères de famille faisaient à leurs enfants une loi de respecter leur mère et de lui obéir.

de Bar, et qui avait épousé le 25 novembre 1630 Gilles Hennequin, écuyer, seigneur de La Motte et de Cramant, conseiller du Roi, et président au grenier à sel, de Châlons-sur-Marne[1] ;

« Je suis demeurée veuve le 10 février 1661 avec cinq enfants, sans aucun secours humain, dans le plus pitoyable état où puisse être réduite, en un moment, une femme qui avait été trente ans fort heureuse. Mais Celui qui m'avait donné ce bien, sans me le faire connaître au point où je pouvais le posséder, et qui m'a frappée par ce cruel coup de séparation, m'a aussi soutenue et protégée par une providence divine et par une bonté paternelle que je ne mérite pas.

« J'adore ses ordres sacrés, je consens à tout ce qu'il lui plaira de faire de moy et de la famille qu'il me fait l'honneur de me confier. Je ne veux autre protection pour eux et pour moi que la sienne. J'espéreray en Dieu seul, et je prie mes enfants de se tenir fermes sous cet asile, sans murmurer des fausses apparences de bien qu'ils verront aux autres ; mais qu'ils attendent avec patience le temps du bonheur que Dieu a ordonné pour eux. Je les prie aussi de croire à une grâce que

1. Cette famille a donné plusieurs de ses membres au Parlement de Paris.

Dieu me fait; elle n'est pas commune, et il m'inspire de la dire dans le plus sincère de mon âme : c'est que je les aime également tous avec tendresse, quoiqu'il semble qu'elle ne paraisse pas pour ceux que je veux *mettre à leur devoir*; mais Dieu le veut! »

Une femme qui sait gouverner sa maison est un trésor au-dessus de tous les trésors. Charles Barcilon de Carpentras en est bien convaincu. Il vient de se marier, et, en tête de son Livre de raison qu'il a commencé le 1er juillet 1700, dressant l'inventaire de ce que sa femme lui apporte en ménage, il écrit : « *Droits et biens de demoiselle Anne-Marie Bremond, ma femme, dont la personne vaut mieux que tous les biens.* » Avant lui, la Bible avait dit : « Qui trouvera la femme forte? Les pays reculés n'ont rien de si précieux... » Antoine de Courtois est d'une éloquence presque sublime, quand il en parle à ses enfants : « C'est le comble de la sagesse humaine. Celui qui a fait le meilleur choix possible a donné la plus haute preuve de prudence, et s'est assuré la plus grande garantie de véritable félicité. Il aura un jour la reconnaissance de ses enfants et sera béni par toute sa postérité. »

Veut-on voir à l'œuvre la mère de famille, ainsi formée par la Bible? Ne trouvera-t-on pas autant de charme que de profit à contempler le gouvernement d'une maison, tel qu'il était autrefois pratiqué selon la coutume, surtout dans les familles objets de nos études[1]? Nous allons citer, non plus des textes anciens, mais un témoignage moderne. M. de Lamartine avait fait pour tous les siens quelques extraits d'un journal manuscrit, que sa mère avait pris l'habitude de rédiger comme un examen journalier de conscience, et qu'elle avait continué de 1801 à 1829. Plus tard, il consentit à les livrer au public, et l'ouvrage a paru après sa mort [2].

Mme de Lamartine vit retirée à la campagne, en Bourgogne. Sa dot est des plus modiques; son mari n'a qu'un modeste patrimoine, la petite terre de Milly, qui ne donnait alors que deux à trois mille francs de rente, et avec cela il faut élever de nombreux enfants.

1. Rapprocher des détails qu'on va lire les deux chapitres des *Mémoires de la mère de Chaugy sur la vie et les vertus de sainte F. de Chantal*, intitulés : « De sa demeure à la campagne, où elle prend tous les soins domestiques. — Comme elle se comporta en son ménage, et le bon ordre qu'elle mit en sa maison. »

2. Lamartine, *Le Manuscrit de ma mère*, avec commentaires, prologue et épilogue; Paris, Hachette, 1873.

« La volonté de Dieu soit faite ! écrit-elle. C'est bien petit, mais c'est assez grand, si nous savons y proportionner nos désirs et nos habitudes. Le bonheur est en nous ; nous n'en aurions pas davantage, en étendant les limites de nos prés et de nos vignes. Le bonheur ne se mesure pas à l'arpent, comme la terre ; il se mesure à la résignation du cœur ; car Dieu a voulu que le pauvre en ait autant que le riche, afin que l'un et l'autre ne songeassent à le demander à un autre qu'à lui. » — « J'ai assisté aujourd'hui, 5 février 1805, à une prise d'habit de religieuse hospitalière, à l'hôpital de Mâcon. On leur a fait un discours, on leur a dit qu'elles embrassaient pour la vie un état de pénitence et de mortification, on leur a mis une couronne d'épines sur la tête. J'ai beaucoup admiré leur dévouement ; mais j'ai réfléchi que l'état d'une mère de famille, si elle remplit ses devoirs, peut approcher de celui-là. On ne pense point assez, quand on se marie, qu'on fait aussi vœu de pauvreté, puisqu'on remet sa fortune entre les mains de son mari, et qu'on ne peut disposer que de ce qu'il nous permet de dépenser. On fait vœu d'obéissance à son mari et vœu de chasteté, en ce qu'il n'est pas permis de chercher à plaire à aucun autre homme. L'on se voue aussi à l'exercice de la charité vis-à-vis de son mari, de ses enfants et de ses domestiques, à l'obligation de les soigner dans leurs maladies, de les instruire autant qu'on le peut et de donner de sages conseils. Je n'ai donc rien à envier aux hospitalières ; je dois tâcher de remplir fidèlement mes devoirs tout aussi difficiles que les leurs, et peut-être davantage en ce qu'on n'y est point engagé par l'exemple, mais au contraire que tout tend à vous en distraire. Ces réflexions m'ont fait grand bien à l'âme ; j'ai renouvelé mes vœux devant Dieu, et je le prie de me faire la grâce d'y être fidèle[1]. »

Son mari et elle n'ont qu'un cœur et qu'une âme ; et elle se sent heureuse dans l'accomplissement de ses devoirs. « — 6 mars 1804. — C'est l'anniversaire de mon mariage. Il y a aujourd'hui quatorze ans que j'ai eu le bonheur d'épouser un homme selon le cœur de Dieu. Je le savais bien aimable, mais je ne le savais pas si parfait. Il n'a pour défaut que les scrupules de l'honneur et une probité qui prend ombrage de la moindre indélicatesse ; mais c'est un bien beau défaut. Il ne vit que pour moi et pour ses enfants. Il a souvent bien des soucis, pour une si nombreuse famille, avec

1. P. 136-137.

une si étroite fortune. Ah! c'est à moi de le soulager, et à la Providence de nous assister. Je me fie à elle. Cette confiance est ma seule vertu; pour tout le reste, je suis bien imparfaite [1]. »

Ses enfants! voilà les objets constants de ses pensées, de ses prières, de ses examens de conscience. Elle nous parle beaucoup de son fils : « Dieu le rende sage et chrétien! Puisse-t-il aimer ce que j'aime dans les croyances qui me donnent la paix ici-bas et la vraie immortalité en perspective! » Lorsqu'elle doit le corriger de ses défauts, elle comprend chaque jour davantage quelle force d'en haut est nécessaire pour faire une éducation. « Mon Dieu! qu'il est difficile de faire un homme! » Elle travaille à le défendre contre les erreurs qui vont l'assaillir dans le monde : « J'ai connu ces fameux philosophes dans ma jeunesse. Faites, ô mon Dieu, qu'il ne leur ressemble pas! Je lui fais de bien fermes représentations sur le danger de ces idées... Une fois qu'une mère a mis au monde un fils, et qu'elle lui a inculqué sa propre foi, que peut-elle? sinon mettre toujours sa faible main entre le flambeau de cette foi et le vent du siècle qui veut l'éteindre... [2]. »

1. P. 128-129.
2. P. 249-250.

Elle nous initie à ses efforts, elle nous retrace son existence quotidienne. « Je vais à la messe tous les jours à sept heures, avec mes enfants. Nous déjeunons ensuite ; puis quelques soins du ménage ; puis le travail, en lisant tour à tour la Bible, ma leçon de grammaire et l'histoire de France ; toujours en travaillant... Dès que je suis un peu tranquille avec mes enfants quelque part, c'est toujours le plan ordinaire de notre vie... Mon grand objet est de leur inspirer beaucoup de piété et de les occuper beaucoup [1]. »

Le 5 septembre 1802, elle écrit : « Nous venons d'établir chez nous la prière en commun. C'est un usage bien touchant et bien utile, si l'on veut que sa maison soit, suivant l'expression de l'Écriture, une maison de frères. Rien ne relève autant l'esprit des serviteurs que cette communion quotidienne avec leurs maîtres par la prière et par l'humiliation devant Dieu, qui ne connaît ni grands et petits. Cela est bien bon aussi pour les maîtres qui sont ainsi rappelés à l'égalité chrétienne avec leurs inférieurs selon le monde ; et cela accoutume les enfants à penser à leur vrai père qu'ils ne voient pas, mais à qui l'on s'adresse ainsi avec respect et avec confiance.

1. P. 143.

En commençant son journal, après quelques années de mariage, elle était effrayée d'avoir à diriger toute une maison. « L'éducation de mes enfants ne sera pas une petite tâche; j'ai en outre six domestiques à gouverner. Mon Dieu! comme j'ai besoin de votre secours! » Plus tard, elle nous apprend comment elle remplit les devoirs de ce gouvernement. Non contente de la prière en commun, elle instruit elle-même ses domestiques, elle leur lit l'*Évangile médité*. Elle suit l'exemple de Mme de Chantal qui se consacrait à ce soin, lorsqu'elle vivait dans le monde. Elle fait ce que les parents ne négligeaient jamais de recommander à leurs enfants, au sujet des preuves d'intérêt et d'affection à donner aux serviteurs. « Ayez soin de vos domestiques dans leurs maladies, disait Madeleine d'Aguesseau à son fils, allez les voir vous-même, c'est une charité que vous leur devez... S'ils ignorent la religion, faites-la leur apprendre, dès qu'ils seront chez vous. Facilitez-leur tous les moyens de s'instruire et de cultiver ce qu'ils auront appris... N'oubliez pas leur famille, s'ils en ont une, après leur mort. A l'égard de ceux qui vous auront servi, regardez-vous comme chargé d'eux; donnez-leur de quoi s'établir, et placez-les de manière que rien ne manque pour leur nécessaire; assistez-les dans la suite de leur vie selon leurs besoins[1]. »

— « Ma mère, ajoute M. de Lamartine, parlait et écrivait avec cette simplicité sobre, claire, limpide, d'une personne qui ne se recherche jamais elle-même, et qui ne demande aux mots que de rendre avec justesse sa pensée, comme elle ne demandait à ses vêtements que de la vêtir et non de la parer. »

Combien de fois n'avons-nous pas fait la même observation au sujet de tous ces modèles du bien qui se reproduisent sous nos yeux, avec une si frappante ressemblance ! Un trait commun les caractérise : ils sont simples comme les vérités qu'ils nous enseignent. Les âmes chez eux sont en quelque sorte comme du cristal de roche ; elles en ont

1. *Avis d'une mère à son fils*, p. 117-119.
« Lorsque vous deviendrez maîtresse de maison, dit de même un père à sa fille, de nouvelles obligations vous attendent. N'oubliez jamais que vous devez à vos domestiques, et en général à tous ceux qui vous seront subordonnés, secours dans leurs maux, indulgence pour leurs faiblesses, justice sur leurs réclamations, bon exemple et instruction pour tout ce qui a rapport à leur conduite chrétienne. C'est en remplissant ces devoirs de charité et d'humanité que vous attirerez la bénédiction céleste sur vous et sur votre famille.
— Voir dans un des appendices les *Conseils d'un père à sa fille* (1797).

la transparence. Elles sont pures, elles sont saines, elles sont droites ; elles ont la bonté et la douceur, et en même temps une force de résistance invincible contre tout ce qui est mauvais et injuste. Voyez comment la Bible sait nous dépeindre Job en quelques mots : « C'était un homme simple et droit, craignant Dieu et fuyant le mal. » D'Aguesseau ne peut mieux louer son père qu'en disant : « Il aimait le vrai, au point qu'il l'aurait reçu avec joie de la bouche d'un enfant ; » et il résume en un trait le spectacle sublime de ses derniers moments : « *Rien de plus grand et de plus simple.* » Lui-même, bien qu'il ne soit pas simple dans son style, il se plaît à l'être par le cœur et par l'intention. « Simplicité, fondement de toute vertu, dira-t-il, et par rapport à Dieu qu'elle cherche de bonne foi, et par rapport aux hommes qu'elle sert véritablement. Un enfant est celui que Jésus-Christ place auprès de lui et par là au-dessus des apôtres... Le propre de la doctrine de l'Évangile est d'être aussi sublime, et en même temps aussi simple, aussi une que Dieu lui-même. Il n'y a qu'une chose nécessaire, c'est de servir Dieu, de l'imiter, de lui être uni. Cette vérité renferme tous les devoirs de l'homme... [1]. »

1. D'Aguesseau, *Réflexions sur Jésus-Christ*, p. 484, 496.

Au XVIe siècle, Du Vair avait dit de même : « Avec l'innocence du cœur vient le droit jugement [1]. » Par contraire, la corruption du cœur produit les idées fausses, et M. de Bonald a bien jugé le XVIIIe siècle dans cette brève formule : « Une conduite déréglée aiguise l'esprit et fausse le jugement. »

Le tableau que vient de nous offrir la femme au foyer domestique pourrait être déroulé successivement, de la sorte, dans ses diverses parties et dans ses divers personnages. Après la mère, il y aurait à montrer le père et les enfants, obéissant au même esprit, ayant ces mœurs toutes pleines de l'inspiration de la Bible ; mais nous avons déjà retracé ce tableau, et nous avons produit à cet égard une moisson de textes. En voici un que nous détachons d'un livre récent, et dans lequel un de nos contemporains, le poëte national de la Provence, a voulu faire revivre la figure de son vénérable père et en même temps nous dire tout ce qu'il doit aux principes et à la tradition sous l'égide desquels il a été élevé.

M. Frédéric Mistral nous fait admirer à son foyer la coutume domestique des fortes races ru-

1. Du Vair, *Œuvres complètes*, édit. de 1636, p. 172-173.

rales qui fondèrent les libertés des vieilles communes du midi de la France, et qui leur donnèrent les moyens de s'organiser, de s'administrer et de se gouverner en paix pendant de longs siècles[1] :

« Un homme ne se forme pas tout seul, et la race dont il sort, comme le milieu où il vit, lui apportent leurs diverses influences.

« Je suis né à Maillane, village du pays d'Arles, comptant une quinzaine de cents âmes, et situé au centre d'une vaste plaine barrée au midi par les Alpilles bleues.

« Mes parents habitaient la campagne et exploitaient eux-mêmes leur bien patrimonial... Mon pauvre père, — je l'ai perdu en 1855 dans ses quatre-vingt-quatre ans, — était ce qu'on appelle un homme du vieux temps... Mon enfance première se passa à la ferme, en compagnie de laboureurs, de faucheurs et de pâtres. Je me souviens toujours de cette époque avec délices. Chaque saison renouvelait la série des travaux. Le labour, les semailles, la tonte, la fauche, les vers à soie, les moissons, le dépicage, les vendanges et la cueil-

1. *Les Familles*, t. I, chap. IV et V.

lette des olives, déployaient à ma vue les actes majestueux de la vie rustique, éternellement dure, mais éternellement honnête, salubre, indépendante et calme. Tout un peuple de serviteurs, d'hommes loués au mois, de journaliers, allaient et venaient dans les terres du *mas* [1], avec la houe ou le râteau, ou bien la fourche sur l'épaule, et travaillant toujours avec des gestes nobles comme dans les peintures de Léopold Robert. Mon vénérable père les dominait tous par la taille, par le sens comme aussi par la noblesse. C'était un grand et beau vieillard, digne dans son langage, ferme dans son commandement, bienveillant au pauvre monde, rude pour lui seul. Engagé volontaire pour défendre la France pendant la révolution, il se plaisait le soir à raconter ses vieilles guerres. Sous la Terreur, il avait creusé un souterrain pour cacher les suspects, et, tant qu'avaient duré les discordes civiles, il avait abrité les proscrits fugitifs, de quelque parti qu'ils fussent...

« Mon père avait une foi profonde. Le soir, en été comme en hiver, il faisait à haute voix la prière pour tous, et puis, quand les veillées deve-

1. Mot qui signifie maison rustique, ferme, métairie, et qui est surtout usité dans l'arrondissement d'Arles et dans le Languedoc.

naient longues, il lisait l'Évangile à ses enfants et domestiques. Fidèle aux vieux usages, il célébrait avec pompe la fête de Noël, et, lorsque pieusement il avait béni la *bûche*, il nous parlait des ancêtres, il louait leurs actions et il priait pour eux. Lui, quelque temps qu'il fît, il était toujours content; et si, parfois, il entendait les gens se plaindre, soit des vents tempétueux, soit des pluies torrentielles : « Bonnes gens, leur disait-il, Celui qui est là-haut sait fort bien ce qu'il fait, comme aussi ce qu'il nous faut. »

« Il avait toute sa vie travaillé et épargné; mais sa table, comme sa bourse, était ouverte à tout venant; et, lorsque devant lui on parlait de quelqu'un, il demandait toujours si c'était un travailleur, et si on répondait oui : « Alors, c'est un honnête homme, je suis son ami, » disait-il.

« Il fit la mort d'un patriarche. Après qu'il eut reçu les derniers sacrements, toute la maisonnée nous pleurions autour du lit :

« Mes enfants, nous dit-il, allez! Moi je m'en vais, et je rends grâces à Dieu pour tout ce que je lui dois, ma longue vie et mon labeur qui a été béni. »

« Et il rendit son âme à Dieu.

« Tel était l'homme fort, et naturel et doux, aux

pieds duquel je passai mon enfance et mon adolescence [1]. »

Nous prions nos lecteurs de rapprocher de ce beau portrait celui que Louis Racine nous a laissé de son père. Les situations et les temps n'ont aucun rapport entre eux; et cependant nous sommes toujours et de plus en plus frappé de retrouver les mêmes mœurs.

... « Fils et père à la fois, je remplis un de mes devoirs envers vous, mon cher fils, puisque je mets devant vos yeux celui qui... doit être votre modèle... Maintenant qu'à ces Mémoires je suis en état d'ajouter un recueil de ses lettres, et qu'au lieu de vous parler de lui, je puis vous le faire parler lui-même, j'espère que cet ouvrage, que j'ai fait pour vous, produira en vous les effets que j'en attends...

« Vous ne pourrez sentir que dans quelque temps le mérite de ses lettres à Boileau et de celles de Boileau. Ne soyez donc occupé que de ses dernières lettres qui, quoique simplement écrites, sont plus capables de former votre cœur, parce

1. Frédéric Mistral, *Les Iles d'or* (Lis Isclo d'or); Avignon, Roumanille, 1876; préface traduite en français, p. 8-13.

qu'elles vous dévoileront le sien. C'est un père qui écrit à son fils comme à un ami. Quelle attention, sans qu'elle ait rien d'affecté, pour le rappeler à ce qu'il doit à Dieu, à sa mère et à ses sœurs! Avec quelle douceur il fait des réprimandes, quand il est obligé d'en faire! Avec quelle modestie il donne des avis! Avec quelle franchise il lui parle de la médiocrité de sa fortune! Avec quelle simplicité il lui rend compte de tout ce qui se passe dans son ménage! Et gardez-vous bien de rougir, quand vous l'entendrez souvent répéter les noms de Babet, Fanchon, Madelon, Nanette, mes sœurs; apprenez, au contraire, en quoi il est estimable.

« Quand vous l'aurez connu dans sa famille, vous le goûterez mieux, lorsque vous viendrez à le connaître sur le Parnasse; vous saurez pourquoi ses vers sont toujours pleins de sentiment.

« Plutarque a déjà pu vous apprendre que Caton l'Ancien préférait la gloire d'être bon mari à celle d'être grand sénateur, et qu'il quittait les affaires les plus importantes, pour aller voir sa femme remuer et emmaillotter son enfant. Cette sensibilité antique n'est-elle plus dans nos mœurs, et trouvons-nous qu'il soit honteux d'avoir du cœur? Celui dont on vous a dit tant de fois, et trop souvent peut-être, que vous deviez ressusciter le nom, n'était jamais si content que quand, libre de quitter la cour, où il trouva dans les premières années de sa vie de si grands agréments, il pouvait venir passer quelques jours avec nous. En présence même des étrangers, il osait être père, il était de tous nos jeux, et je me souviens (je le puis écrire, puisque c'est à vous que j'écris), je me souviens de processions dans lesquelles mes sœurs étaient le clergé, où j'étais le curé, et où l'auteur d'*Athalie* chantant avec nous portait la croix.

« C'était une simplicité de mœurs si admirable qu'en copiant pour vous ses lettres, je verse à tous moments des larmes, parce qu'il me communique la tendresse dont il était rempli...

« Il revenait un jour de Versailles, lorsqu'un écuyer de M. le Duc vint lui dire qu'on l'attendait à dîner à l'hôtel de Condé. « Je n'aurai point l'honneur d'y aller, lui répondit-il ; il y a plus de huit jours que je n'ai vu ma femme et mes enfants, qui se font une fête de manger aujourd'hui avec moi une très-belle carpe ; je ne puis me dispenser de dîner avec eux. » L'écuyer lui représenta qu'une compagnie nombreuse, invitée au repas de M. le Duc, se faisait aussi une fête de l'avoir, et que le prince serait mortifié s'il ne venait pas. Une personne de la cour, qui m'a raconté la chose, m'a assuré que mon père fit apporter la carpe, qui était d'environ un écu, et que, la montrant à l'écuyer, il lui dit : « Jugez vous-même si je puis me dispenser de dîner avec ces pauvres enfants, qui ont voulu me régaler aujourd'hui et n'auraient plus de plaisir s'ils mangeaient ce plat sans moi. Je vous prie de faire valoir cette raison à Son Altesse sérénissime. » L'écuyer la rapporta fidèlement, et l'éloge qu'il fit de la carpe devint l'éloge de la bonté de mon père, qui se croyait obligé de la manger en famille. Quand un homme a mérité qu'on admire son caractère dans ces petites choses, il est permis de les rapporter, en disant ce que Tacite disait de son beau-père : *Bonum virum facile crederes, magnum libenter....*

« On peut bien assurer que mon père n'a jamais rougi de l'Évangile. Chef de famille, il se croyait obligé à une plus grande régularité. Il n'allait jamais aux spectacles, et ne parlait devant ses enfants ni de comédie, ni de tragédie profane. A la prière qu'il faisait tous les soirs au milieu d'eux et de ses domestiques, quand il était à Paris, il ajoutait la lecture de l'Évangile du jour, que souvent il expliquait lui-même par une courte exhortation proportionnée à la portée de ses auditeurs, et prononcée avec cette âme qu'il mettait dans tout ce qu'il disait.

« Pour occuper de lectures pieuses M. de Seignelay malade, il allait lui lire les psaumes. Cette lecture le mettait dans une espèce d'enthousiasme, et il faisait sur-le-champ une paraphrase du psaume. J'ai entendu dire à M. l'abbé Renaudot, un de ses auditeurs, que cette paraphrase leur faisait sentir toute la beauté de la sainte Écriture et les enlevait [1]. »

Racine avait la simplicité qui toujours et partout a distingué les grands hommes ; il était simple comme les plus illustres de ses contemporains, qui, élevés sous l'influence de la réforme morale inaugurée par les exemples de Louis XIII, donnèrent à la première moitié du règne de Louis XIV une gloire suivie, hélas ! d'un si funeste renversement de la tradition. Rien de plus intéressant que de trouver ces vieilles mœurs, au fond des provinces, en plein XVIIIe siècle. Elles continuaient à s'y maintenir, parce qu'elles y étaient identifiées à des races profondément implantées dans le sol,

1. Mémoires sur la vie et les ouvrages de Jean Racine, par Louis Racine, publiés en tête des *Œuvres de Jean Racine*; Paris, Didot, 1864, p. 1, 25 et 27.

et que le mal y rencontrait encore des barrières.

Un bourgeois de Toulon écrit, en 1743 : « Mon bon père est décédé le 9 août. Il était bon parent, bon ami, bon citoyen, d'une simplicité dans sa façon de vivre et d'une modestie infiniment rares. On trouvait en lui une prudence et une discrétion sans égale, une supériorité de raison admirable, un grand fonds de jugement, beaucoup de pénétration, de netteté et de présence d'esprit. C'était l'homme du conseil le plus solide qu'il y eût dans la ville, où il fut généralement regretté. Tous les honnêtes gens donnèrent des larmes à sa perte, il fut surtout comblé de bénédictions par le peuple qui est toujours appréciateur du vrai mérite [1]. »

Il est impossible de n'être pas frappé de tout ce qu'il y a de clarté dans ces lignes si simplement écrites, au courant de la plume, et qui cependant présentent une si juste et si exacte analyse des qualités de celui auquel elles sont consacrées. Leur auteur avait certainement dans l'esprit des idées et toute une tradition dont il semble ne plus rester trace aujourd'hui. D'Aguesseau est un lettré, un philosophe, un métaphysicien, et, lorsqu'il nous parle de son père, il met un art merveilleux

1. Livre de raison de J.-B. Laugier, bourgeois de Toulon, commencé en 1743 et continuant celui de J.-Claude Laugier.

à nous décrire les diverses parties de l'homme, à nous faire admirer en lui l'époux, le père, le maître, l'ami, et surtout le chrétien, pour arriver à nous mieux faire comprendre ce qu'était le citoyen, et à nous dire que l'humilité de sa foi ne l'empêchait pas d'avoir « l'âme robuste d'un véritable Romain. » Mais ce bourgeois de Toulon écrit sans se donner la peine de chercher la formule de sa pensée; et il réussit à nous rendre sensibles les vertus qui, s'étendant du foyer à la cité, de la vie privée à la vie publique, créent les fortes mœurs, les solides institutions, les vraies libertés.

Enfin, il faut rapprocher de ces traits, que nous empruntons à quelques documents de famille, ceux sous lesquels Olivier de Serres nous retrace l'organisation du travail, dans le ménage des champs, l'office et l'œuvre du père de famille, propriétaire foncier, ayant à gouverner ses enfants, ses serviteurs et ses ouvriers, à garder la paix autour de lui, et à défendre l'ordre public dans son pays. Nous regrettons de ne pouvoir reproduire ici en entier cet admirable chapitre, placé en tête d'un livre de science agricole du XVIe siècle, comme un résumé complet et, on peut le dire, parfait de la tradition appliquée à la vie rurale.

Tout y est biblique, le fond, la forme, les idées, les préceptes, les règles à suivre. On y voit le père de famille « s'estudiant à se rendre digne de sa charge, afin que sçachant bien commander ceux qu'il a sous soi, il en puisse tirer l'obéissance nécessaire, » et, « accompagné d'une sage et vertueuse femme, telle qu'elle est descrite par Salomon, poliçant sa maison, instruisant ses enfans dans la crainte de Dieu, ses serviteurs aussi, afin que, avec la révérence due, chacun fasse sa charge sans bruit, vivant honnestement et religieusement, sagement se comportant avec ses voisins [1]. »

Il y a lieu aussi de demander à un publiciste du XVIe siècle, à un précurseur de Montesquieu, Jean Bodin, comment il définit la famille et l'État. « *Le mesnage*, dira-t-il, *est un droit gouvernement de plusieurs subjects sous l'obéissance d'un chef de famille. — La respublique est un droit gouvernement de plusieurs mesnages et de ce qui leur est commun avec puissance souveraine.* » Et il ajoutera : « *Il est impossible que la respublique vaille rien, si les familles qui sont les pilliers d'icelle sont mal fondées* [2]. »

1. *Théâtre d'agriculture et mesnage des champs*; liv. I, chap. VI, « De l'office du père de famille envers ses domestiques et ses voisins... »

2. *Les six livres de la République*, 1599, liv. I, chap. II.

Nous n'avons plus ces principes ni ces mœurs. Aussi sommes-nous livrés au désordre des idées et réduits à l'impuissance d'y porter remède.

Quel bon citoyen n'est alarmé aujourd'hui d'un fait grave entre tous? Les forces sociales s'en vont, elles se détruisent, elles disparaissent avec la famille et l'esprit de famille. L'ordre d'une société est cependant là, il y a toujours été.

Fleury avait raison de dire, il y a un siècle, qu'on oubliait les vérités les plus simples et les plus élémentaires. « La famille, écrivait-il, est en petit l'image de l'État. Plus la famille est grande, plus il y a de rapports entre ces deux sortes de gouvernements. C'est toujours conduire les hommes vivant en société, et, pour le bien faire, il faut avoir raison, non-seulement pour soi, mais pour les autres. Les Grecs et les Romains, si renommés pour la sagesse de ce monde, apprenaient la politique en gouvernant leurs familles [1]. »

1. *Opuscules de l'abbé Fleury*. Nîmes, 1780, t. I, p. 292.

CHAPITRE VI

UN MAITRE ET UN ÉLÈVE DANS L'ANCIENNE SOCIÉTÉ.

Ce que nous venons d'étudier dans la famille, voyons-le aussi en action à l'école. Un exemple va nous dire combien l'enseignement scolaire s'inspirait directement de la Bible, et sous quelle forme les préceptes sur les devoirs étaient gravés dans l'esprit des enfants.

M. Saint-Marc-Girardin nous a laissé, au sujet de la Bible, des souvenirs de son professorat. Le récit est charmant, et nous en noterons quelques traits, bien qu'il soit beaucoup au-dessus de la sphère à laquelle appartient le texte que nous allons citer.

Un jour, dans un de ses cours de Sorbonne, il fut conduit à commenter le chapitre V du livre des Proverbes. L'auditoire, dit-il, n'était guère approprié à la leçon. A propos de l'éducation, il fallait parler de l'innocence des mœurs à une jeunesse émancipée; il y avait à faire écouter et même applaudir par elle les principes, les maximes, les règles de la sagesse, et tout ce qui constitue la vertu. La Bible était en cause; elle eut ce jour-là pleine victoire.

Le professeur lut ce qui suit : « Mon fils, prête ton oreille aux conseils de la prudence; aime la règle, et pratique-la de cœur et de bouche. Défie-toi de la ruse des femmes perdues. Les lèvres de la courtisane distillent le miel, et sa parole est plus douce et plus brillante que l'huile; mais attends un peu; bientôt vient l'amertume de l'absinthe. Ne la suis pas, ses pieds vont à la mort et ses pas descendent dans l'enfer. Elle ne marche pas vers la vie et le jour. Sa marche est tortueuse et obscure. Mon fils, écoute-moi, mon fils, ferme l'oreille à sa voix; ne mets point le pied sur le seuil de sa maison, ne livre pas ton honneur aux étrangers, ne donne pas ta jeunesse en proie aux méchants. » — « Quel verset! disais-je aux jeunes gens qui m'écoutaient. L'honneur! et non-seulement l'honneur tel qu'on l'entend dans le monde honnête, mais l'honneur de la jeunesse, plus pur et plus délicat qu'aucun autre, et qui ressemble à l'innocence! Et à côté de votre honneur, qu'il ne faut pas livrer aux étrangers, les années de votre jeunesse qu'il ne faut pas non plus donner en proie aux méchants; car c'est votre patrimoine, et votre âge mûr ne récoltera que ce qu'aura semé votre jeunesse. Défendez donc, défendez votre nom et votre temps... Mais comment me défendre, comment me sauver? dites-vous. Écoutez la parole du salut : « Buvez de l'eau de votre citerne, et n'allez pas aux puits étrangers; » c'est-à-dire ne quittez pas votre famille, non son séjour, mais son esprit; aimez la vie domestique, et, une fois marié avec la femme que vous avez choisie pour compagne, qu'elle vous soit toujours chère et sacrée, que son amour soit votre joie et son honneur... »

M. Saint-Marc-Girardin ajoute qu'en avançant dans sa lecture et son commentaire, il sentait son jeune auditoire de plus en plus gagné et entraîné, « tant il y a dans les Livres saints de vérité et de poésie en même temps, tant cette poésie de la Bible s'adresse bien à l'âme et au cœur des jeunes gens, en leur donnant l'avertissement le plus approprié à leur âge, sous la forme la plus appropriée à leur imagination [1]. »

Et maintenant, rapprochons de cette scène sco-

1. Saint-Marc-Girardin, *J.-Jacques Rousseau, sa vie et ses ouvrages.* — *Revue des Deux-Mondes*, 15 décembre 1854.

laire du XIXe siècle une autre du commencement du XVIIIe. Nous ne sommes plus à Paris, au milieu de jeunes gens pour lesquels une étude des Proverbes de Salomon devait paraître chose extraordinaire ; nous nous trouvons dans une petite ville de la Provence, à Manosque, et sous le régime de la tradition.

Un maître enseigne à un enfant les premiers éléments des connaissances humaines. C'est un religieux, et son nom de famille ne manque pas d'illustration. Un de ses devanciers a eu l'honneur d'être un des fondateurs de l'Académie française. « Lorsque du cénacle familier assemblé chez Conrard, dit un érudit de notre temps, sortit l'Académie française, François d'Arbaud de Porchères figura au nombre des premiers quarante. Élève et parent de Malherbe, il s'était adonné au lyrisme sacré, et ce dernier dont la voix rauque et franche n'épargnait personne, qui n'avouait même pour siens que deux ou trois de ses disciples, l'avait estimé assez pour lui léguer la moitié de ses livres, en le chargeant de recueillir ses œuvres qui nous sont parvenues par cette main filiale[1]. » Tout

1. L. de Berluc-Pérussis, *Revue de Marseille et de Provence*, 1865, p. 339.

François d'Arbaud de Porchères était né à Brignoles en

autre et bien plus modeste était la mission que remplissait à Manosque, il y a cent cinquante ans, Jean-François de Porchères. Il était du nombre de ces prêtres dévoués qui se faisaient volontiers, comme professeurs, les auxiliaires des familles, pour l'éducation et l'instruction de la jeunesse. Son rôle était simplement d'enseigner à un élève, appelé Pierre Verdet, l'art de la numération. Le manuscrit de ce dernier, contenant des formules propres à se fixer dans sa mémoire, porte le titre de *Livre de comptes*. La partie pédagogique n'a rien qui mérite de nous occuper, mais une scène morale qui lui donne son intérêt va mettre en relief sous nos yeux la tradition et l'esprit de la Bible. Le jeune Verdet tient la plume; son professeur lui dicte à la fois ce qu'il doit savoir et ce qu'il doit croire. Le préambule est à citer.

« *Ce Livre de comptes a été commencé le 8 mars de cette année 1728 et a été fini ce jour d'hui du mois de novembre de la même année, par Pierre Verdet de cette ville de Manosque,*

1590. Reçu à l'Académie française dès 1634, mais s'étant retiré en Bourgogne quatre ans après, il fut remplacé par Patru en 1640.

enseigné par le R. Jean-François d'Arbaud de Porchères, religieux observantin.

« Dieu lui fasse la grâce d'en faire son profit ! Puisse-t-il faire bon usage des instructions et bons enseignements, des fréquentes leçons que je lui ai donnés, afin que mes peines ne soient pas inutiles dans la suite ! »

Telles sont les lignes que Jean-François d'Arbaud de Porchères fait écrire à Pierre Verdet à la première page du registre. Voici maintenant celles qui le clôturent et qui sont le couronnement de l'instruction donnée.

« Mon très-cher enfant,

« Faites attention à cette leçon que je vais vous « faire écrire pour votre bien. Gravez-la dans votre « mémoire, lisez-la très-souvent et portez-la même « sur vous ; car, si vous prétendez faire quelque « progrès dans la science que vous avez apprise « avec moi, vous devez être convaincu, avant « toutes choses, que le véritable savoir, comme le « dit le sage Salomon, a pour principe la crainte « de Dieu.

« Après avoir posé pour premier fondement « qu'il faut avant tout craindre le Seigneur, j'en

« ajouterai un second : c'est qu'il faut porter le « respect dû à ceux qui vous ont donné la vie. Là « est un des plus importants avis que je puisse « vous donner. Soyez attentif à recevoir les ins- « tructions de vos parents, exact à l'obéissance « que vous êtes tenu de rendre à tous leurs com- « mandements. Par ce moyen, vous vous attirerez « les grâces et les bénédictions de Dieu, et vous « mériterez devant les hommes une couronne « d'honneur. Cette obéissance vous sera une pa- « rure infiniment plus éclatante que ne le sont les « perles et les diamants.

« Mais, autant vous devez être prompt à suivre « les commandements de ceux auxquels Dieu et la « nature vous ont soumis, autant vous le devez « être à rejeter les mauvais conseils de ceux qui, « par flatterie, vous feraient tomber dans un abîme « de confusion. Si donc certains esprits, aban- « donnés de Dieu, tâchaient de vous corrompre par « de fausses promesses et par d'artificieux dis- « cours, gardez-vous bien d'ajouter foi à leurs pa- « roles trompeuses ; n'ayez aucune société, ni au- « cune union avec les âmes impies, éloignez-vous « de leurs voies, et défiez-vous toujours du poison « qu'elles vous présentent.

« Celui qui s'engage dans la compagnie des mé-

« chants périt avec les méchants. Les cruels et « les fourbes n'arriveront point jusqu'au milieu « de la vie que Dieu leur avait préparée.

« Mes conseils vous découvrent les périls où « vous exposeraient les compagnies dangereuses. « Évitez aussi promptement celles-ci que l'oiseau « fuit le piége qu'il a vu tendre pour le prendre. « N'attendez pas de reconnaître l'utilité des avis « que je vous donne, lorsque vous ne pourriez « plus en profiter et que vous seriez plongé dans « les malheurs où les hommes de mauvaise vie « précipitent ceux qui les suivent. Rappelez-vous « ce qu'a dit sur ce sujet le Roi-prophète : « Un « abîme en appelle un autre. »

« La correction de vos mœurs, mon cher en- « fant, dépend de la docilité que vous apporterez « à suivre mes enseignements. J'ai fait de ma part « tout ce qui m'a été possible pour vous inspirer « l'esprit de Dieu et une sainte ambition de faire « votre fortune en ce monde, avec droiture et « sans fraude, en n'épargnant jamais vos soins et « vos peines, afin d'acquérir l'amitié d'un chacun, « en gardant une soumission mesurée et une par- « faite obéissance, lorsque vous y serez obligé ; « car l'obéissance vaut mieux que les plus grands « biens. Par elle, vous éviterez l'oisiveté qui est

« le principe de tous les malheurs auxquels vous « serez exposé. Le Seigneur vous dit par la bouche « du Sage que le serviteur inutile sera jeté dans les « ténèbres extérieures.

« Donc, puisque vous avez le bonheur de pos- « séder par mes soins ce bel art de l'arithmétique « et aussi celui de bien écrire, suivez les conseils « de l'*Ecclésiastique* qui nous dit que, lorsque « nous avons un talent, il ne faut pas négliger d'en « faire usage.

« Ne vous élevez jamais plus haut et n'entre- « prenez jamais rien que vous ne vous en jugiez « capable. Ne souhaitez jamais de grands biens : il « suffit que vous ayez de quoi passer honnêtement « votre vie ; car ce ne sont pas les richesses qui « font la félicité de l'homme, et souvent, au con- « traire, elles attirent sur lui toute sorte de cha- « grins et de malheurs.

« Enfin, mon très-cher enfant, le soin que j'ai mis « jusques au jour d'hui à vous instruire serait inu- « tile, s'il y avait un jour de votre vie où vous pus- « siez perdre le souvenir de mes préceptes. C'est « pourquoi je vous exhorte de nouveau à les con- « server éternellement. Votre intérêt est du reste « aussi un puissant motif pour vous porter à les « pratiquer.

« Je vous recommande, sur toutes choses, d'être « sensible à la misère des affligés et d'être fidèle « à la vérité. C'est le conseil du Sage : « *Misericordia et veritas non te deserant.* » Ne laissez passer aucune occasion de pratiquer la première de ces vertus, et que la seconde se trouve « toujours dans vos paroles. Imprimez-en si fortement l'amour dans votre cœur qu'elles ne s'en « effacent jamais. Elles vous attireront les grâces « de Dieu, elles vous rendront agréable à ses yeux, « et elles vous feront acquérir l'amitié et l'approbation des hommes : « *Et invenies gratiam et disciplinam bonam, coram Deo et hominibus.* »

Il était dit autrefois dans tous les règlements scolaires : « Les enfants apprendront à craindre « et à louer Dieu. Ils seront instruits dans la lecture, l'écriture et le calcul, et principalement « dans les bonnes mœurs. » Telle était la formule consacrée, et on la trouve partout exactement la même[1]. Comment était-elle appliquée ? La scène et le texte que nous avons sous les yeux nous le disent ; ils traduisent à la fois les préceptes et

1. Voir le règlement général des écoles, promulgué le 12 août 1723 par le grand Frédéric, et qui est encore en vigueur en Prusse.

la méthode. Le professeur que nous venons d'entendre est un religieux, vivant dans les règles de la perfection évangélique ; et cela ne l'a pas empêché de ne rien négliger, « pour inspirer à son élève, avec l'esprit de Dieu, la sainte ambition de faire fortune en ce monde, avec droiture et sans fraude, par la vertu, par l'application au travail, en se montrant respectueux et obéissant à l'égard de ses supérieurs, et en n'attachant pas son cœur à la richesse. »

Mettons en regard de ces enseignements scolaires ceux qu'Olivier de Serres recommande au père de famille d'adresser à ses serviteurs dans le ménage rural. Lui aussi, il s'inspire des Livres sapientiaux.

« Selon la portée de leur esprit, il les exhortera à suivre la vertu et à fuir le vice... Il leur remontrera combien la diligence apporte de profit en toutes actions et spécialement au mesnage, moiennant laquelle plusieurs pauvres personnes ont fait de bonnes maisons, comme au contraire, par négligence, infini nombre de riches familles est tombé en extrême ruine. Sur ce propos, il leur alléguera les beaux dicts des sages : « Que la main du diligent l'enrichit.., et, à l'opposite, que le paresseux ne voulant travailler en hiver mendiera en esté... » Tels et semblables discours seront les devis ordinaires du sage et prudent père de famille avec ses gens, d'où lui-même prendra instruction pour estre le premier à suivre la vertueuse diligence, de la bouche duquel ne sortira jamais aucune parole blasphématoire, lascive, sotte, ne médisante, afin qu'il soit miroir de toute modestie[1]... »

Voilà la tradition; c'est ainsi que dans l'atelier, comme dans le foyer et à l'école, la sagesse de la Bible a jusqu'à nos jours instruit les hommes sur la science de la vie.

La civilisation des peuples européens s'est partout produite sous la même influence. Tous ont marché dans la même voie. Un écrivain russe nous dit : « L'éducation en Russie avait pour principale base le développement du sens moral. Dans les classes aisées, on étudiait l'Écriture sainte, ainsi que les œuvres des écrivains sacrés. L'immoralité des enfants était un opprobre qui rejaillissait sur toute la famille. Aussi voyons-nous que le premier soin des parents était d'inspirer à leurs enfants la morale chrétienne, la crainte de Dieu, la charité envers les pauvres, les veuves et les orphelins,

1. Olivier de Serres, *Théâtre d'agriculture et mesnage des champs*, liv. I, chap. VI.

l'horreur du mensonge et du parjure. Chaque enfant était convaincu de l'immuable vérité du dicton populaire : *Qui trompera aura honte*. Tel a été de tout temps le principe fondamental de la société russe... On apprenait à l'enfant et au jeune homme qu'il devait être respectueux envers tous ceux qui étaient plus âgés que lui, et poli avec ses égaux en âge. De là cette aménité des mœurs russes, ce langage respectueux avec les anciens, ces qualifications cordiales de père, d'oncle, de frère et d'enfant..., et des proverbes tels que ceux-ci : « *Le respect filial ouvre les portes du ciel. — Respecte les anciens, tu deviendras vieux à ton tour...* » L'usage de ces proverbes est général dans la conversation de toutes les classes, et leur autorité est telle que, dans une discussion, chaque argument est accompagné d'un proverbe [1]. »

Lorsqu'au XVIIe siècle, plusieurs milliers de familles de puritains émigrèrent du sol anglais, pour aller fonder, de l'autre côté de l'Atlantique, les premières colonies qui devinrent le berceau des États-Unis, elles prirent pour base de leur constitution le Décalogue ; elles firent de la Bible leur grande charte, mettant sous la protection des lois

1. Nicolas de Gerebtzoff, *Essai sur l'histoire de la civilisation en Russie*, t. I, p. 402, 463.

le respect de Dieu, du père et de la femme, donnant à leurs foyers, à leurs congrégations, à leurs paroisses, à leurs *towns*, à leur régime provincial, la plus forte des disciplines morales. C'est à ces mœurs qu'elles durent d'abord le haut degré de prospérité auquel elles s'élevèrent, et plus tard leur indépendance glorieusement conquise sous la conduite de Washington. Ce grand homme s'était préparé au gouvernement de son pays par celui de sa famille, dans son domaine rural de Mount-Vernon ; et il faut relire aujourd'hui les ordres du jour qu'il adressait à son armée [1], au sujet du respect de Dieu, pour savoir comment les classes dirigeantes, en formant par leurs exemples la conscience des classes populaires, sont vraiment les gardiennes des principes fondamentaux de l'ordre social.

1. Il disait dans son ordre du jour du 9 juillet 1776 : « La bénédiction et la protection de Dieu sont toujours nécessaires, mais surtout dans les temps de crise et de danger public. Le général espère et compte que tout officier et soldat s'efforcera de vivre et d'agir, comme il convient à un chrétien qui défend les droits chéris et la liberté de la patrie. »

CHAPITRE VII

UNE FAMILLE BIBLIQUE ET LES FAMILLES FRANÇAISES.

M. Sainte-Beuve, à l'époque où il ne s'était pas encore fait l'apôtre de la libre pensée, ayant à parler de M. Droz, ne pouvait mieux retracer sa physionomie qu'en disant de lui : « Joseph Droz, né à Besançon, le 31 octobre 1773, d'une famille de magistrats et de jurisconsultes honorablement connue dans la province, avait reçu de ses pères comme par héritage la droiture de l'esprit, la douceur du cœur et la disposition au bien. Il était né et il resta toute sa vie de *la race des bons et des justes...* » Et il le montrait au début de sa carrière littéraire, dans son *Essai sur l'art d'être heureux*, conversant simplement sur le thème éternel, pour ramener à quelques vérités les esprits prévenus, capables de les entendre, et, près d'arriver au terme, écrivant, dans un jour presque céleste, ses *Pensées sur le Christianisme* et ses *Aveux d'un philosophe chrétien.*

Joseph Droz personnifiait en lui, aux yeux de son biographe, le type de la noblesse et de la pureté morales, et ces vertus délicates qui ont distingué un si grand nombre de familles d'autrefois. « En nos temps de mélange et de turbulence [1], ajoutait M. Sainte-Beuve, cette vie et cette nature de M. Droz m'ont paru comme une image qui repose et qu'il était bon de rappeler. Quand règne et triomphe presque partout la race audacieuse de Japet et de Prométhée, je voudrais montrer quelqu'un de la race de Sem [2]. »

Et nous aussi, au milieu des redoutables périls de l'heure présente, nous voudrions compléter nos esquisses sur la tradition du foyer par des images qui non-seulement reposent, mais qui réconfortent. La crise où nous sommes n'est si profonde que parce que les gens de bien eux-mêmes, livrés à un funeste esprit de discorde, ont perdu de vue les conditions pratiques dans lesquelles le vrai constitue la vie morale des peuples. Il faut revenir aux principes éternels; il faut voir comment ces principes se sont toujours offerts aux familles dans

1. Ceci était écrit en 1850.
2. Sainte-Beuve, *Causeries du lundi*, t. III, p. 148.

de grands modèles. La race des bons et des justes conserve dans l'ordre social les vérités qui seules peuvent sauver les nations, lorsque l'erreur les aveugle au point de les pousser au suicide. Elle n'est pas éteinte aujourd'hui; mais tout concourt à la sacrifier, à l'annihiler et à la détruire; et l'on se demande ce que deviendra le pays, lorsque, en haut et en bas, la table rase sera consommée.

Considérons-la de près, telle qu'elle existait à tous les degrés et surtout dans les profondeurs du pays.

Un petit livre des premières années du XVIIe siècle vient de nous tomber sous la main [1]. Il se divise en deux parties, ayant pour titre : 1° « *Plusieurs beaux enseignemens de bien vivre, dressés par le père de Tobie à son fils, que les enfans devront souvent lire et bien peser ;* 2° *L'admirable instruction que saint Louis fit à son fils Philippe, digne d'estre souvent inculquée par les pères aux enfans*[2]. »

1. Ce très-mince volume, publié à Limoges en 1615, porte dans son en-tête des *Advertissemens tirés de la saincte Escriture.*

2. L'éditeur fait précéder les enseignements de saint Louis de ce quatrain :

« *C'est à un fils de Roy que cet escrit s'adresse,*
« *Mais tu te peux vanter qu'il est tracé pour toy;*
« *Car, comme enfant de Dieu ressentant ta noblesse,*
« *Tu peux bien hardiment te dire fils de Roy.* »

Quel est le but de ce livre? Pourquoi a-t-il été édité sous un format in-32 des plus portatifs? Qu'exprime-t-il sous ses modestes dehors?

Il nous dit simplement ce dont nous nous proposons de marquer quelques détails. Il met sous nos yeux l'empréinte laissée dans l'ancienne famille chrétienne et française par une grande tradition religieuse. Il rappelle que la Bible nous a conservé le plus beau et le plus touchant des Livres ou Mémoires domestiques.

Une famille juive, vivant en captivité à Ninive, il y a deux mille cinq cents ans, a eu le privilége d'être en quelque sorte immortelle. Combien de pères et de mères se sont attachés à faire passer dans leur vie et dans leurs conseils à leurs enfants la substance de ses enseignements! Combien de foyers ont été sanctifiés et conservés sous ses inspirations!

On a lu plus haut[1] quelques extraits des avis que Madeleine d'Aguesseau, prenant pour modèle Tobie, adressa à son fils. Citons ici les lignes qui leur servent de préambule et celles qui forment leur conclusion :

« Dans l'incertitude où je suis, mon cher fils, du

1. P. 183-185.

moment où il plaira à Dieu de me retirer de ce monde, ne sachant pas si j'aurai le temps, avec le secours de sa grâce, de vous élever en sa crainte et en son amour, comme je le souhaite, et étant incertaine si, quand cela serait, je me trouverai en état de vous parler avant ma mort, je prends le parti d'y suppléer, en vous disant une partie de ce qu'il me semble que je vous dirais en ce dernier moment.

« Recevez ces sentiments comme ceux d'une mère qui vous aime tendrement ; regardez ce qu'il y aura de bon comme venant de Dieu, seul auteur de tout bien ; reconnaissez dans ce qu'il y aura de mauvais la corruption du cœur humain, qui se mêle dans tout, et prenez-en occasion de prier pour moi.

« Je commencerai par vous dire que le plus vif et peut-être le seul désir de mon cœur, par rapport à vous, a été votre salut éternel. Ce n'est point une exagération de ma part ; c'est un témoignage que je me sens obligée de rendre à la grâce que Dieu m'a faite sur cela, et je vous assurerai que je m'estimerais heureuse, si j'avais pour mon propre salut la même ardeur que j'ai eue pour le vôtre.

« Dès que je vous portai dans mon sein, je vous offris à Dieu...

« Quand on vous rapporta auprès de moi, après le baptême, en revenant de l'église de Notre-Dame d'Alençon, notre paroisse, je dis le verset du Psalmiste : « *Confirmez, Seigneur, ce que vous venez de faire dans votre saint temple,* » et j'ajoutai ensuite : « *Mon Dieu ! je vous rends grâces de celle que vous venez de faire à cet enfant ; je vous l'offre de tout mon cœur ; il est à vous plus qu'à moi. S'il doit jamais souiller cette robe blanche dont vous venez de le revêtir, j'aime mieux le voir mourir pendant qu'il est sans tache.* » Ces sentiments, je vous l'avoue, me sont devenus si familiers que, depuis votre baptême, je n'ai pas discontinué un seul jour de renouveler cette prière. . . . .

. . . .

« Je ne croyais pas, mon cher fils, aller si loin, quand j'ai eu le dessein de vous laisser quelque chose par écrit. S'il y a du bon, je prie Dieu qui me l'a inspiré de vous faire la grâce de l'accomplir. Que me reste-t-il à faire ? sinon de supplier humblement Celui qui a commencé en vous le saint ouvrage de votre salut de le perfectionner, et de le conduire à sa consommation. C'est ce que je lui demande, en lui adressant les prières de Jacob au lit de mort. . . . .

« Seigneur, j'attendrai le salut que vous devez donner, et je ne l'attendrai pas pour moi seule, mais aussi pour l'enfant que vous avez bien voulu accorder à tant de larmes et de prières. Qu'à ce grand jour où vous rendrez à chacun selon ses œuvres, et où, en couronnant nos mérites, vous couronnerez vos propres dons, je puisse dire : « *Me voici, Seigneur, et les enfants que vous m'avez donnés. Vous en avez déjà placé un dans le sein d'Abraham. Faites la grâce à celui qui me reste de mener ici-bas une vie digne de l'éternité que vous avez promise à ceux qui la mériteront par la fidélité à toutes bonnes œuvres.* »

« Je vous souhaite de tout mon cœur, mon cher fils, les bénédictions du ciel et de la terre, et je vous donne par avance la mienne, que j'espère vous donner en mourant[1]. »

En lisant ces lignes, on croit voir un coin du ciel s'entr'ouvrir, et l'on a une idée pleine et nette

1. *Avis d'une mère à son fils*, p. 1-10, 128-129.
Les pères et les mères bénissaient autrefois leurs enfants avant de mourir; mais, en prévision du cas où ils en seraient empêchés par la maladie, ils leur donnaient souvent cette bénédiction par écrit dans leur testament. Voir dans *les Familles* le chapitre intitulé : « La bénédiction paternelle et la vie future. »

de ce qu'a été jusqu'à nos jours la mère chrétienne, élevant ses enfants au nom et sous l'œil de Dieu, pour les conduire au souverain bien.

Voici maintenant un texte d'un ordre différent. C'est un père qui, avant de quitter la terre, remplit le grand devoir du testament, pour assurer l'avenir de sa famille et de son foyer, et qui, selon la coutume, mêle au règlement qu'il fait de sa succession tout un ensemble de conseils. Ce testament est d'une date assez récente; mais son auteur avait conservé tout l'esprit de la tradition.

« *A l'exemple de mes chers père et mère de très-heureuse mémoire, et pour lesquels je conserverai jusqu'à ma mort amour, respect et reconnaissance, je recommande à mes enfants :*

« 1° *De porter toute leur vie honneur, respect et soumission à leur mère, qui, à juste titre, mérite d'être appelée la meilleure des mères et la plus vertueuse des épouses ;*

« 2° *D'avoir même respect et soumission envers leurs oncles, dont toute l'ambition est de les rendre heureux ;*

« 3° *De conserver parmi eux la paix, l'amitié et la bonne intelligence, dont les avantages im-*

menses ont été justement appréciés par ma famille et par moi en particulier ;

« 4° *D'avoir constamment la volonté d'être utiles à tout le monde et de ne jamais nuire à personne, précepte d'autant plus facile à suivre qu'il est commandé par toutes les lois divines et humaines et encore par la raison et l'intérêt ;*

« 5° *De fuir avec soin la sordide avarice toujours méprisable et toujours méprisée, de fuir avec le même empressement toute profusion et prodigalité, leur observant que celui qui absorbe annuellement son revenu, sans égard aux dépenses accidentelles et imprévues, prend sur son capital, que celui qui ébrèche sa fortune est bientôt forcé de recourir aux emprunts par lesquels on est toujours plus ou moins rapidement conduit à une ruine certaine, et que l'homme ruiné, semblable à un lépreux que tout le monde repousse, a la double douleur de se voir honteusement méprisé et amèrement censuré par tous ceux qui ont connu ses désordres, et particulièrement par ceux qui ont provoqué, excité et même conseillé son inconduite ;*

« 6° *D'être prudents dans les entreprises, patients et résignés dans le malheur, humbles et avisés dans la prospérité, et, par là, imposer silence à un langage toujours pénible à entendre ;*

« 7° *De bannir l'oisiveté comme la mère de tous vices, et de s'occuper utilement de leurs affaires, en comptant souvent avec eux-mêmes;*

« 8° *Enfin de rappeler sans cesse à leur mémoire les avis et les conseils de celui qui s'occupa toute sa vie de les rendre heureux, et qui désire consolider leur bonheur en ce monde et dans l'éternité.*

Et, venant à la disposition de mes biens... [1] »

Qu'est ce testament? sinon une inspiration directe de celui de Tobie. Entrons dans l'examen d'un point si intéressant, et, sans trop étendre nos citations, voyons une fois de plus quels liens étroits rattachent à la tradition biblique nos anciennes coutumes domestiques.

Le Livre de Tobie a gardé sa forme originale, dans les premiers chapitres de la traduction grecque qui en a été conservée [2].

1. Testament olographe de M. J.-C. R..., notaire, demeurant à A.., (Vaucluse); 11 janvier 1838.
2. M. l'abbé Darras dit sur ce sujet dans le tome III de son *Histoire générale de l'Église* (Paris, Vivès, 1868) :

« *Livre des paroles de Tobie, fils de Tobiel, fils d'Ananiel, fils d'Ariel, fils de Gabaël, de la famille d'Asiel, de la tribu de Nephtali, qui fut enlevé au temps d'Enémessar, roi des Assyriens, à la ville de Thesbé, sa patrie, à droite de Cadès en Galilée, sur la limite de la tribu d'Aser, et qui fut emmené captif.* »

« Tous les jours de ma vie, j'ai suivi les sentiers de la vérité et de la justice. J'aimais à verser d'abondantes aumônes dans le sein de mes frères et de mes compatriotes, transportés comme moi à Ninive, dans les régions assyriennes. Avant cette catastrophe, alors que j'habitais mon heureuse patrie, la terre d'Israël, quand jeune encore je vis toute la tribu de Nephtali se séparer de Jérusalem, la maison de prédilection entre toutes les tribus, où le Tout-Puissant avait élevé son autel et son

« Le texte original de cet ouvrage ne nous a pas été conservé, et deux principales traductions nous en restent. Saint Jérôme a écrit l'une d'elles en latin sur un exemplaire en langue chaldaïque; c'est celle qui est reproduite dans la Vulgate; la seconde est une traduction grecque dont l'auteur nous est inconnu. L'antiquité de cette dernière nous est attestée par les citations qu'en ont faites les Pères de l'Église des trois premiers siècles, et leur authenticité est également admise. »

A l'exemple de l'abbé Darras, nous reproduisons ici la version empruntée au texte grec, à cause des plus grands détails qu'elle contient.

temple, quand le peuple révolté sacrifiait aux idoles de Baal et aux veaux d'or idolâtriques, seul de toute ma famille, j'allais à Jérusalem aux jours des grandes solennités prescrites par la loi. Je portais la dîme et les prémices des fruits de mes champs, les toisons de mes troupeaux ; j'en offrais une partie pour les autels du Seigneur, une autre pour l'entretien des lévites, et une troisième pour les pauvres.

« C'était là ce que me recommandait Débora, ma mère ; car j'avais perdu mon père, et je fus de bonne heure orphelin. Parvenu à l'âge viril, je pris pour épouse une de mes parentes nommée Anne, et j'en eus un fils que nous appelâmes, ainsi que moi, Tobie... »

Le récit se poursuit de la sorte, et rien n'égale sa simplicité et son charme. On y voit les Juifs, dans une situation analogue à celle que nous faisait naguère une accumulation de désastres, et Tobie dit à Dieu : « Nous n'avons pas obéi à vos préceptes ; c'est pourquoi vous nous avez livrés au pillage, à la captivité et à la mort, et vous nous avez rendus la fable et le jouet de toutes les nations... » Quant à lui, il apprend de bonne heure à son fils à craindre Dieu et à s'abstenir du péché ;

il travaille à ramener ses concitoyens à la pratique des commandements, il partage avec eux ses dernières ressources, leur distribue d'abondantes aumônes, assiste les mourants, ensevelit les morts. Au milieu de ces charités, il devient aveugle et tombe dans l'indigence. Sa femme est obligée, pour le nourrir, de se louer dans un atelier où l'on file la laine. Sa résignation le fait admirer de tous; sa délicatesse est extrême : « Un jour, les maîtres de ma femme lui donnèrent en surplus de son salaire un jeune chevreau qu'elle amena près de moi. J'entendis les bêlements de l'animal, et je dis à Anne : « D'où vient ce chevreau ? N'aurait-il point été dérobé à ses maîtres? Rendez-le, car il n'est pas permis de profiter du fruit d'un vol. » — « On me l'a donné, » me répondit-elle. — Mais je ne le voulais pas croire, et j'insistais pour que le chevreau fût rendu à son propriétaire. « Vraiment, me dit-elle alors, vos aumônes et vos œuvres de justice vous ont bien servi pour vous montrer si scrupuleux. » Ces reproches me jetèrent dans une tristesse profonde, et je pleurai. « O mon Dieu! disais-je, vous êtes juste ; toutes vos œuvres et toutes vos voies sont miséricorde et vérité... ; souvenez-vous de moi, et inclinez le regard de votre pitié sur ma détresse... » Ainsi, je priais .. »

Il pense alors à une somme de dix talents qu'il a prêtée à Gabaël, habitant du pays de Ragès en Médie. Il charge son fils d'aller la lui demander, et, se croyant près de sa fin, il lui donne en même temps ses dernières instructions.

« Mon fils, je crois que ma mort est proche, tu prendras soin de ma sépulture.

« Quand j'aurai cessé de vivre, montre-toi soumis et respectueux pour ta mère; honore-la tous les jours de ta vie, cherche à lui plaire dans toutes tes actions, et ne contriste jamais son cœur. Souviens-toi, mon fils, de toutes ses fatigues et de tous les dangers qu'elle a courus pour te donner le jour. Après sa mort, tu lui donneras la sépulture à côté de moi, dans le même tombeau.

« Mon fils, que le souvenir de Jéhovah, notre Dieu, ne s'efface jamais de ton cœur. N'offense jamais sa sainteté, ne transgresse jamais sa loi. Que la justice dirige tes pas, et ne pose jamais le pied dans les voies de l'iniquité. C'est ainsi que tu prospéreras sur la terre; car la bénédiction du ciel est pour les justes.

« Réserve toujours dans tes biens une part pour l'aumône, et ne la mesure pas d'une main avare, ni d'un œil jaloux; ne détourne pas tes regards de l'indigence, afin que Dieu ne détourne pas de toi son visage. Quand tu seras dans l'abondance, donne abondamment ; si tu as peu, ne crains pas de partager tes modestes ressources avec le pauvre. Ainsi tu amasseras les véritables trésors pour le jour de la nécessité. C'est l'aumône qui délivre de la mort et illumine les sombres profondeurs du tombeau. Aux yeux de Jéhovah, l'aumône est le don précieux par excellence.

« Garde-toi, mon fils, des attraits de la volupté. Quand il te faudra choisir une épouse, ne la prends point parmi les nations étrangères ; cherche-la dans la tribu de ton père ; car nous sommes les fils des prophètes, les descendants de Noë, d'Abraham et de Jacob. Tels sont nos aïeux. Souviens-toi qu'ils ont pris leurs épouses parmi leurs frères ; c'est ainsi qu'ils ont été bénis dans leur descendance, et leur postérité possédera un jour la terre. Toi aussi, mon enfant, aime tes frères, ne dédaigne pas dans un sentiment de coupable orgueil les fils et les filles de ton peuple, et ne te refuse pas de t'allier avec eux.

« L'orgueil est la source de tous les bouleversements et de toutes les ruines ; la dureté de cœur entraîne après elle l'amoindrissement et la disette, elle est mère de la famine.

« Que le salaire de l'homme qui aura travaillé pour toi ne séjourne pas dans tes mains. Compte-le-lui sur-le-champ, et ainsi le Dieu que tu sers ne retardera pas lui-même ta récompense.

« Mon fils, considère attentivement toutes tes actions, et montre-toi prudent dans tes discours. Ne fais jamais à autrui ce qui te déplairait à toi-même. Garde-toi des entraînements du vin, et ne prends pas l'ivresse pour compagne.

« Partage ton pain avec l'indigent, couvre la nudité du pauvre ; consacre à l'aumône tout le superflu de tes biens, et donne sans parcimonie.

« Honore les funérailles des justes tes frères, en partageant avec leur famille ton pain et ton vin ; mais fuis le commerce des impies.

« Recherche le conseil des hommes prudents, et sois docile à l'avis des sages.

« En tout temps, enfin, bénis Jéhovah, le Dieu d'Israël. Demande-lui par tes prières de diriger tes voies dans la justice et de faire prospérer tes entreprises. Toutes les nations n'ont pas comme nous le bonheur de le connaître. C'est lui qui distribue à son gré la richesse, il élève ou abaisse qui il lui plaît.

« Et maintenant, mon fils, garde fidèlement

toutes les recommandations de ton vieux père, et grave-les dans ton cœur.

« Quand tu étais encore enfant, j'ai déposé dix talents d'argent entre les mains de Gabaël, habitant de Ragès, en Médie. Il te faut donc songer d'aller trouver cet homme et lui réclamer le dépôt que je lui confiai jadis [1].

« Du reste, ne crains rien, ô mon fils! Si nous menons une vie pauvre et indigente, il n'en est pas moins vrai que tu seras toujours assez riche, pourvu que tu conserves la crainte de Dieu, l'innocence du cœur et la pratique des vertus que Dieu commande [2]. »

Nous n'achèverons pas l'esquisse de cette belle histoire biblique. Elle était autrefois connue de presque tous les pères et mères de famille chrétiens; et il n'y en a pas de témoignage plus sensible que leurs testaments ou derniers enseignements, qui s'inspirent d'une manière invariable du texte qu'on vient de lire.

Ainsi saint Louis dira à son fils Philippe : « *Je t'enseigne que tu aimes ta mère et l'honores, et*

1. Vulgat., cap. IV, 21, 22.
2. Texte grec, cap. IV integr.

que tu reçoives volontiers ses bons enseignements, et sois enclin à suivre son bon conseil. » Il n'est pas un père, au lit de mort, qui ne fasse de ce devoir une loi [1]. Si les enfants sont en bas âge, la veuve est chargée de les élever et de les instruire dans l'amour et la crainte de Dieu, en sorte qu'ils marchent « dans la droite voie des honnêtes gens. » Toujours, elle est établie souveraine dans la maison, avec l'autorité qu'elle avait du vivant de son mari, et aussi avec le pouvoir de se faire respecter en cas de désobéissance.

Le père s'occupe aussi de l'établissement de ceux de ses fils et de ses filles qui ne sont pas encore mariés. Il leur donne à cet effet de suprêmes avis ; il les supplie de ne pas se mésallier ; il veut qu'ils gardent fidèlement et transmettent plus tard à leur postérité les vertus de la race. Rien n'est au-dessus de ce que dit sur ce sujet Antoine de Courtois ; on sent combien il est pénétré de la tradition, à la flamme qui semble courir d'un bout à l'autre de ses conseils, lorsqu'il parle de Dieu, des ancêtres, et qu'il veut faire de son tombeau le palladium tutélaire de la sagesse de ses descendants. « *Pense*, dit-il à son fils, *que tu n'es que le*

1. Voir sur ce sujet tous les testaments que nous avons cités dans *Les Familles*, t. II, p. 91-96, 252-258.

dépositaire de notre nom et de nos biens, et que tu dois les transmettre avec honneur à tes enfants. »

Les instructions paternelles recommandent encore de se préserver de l'orgueil, comme du principe de toutes les erreurs qui renversent les familles. « *Si Dieu te donne prospérité,* écrit saint Louis, *alors remercie-le humblement, de sorte que tu ne sois pas pire par orgueil...* » Toussaint M., marchand de drap à Aix, ne parlera pas autrement : « *Ne soyez jamais prévenus de vous-mêmes, et que l'orgueil ne s'empare jamais de votre esprit ni de votre cœur. C'est l'orgueil qui perd les hommes. Vous devez le regarder comme chose abominable...* » Pierre-Joseph de Colonia adressera les mêmes conseils à ses enfants en 1807 : « *Je ne saurais assez vous recommander la simplicité et la modestie. Gardez-vous de confondre la noblesse des sentiments avec l'orgueil. Ce vice est presque toujours l'apanage de la médiocrité ; naissance distinguée, fortune, places, talents, avantages de l'esprit et du corps, tout cela perd son prix par l'orgueil et double sa valeur par la simplicité*[1]... »

1. *Les Familles*, t. I, p. 67, 72, 217.

Pour empêcher leurs enfants de s'égarer et pour venir en aide à leur inexpérience, les pères veillent à ce qu'ils ne manquent pas d'un appui très-nécessaire, au cas où leur mère leur serait enlevée prématurément. D'ordinaire, ils chargent de ce soin le fils aîné, s'il a l'âge voulu pour être le protecteur et le conseil des cadets. Souvent aussi, ils les confient au dévouement de leurs parents, et toujours ils les prient de ne jamais rien faire d'important, sans s'inspirer de l'avis d'hommes prudents et sages. C'est ainsi que les maisons se conservent, et que la jeunesse est maintenue dans la voie du devoir [1].

Nous pourrions, en suivant de la sorte chaque article, indiquer par de semblables traits à quel point le modèle est fidèlement imité. Il en est un qui mérite une mention. Tobie le père veut que son fils solde exactement au travailleur son salaire, ce qui signifie, dans toute l'étendue du mot et du précepte, payer ses dettes. Beaucoup de parents jugent qu'il est essentiel d'enseigner cela aux enfants, et l'on a vu quelle importance Antoine de Courtois attribue à ce genre de conseils. Le P. de Ravignan osa dire un jour à un auditoire des plus

1. *Les Familles*, t. II, p. 254, et suiv.

distingués : « Payez-vous vos dettes? » et le P. Gratry ajoutait sur ce sujet : « Ne pas payer ses dettes, n'est-ce pas l'une des formes du vol strictement défini? Or qu'y a-t-il de plus commun [1] ? »

Mais rien n'est plus remarquable que les préceptes donnés au sujet de la richesse, parce que là est le grand péril.

« Le but suprême du travail, a dit l'éminent auteur de *la Réforme sociale*, est la vertu et non la richesse. Je comprends de plus en plus que l'intelligence de cette vérité contient en germe toute la science sociale. L'écueil de la richesse est indiqué par les faits contemporains, aussi bien que par les enseignements de l'histoire, et il est signalé par l'Écriture sainte en termes énergiques [2]. Sans doute, la richesse, fruit du travail et de la tempérance, est par elle-même un élément de bien-être et de prospérité... ; quand elle reste unie à la vertu,

1. P. Gratry, *La morale et la loi de l'histoire*, Douniol, 1868, t. I, p. 107.

2. « Jésus dit à ses disciples : Je vous le dis en vérité, il est difficile à un riche d'entrer dans le Royaume des cieux. Je vous le dis encore une fois, il est plus aisé à un câble de passer par le trou d'une aiguille qu'à un riche d'entrer dans le Royaume des cieux. » Saint Mathieu, XIX, 23, 24.

Voir ci-dessous, dans les extraits des Livres sapientiaux, le chapitre XI.

elle devient, pour la race où se produit cette union bienfaisante, une cause certaine de supériorité... Mais l'histoire ne nous montre aucune société qui, en s'enrichissant rapidement, ait pu conserver à la vertu une action souveraine. En permettant aux hommes d'échapper à l'obligation du travail, la richesse les expose aux inspirations de l'oisiveté, des passions brutales et des appétits sensuels. Dès qu'elle a ainsi créé les mauvaises mœurs et l'égoïsme, elle engendre bientôt l'indifférence pour les maux du prochain. L'antagonisme naît alors du contact entre les pauvres voués à la misère et les riches livrés à toutes les jouissances du luxe. Peu à peu les classes dirigeantes deviennent incapables de remplir leur devoir, elles désorganisent la société en pervertissant par leur exemple les femmes, les jeunes gens et les classes inférieures.

« La richesse cesse donc d'être bienfaisante, si les lois et les mœurs ne conjurent point le mal qui en émane, si le sentiment du devoir ne croît pas dans la même proportion que la fortune, si les plus riches et les plus puissants ne sont pas en même temps les meilleurs et les plus dévoués. Notre vieille constitution française s'est maintenue pendant de longs siècles, avec le principe *noblesse oblige*. L'ère de régénération, qu'on voufait inaugurer en 1789, ne sera définitivement ouverte que le jour où l'esprit de devoir sera restauré chez les classes dirigeantes[1]. »

Ces observations si vraies, notre histoire depuis un siècle ne les rend que trop saisissantes ; elles doivent être rapprochées du langage que les parents, s'inspirant de l'exemple de Tobie, s'appliquaient à tenir aux enfants et dont leurs testaments ou leurs Livres domestiques nous permettent d'admirer l'énergie. Tous s'accordent à leur rappeler que le seul bien véritable est la vertu, que sans elle les avantages de la fortune, loin d'être profitables, sont un mal en produisant la corruption. Tous regardent leur famille comme perdue, si la jeunesse qui s'élève croit avoir le droit de dissiper dans l'oisiveté, le jeu et le libertinage, le patrimoine créé par le travail et par l'épargne des aïeux. De là les grands devoirs qui incombent à l'autorité paternelle ; de là aussi la nécessité absolue de donner une sanction efficace à cette autorité, par la consécration du droit de tester dont le père est naturellement investi.

Notons quelques-uns des témoignages, qui se

1. Le Play, *La Réforme sociale en France*, t. II, chap. 31, p. 12-15.

reproduisent toujours exactement les mêmes, de siècle en siècle.

Au XVe siècle, le maréchal de Boucicaut dit : « *Si mes enfans sont prudhommes et vaillans, ils auront assés, et, si rien ne vaillent, dommaige sera de ce que tant leur demeurera*[1]. »

Au XVIe, Hurault de Cheverny, chancelier de France : « *Pour les biens temporels, j'espère, avec l'aide de Dieu, leur en laisser assez, s'ils sont gens de bien, comme je désire, et trop, s'ils sont autres, ce que Dieu ne veuille permettre*[2]. »

Au XVIIe, André d'Ormesson, conseiller d'État : « *Que nos enfans connoissent ceux desquels ils sont descendus de père et de mère, et qu'ils soient incités à prier Dieu pour leurs âmes, et bénir la mémoire de deux personnages qui, avec la grâce de Dieu, ont fait honneur à leur*

1. *Le Livre des faicts et gestes du maréchal de Boucicaut* (1364-1421), chap. III.

2. *Mémoires de messire Hurault, comte de Cheverny, chancelier de France* (1528-1599), t. X, de la collection Michaud et Poujoulat.

Dans le même siècle, le maréchal de Tavannes dit : « *Les enseignements des vertus valent mieux que les héritages qu'on laisse aux enfants. Par l'imprudence, se perdent l'âme et les richesses; par la sagesse, elles se conservent et s'accroissent.* »

maison et acquis les biens dont ils jouissent.....

« Que ces biens excitent nos descendans à remercier Dieu et à estre gens de bien, plus tost qu'à faire des folies et extravagances et à en abuser à la ruine de leurs âmes.

« Qu'ils ne ressemblent pas aux bestes brutes, qui mangent les fruits qui tombent des arbres, sans lever les yeux en haut pour voir les arbres dont ils tombent. Qu'ils en remercient le Créateur, auteur de tout leur bonheur et de tout leur bien, et qui est le vray arbre qui produit les bénédictions de la terre et du ciel [1]. »

A la fin de ce même siècle, J.-B.-Joseph de Sudre d'Avignon écrit dans son Livre de raison, en 1680 :

« Si le peu de biens que je possède est mal acquis, ou s'il donne à moy ou à mes enfans matière à l'offenser, je le supplie de m'en priver [2]. »

Au XVIIIe siècle, Ange-Nicolas de Gardane s'exprime de même à Marseille (1764) : « *N'ayez pas la soif insatiable de l'argent... L'économie est vertu et sagesse..... L'argent est un maître abo-*

1. *Mémoires d'André Lefèvre d'Ormesson*, publiés dans la collection des *Documents inédits sur l'histoire de France.*
2. *Les Familles*, t. I, p. 239.

minable, il ne doit être que le serviteur [1]. »

Nous venons de nommer le XVIIIe siècle : c'est l'époque où, dans les hauteurs sociales, tous ces principes commencent à s'effacer par l'abdication des autorités paternelles. Mais des races exemplaires les maintiennent fermement dans les éducations [2]. L'on admire en province des hommes, fidèles à Dieu et à sa loi, qui continuent à inculquer à leurs enfants les règles fondamentales, au sujet de l'usage qu'ils devront faire des biens de la naissance et de la fortune. Plus tard, lorsqu'a éclaté la révolution, on assiste à un beau spectacle : des parents modèles, d'inébranlables chrétiens, trouvent dans leurs malheurs de nouveaux motifs, pour faire arriver à leur famille des leçons qui empruntent aux circonstances une plus grande solennité.

Jean-Baptiste Garron de La Bévière, ancien représentant de la Bresse aux États-Généraux, a été incarcéré à Ambronay (Ain) [3]. Sa femme, après

1. *Les Familles*, t. I, p. 67.
2. Voir, sur ces familles du XVIIIe siècle qui avaient gardé en province toutes les vieilles mœurs, un charmant livre de M. Thellier de Poncheville intitulé : *Vieux papiers et vieux souvenirs. — Les lettres de mon grand-père* ; Valenciennes, 1875.
3. Cet homme distingué appartenait à une famille de la

avoir partagé sa détention, a été séparée de lui; ses biens ont été séquestrés; ses fils et ses filles, confiés à la garde d'anciens serviteurs, ont à peine le nécessaire. Il se prépare à la mort, en pensant à tous ces êtres si chers qui vont devenir orphelins; et, le 25 messidor an II, il leur adresse, sous forme d'enseignements, un admirable testament dont il faut citer au moins quelques lignes :

« *Lorsque la voix d'un père sort des grilles d'une prison, pour arriver à ses enfants, elle a une autorité bien plus touchante. Tout me persuade que vous écouterez la mienne avec un respect religieux... Mon but est de vous dire tout ce qui, depuis ma détention, m'a paru de plus propre à consolider votre patience et à tempérer les amertumes dont vous êtes abreuvés...*

« *La plupart des hommes ne considèrent les biens de cette vie que sous les rapports qui flattent leurs sens, et ils font consister le souverain bonheur à les posséder et l'extrême malheur à*

Bresse qui avait fourni des membres au Parlement de Bourgogne et des Dombes. Établi dans le domaine de ses ancêtres, il s'était constamment dévoué aux intérêts de son pays, et c'est au sein de la vie rurale que les suffrages de ses concitoyens étaient venus le chercher, pour le députer aux États-Généraux.

en être privés. C'est une erreur de jugement. Les biens temporels sont variables et fugitifs. La vraie, la solide félicité est dans la paix d'une bonne conscience, laquelle s'acquiert par la pratique constante de la vertu et des devoirs...

« *Un motif non moins puissant de ne pas donner trop de prix à ces biens est le penchant et la facilité que nous avons à en abuser et à les faire tourner à notre préjudice...*

« *Voulez-vous arriver à la félicité, mes chers enfants? Mettez à profit votre malheur même...*

« *Les biens qui assuraient votre subsistance sont saisis et à la disposition de la nation. Vous vous contenterez désormais du simple nécessaire ; vous ne serez ni amollis par le luxe, ni flétris par une honteuse oisiveté. Le travail sera votre ressource, il vous rendra utiles à la société, et peut-être un jour l'emploierez-vous à soutenir la vieillesse de vos parents. Il arrivera ainsi que la perte de votre fortune aura produit en vous des fruits de tempérance, de modération et de piété filiale...*

« *Vous opposerez la patience à la persécution, la douceur à la dureté ; vous veillerez avec une nouvelle attention à la garde de votre inno-*

cence. Vous donnerez comme citoyens l'exemple de la soumission aux lois. Vous montrerez pour votre patrie un amour d'autant plus héroïque qu'elle vous traite avec plus de rigueur ; vous serez dans la constante disposition de la servir, et vous ne vous vengerez du soupçon injurieux de perfidie que par une plus grande fidélité...

« Dans la prospérité, nous avions préparé vos âmes à supporter les revers... Mais, pour que nos maximes pussent opérer en vous des effets salutaires, il fallait qu'elles fussent appuyées de l'autorité de l'exemple. La Providence nous avait destinés à être pour vous des modèles de constance et de résignation. Nous rendons grâces à Dieu à qui nous sommes redevables de la force qui nous a soutenus... Ne perdez donc jamais de vue, mes chers enfants, les principes religieux qui ont servi de base à votre éducation. Observez fidèlement ce principe simple et sublime : « Ne faites pas à autrui ce que vous ne voudriez pas qui vous fût fait. Faites à autrui ce que vous voudriez qui vous fût fait. » Aimez Dieu par-dessus tout, aimez vos frères, pardonnez généreusement à vos ennemis. C'est, en accomplissant tous ces devoirs, que vous éta-

blirez solidement en vous le règne de la vertu et du bonheur[1]. »

Quel langage, chez un homme qui est traité en ennemi public et s'attend chaque jour à être conduit à l'échafaud ! Quel patriotisme ! Et quel ferme caractère ! Cet homme a fait partie d'une assemblée qui devait réformer la France et qui l'a livrée à l'anarchie ; et il s'en est retiré, le jour où il a vu l'impuissance absolue à laquelle y étaient condamnés les gens de bien. Mais son âme n'est pas abattue par les événements ; il veut que ses enfants, eux du moins, mettent à profit le malheur pour se pénétrer de plus en plus des grands devoirs. Nous cherchons à connaître dans ses profondeurs l'ancienne société française. Elle revit sous nos yeux, elle est là tout entière, et elle nous apprend quelles solides éducations lui ont donné jusqu'à notre temps les forces morales nécessaires pour se relever.

1. M. Garran de La Bévière fût sauvé comme beaucoup d'autres par le 9 thermidor. Plus tard, en 1797, ayant marié sa fille aînée, il lui adressa, ainsi qu'à son gendre, des conseils qui sont à reproduire en entier. Nous leur consacrons un appendice à la fin de ce volume, et nous prions nos lecteurs de les rapprocher de ceux d'Antoine de Courtois. Ils seront frappés une fois de plus des traits communs qui les distinguent tous deux.

Il est dit dans la Vie de madame Acarie qu'elle mit quelque temps ses fils au collége de Pontoise, « espérant qu'ils profiteraient des bons exemples de leurs condisciples, parce que les enfants des pauvres ont de plus heureuses dispositions pour la vertu que les enfants des riches [1]. » Dans les familles animées de l'esprit du bien, les enfants sont élevés très-simplement [2]; on leur enseigne de bonne heure qu'ils ne doivent pas compter sur la fortune des parents et qu'ils sont tenus de travailler. S'ils sont nombreux, ce qui était autrefois très-habituel, cette loi du travail s'impose ; mais on la leur met sans cesse devant les yeux. Voici quelques-unes des grandes maximes que les fils du Laurens entendaient souvent répéter par leurs père et mère : — « *Les richesses sans la vertu rendent le plus souvent les gens orgueilleux et fainéans.* — *Les pères et mères doivent ces deux*

1. *Vie de Mme Acarie*, par J. Boucher ; Paris, Barbou, 1700, p. 100.

2. Dans une de ces familles de plus en plus rares, où se conservent encore de nos jours les vieilles mœurs patriarcales, une femme éminente disait naguère, le 27 février 1870, à ses enfants réunis autour de son lit de mort et qui ont recueilli ses dernières paroles :

« *Ayez horreur du luxe de nos jours qui ferait votre malheur. Vivez dans la simplicité que nous avons toujours eue et dans l'amour des pauvres.* » Ajoutons que cette famille est établie à Paris.

choses à leurs enfans : les bien nourrir et endoctriner. Avec cela, s'ils peuvent leur laisser quelque chose, à la bonne heure ; sinon, avec une bonne instruction et nourriture, pour peu que les enfans ayent, ils ont assez. — Tout enfant qui se fie au bien de son père ne mérite pas de vivre. — L'on est ce que l'on veut en s'exerçant à la vertu... » Et Honoré, l'aîné de la famille, est le premier à donner l'exemple : « *Je me peineray tant que je pourray. Nul bien sans peine ; heureux ceux qui se peinent ; car l'oisiveté est mère de tout vice et meschanceté*[1]. »

Dans de très-grandes maisons on fait de même. Le connétable Anne de Montmorency se plaisait à rappeler une des maximes de son père : « *Nul ne peut jamais bien sçavoir comment il faut vivre, qui ne sçait pastir.* » — « Sur quoy il me souvient, raconte Brantôme, luy avoir ouy dire une fois que, le premier coup qu'il passa les monts pour apprendre la guerre, M. de Montmorency son père ne lui donna que cinq cents francs avec de bonnes armes et de bons chevaux, afin qu'il partit et n'eust ses aises en enfant de bonne maison, et apprist à bien conduire son fait et avoir de l'in-

1. *Une famille au XVI*e *siècle*, p. 44-56, 61-65, 87.

dustrie à faire de nécessité vertu. Il le disoit à propos des enfans de bonne maison que les pères et mères gâtent..., et ne sçavent après rien du monde[1]. »

Antoine de Courtois nous a dit une des instructions habituelles de son père : « *J'aimerais mieux que mes enfants fussent cordonniers que de les voir sans état.* » Lui-même insiste sur ce point auprès des siens, et avec quelle éloquence[2] !

Un des spectacles les plus tristes est celui de parents qui sont désarmés devant leurs enfants, et qui, réduits à subir la loi de fils ingrats et vicieux, abreuvés de chagrins, sont condamnés à voir commencer de leur vivant la ruine de leur famille, avec la pensée qu'elle s'achèvera fatalement après leur mort. Ces désordres domestiques sont une des plaies profondes de notre pays et de notre temps. L'esprit de révolte se produit d'abord au foyer, et il se communique ensuite à la société tout entière. Aussi les naissances ne cessent-elles de

1. Brantôme, *Vies des hommes illustres*, le connétable Anne de Montmorency.

2. Les pères ne se bornent pas à donner sur ce sujet des conseils et des préceptes à leurs enfants. Dans leurs testaments, ils placent leur volonté sous une sanction expresse qui les met dans la nécessité d'obéir. Voir *Les Familles*, t. II, p. 68 et suiv.

diminuer ; la France se dépeuple, à mesure que la désorganisation du foyer s'étend aux parties de la nation jusqu'ici exemptes du mal. De nombreux enfants sont regardés comme une charge insupportable, et se soustraire à de telles sollicitudes est un fait de plus en plus général.

On ne peut pas citer un peuple qui ait prospéré sous un tel régime, et l'exemple des Anglais devrait nous convaincre que nous sommes sortis, depuis un siècle, de toutes les voies tracées par l'expérience. Il n'est pas de sujet plus grave et dont l'importance soit plus décisive ; mais il nous entraînerait hors du cadre actuel de nos observations, et nous nous bornerons à noter ici sous l'égide de quelle tradition a été longtemps placé le respect du testament.

Cette tradition n'a eu une si grande puissance que parce qu'elle a été religieuse. Tobie le fils répond à son père : « *Je ferai tout ce que vous m'avez commandé.* » Exécuter les dernières volontés des parents est le devoir le plus sacré pour les enfants. « Nulle chose n'est à garder comme d'accomplir la volonté aux morts, » est-il dit dans les *Etablissements* de saint Louis. Nous savons quels étaient à cet égard les principes rappelés et inculqués à la jeunesse par le catéchisme. Nous voyons maintenant la Bible résumer un ordre tout à fait fondamental dans la brièveté d'une simple formule. Cet ordre est universel, et il est consacré par la conscience même du genre humain. « Partout et dans tous les pays civilisés ou non, observe un juriconsulte moderne, les désirs exprimés par le père à son moment suprême parlent plus haut aux enfants que toutes les lois de l'ordre civil[1]. »

Rien n'est plus vrai. Le père de famille chinois, dont on lira le testament, commence par invoquer la loi de Dieu. S'il s'élève quelque différend entre ses enfants, les parents termineront tout à l'amiable. « *Souvenez-vous qu'il ne faut recourir au mandarin en aucun cas. Si un de vous s'adressait à lui, que l'autre lui porte ce papier, pour convaincre son frère d'avoir violé les devoirs les plus sacrés de la piété filiale; le mandarin ne manquera pas de le faire rentrer dans le devoir. Et moi, je prie ici ce magistrat de vouloir bien avoir égard aux peines que je me suis données pour instruire mes deux fils, et de les exhorter*

1. Troplong, *Traités des donations entre-vifs et des testaments*, 1865, préface.

en tant de manières qu'il réussisse à les réconcilier[1]. »

C'est presque mot pour mot le langage tenu par les pères français, tant qu'ils ont eu le pouvoir de sauvegarder un des plus grands intérêts sociaux. Tous font leur testament pour assurer l'union dans la famille, « afin qu'après leur décès ne soient entre leurs enfants et successeurs aucuns désordres, procès et débats, mais paix, amour et concorde[2]. » Tous nomment des exécuteurs testa-

1. Voici une des maximes recueillies par les missionnaires de Pékin au XVIIIe siècle : « Si des frères en procès ne s'accommodent pas avant la sentence, les mœurs publiques ont dégénéré. Quand le père et le fils ont recours au mandataire pour vider leur querelle, l'État est en péril. » *Mémoires* déjà cités, t. IV, p. 285.

2. *Les Familles*, t. II, p. 259.

La tradition, si affaiblie qu'elle soit, n'est pas morte parmi nous, et c'est elle qui a sauvé de la destruction des foyers dignes encore d'être cités comme des modèles. Voici un extrait d'un testament, écrit le 8 novembre 1859 par M. Jacques-Dominique-Urbain de B. de L., membre d'une famille originaire de Normandie et dont une branche s'est fixée en Picardie depuis 1840.

« *Dans le cas où je n'aurais pas mes enfants près de moi à ma dernière heure, qu'ils reçoivent tous ici ma bénédiction. Voici mes dernières volontés :*

« *Je leur recommande de reporter sur leur mère toute l'affection qu'ils avaient pour moi, de vivre entre eux en bonne intelligence (l'union fait la force); non-seulement de vivre en bonne intelligence, mais encore de s'aider réciproquement les uns les autres. Je leur en fais un devoir. C'est au plus vertueux à céder.*

mentaires, en les chargeant de faire respecter leurs volontés et de régler les questions d'intérêt qui pourraient soulever des difficultés. Tous ont aussi en vue la conservation du foyer. « D'ailleurs, dit sur ce sujet Antoine de Courtois, peut-il y avoir un arbitre plus sûr qu'un père ? Et qui peut, mieux que lui, concilier ce que demandent les besoins de chacun de ses enfants avec ce qu'exige la nécessité de soutenir le toit paternel, ce *toit que chacun de vous doit regarder avec respect et sous lequel il doit conserver l'espoir et les moyens de trouver un jour un asile ?* »

Ici, sans transition ni commentaire, donnons la parole à d'Aguesseau. Sa mère avait fait un testament incomplet, qui, signé au bas de toutes les pages, ne l'était pas à la fin de la dernière et se trouvait légalement sans valeur. Le Chancelier nous permet d'admirer, par l'exemple de sa propre famille, le respect qu'on a eu pour le testament, jusqu'au jour où des lois inspirées par un esprit contraire ont pris la place de la loi morale et de l'autorité paternelle [1].

Mais, si, contre toute attente, il s'élevait entre eux quelques difficultés, je leur ordonne, par le respect qu'ils auront pour ma mémoire, de ne jamais plaider l'un contre l'autre, mais de faire vider tout différend par arbitres. »

1. « En 1868, le nombre des jugements rendus en France

« Mes frères et madame de Tavannes (car madame Le Guerchois était à Besançon) entendirent, dit-il, la lecture du testament imparfait de ma mère ; et, dans le même instant, sans s'être consultés l'un l'autre, sans hésitation, sans partage, ils déclarèrent tous à mon père que les formalités des testaments n'étaient pas faites pour une famille comme la sienne, qu'il leur suffisait de savoir la volonté de ma mère, et qu'ils la regardaient comme une loi inviolable, dont ils exécuteraient les dispositions avec autant de soumission et avec plus de plaisir que s'il ne lui manquait rien du côté de la forme.

« Mon père sentit vivement la consolation que lui donnait une résolution si prompte, si généreuse, si unanime, et il mêla des larmes de joie à celles que lui faisait verser sa douleur.

« Je ne fus pas moins touché que lui d'un procédé si noble ; mais, s'il m'est permis de parler ici de moi, formé du même sang que ma sœur et mes frères, je sentis au-dedans de moi autant de

par les tribunaux civils sur les contrats ou obligations conventionnelles de toute nature n'a pas dépassé 24,899, tandis que les seuls jugements relatifs aux successions réglées par le partage forcé, avec ou sans intervention de donations ou de testaments, se sont élevés au nombre de 21,317. » Le Play, *Organisation du travail*, p. 508.

répugnance à profiter de leur désintéressement qu'ils avaient d'ardeur à me le témoigner. Je résistai donc fortement à leur générosité. Je leur dis que j'en avais le cœur pénétré, mais que j'étais né avec trop de délicatesse de sentiment, pour vouloir leur céder sur ce point, et qu'entre eux et moi ce qui devait décider n'était ni l'amitié, ni mon scrupule, mais l'ordre de la Providence qui avait permis que ma mère mourût sans avoir achevé son testament.

« Mon père jouit pendant quelque temps de ce spectacle, et le termina en disant que je ne devais me faire aucune peine d'accepter l'offre de ma sœur et de mes frères... Je fus donc obligé de céder, non sans effort et sans regret. La manière dont mes sœurs et mes frères ont vécu avec moi, depuis ce temps-là, a fait voir encore mieux que les actes par lesquels leur générosité fut consommée, combien elle était sincère et effective [1].

« C'est ainsi que ce qui aurait pu devenir une source de division, dans la famille de mon père, ne servit qu'à en augmenter l'union [2]. »

1. Voir dans notre premier volume, p. 356 et 357, comment le Chancelier usa de réciprocité à l'égard de ses frères et sœurs après la mort de son père, et comment celui-ci lui en avait fourni l'occasion.

2. Le même exemple a été donné de nos jours dans une

C'est ainsi, ajouterons-nous, que, grâce à la toute-puissance des mœurs et sous l'égide d'une coutume respectée, se sont conservés jusqu'à nos jours, par l'action de l'autorité paternelle et l'union des enfants, ces fortes autonomies domestiques qui étaient les plus solides fondements de l'idée de patrie, ces foyers stables et ces petits domaines patrimoniaux où se perpétuaient des races rurales si vertueuses et si pures.

Notre esquisse serait encore incomplète, si nous

famille souveraine, M. Le Play l'a mentionné dans la deuxième édition de *l'Organisation de la famille*, p. 366, en empruntant le précieux document qu'il relate à la *Vie de Maximilien d'Este*, archiduc d'Autriche, par M. Daurignac, Bray, Paris, 1866.

Le 14 novembre 1829, mourait à Vienne Marie-Béatrix d'Este, duchesse douairière de Modène, laissant cinq enfants. Après avoir reçu le viatique et l'extrême-onction, elle eut quelques préoccupations au sujet de ses dispositions testamentaires, et elle dit à son confesseur : « *J'ai écrit mes dernières volontés, mais il y manque la signature et les formalités.* » — « *Les bons fils*, lui répondit le prêtre, *sont les meilleures de toutes les formalités.* »

Cinq jours après, les légistes de la cour d'Autriche demandaient à connaître le testament... Sans date, sans signature, écrit en partie par une main étrangère, celui-ci n'avait certainement aucune valeur légale. Le duc de Modène déclarait ne pas vouloir en accepter le bénéfice ; mais ses frères, certains qu'il était bien l'expression des dernières volontés de leur mère, exigèrent qu'il fût exécuté :

« Tu es libre de reconnaître le testament de notre mère ou de le méconnaître, écrivait l'archiduc Maximilien à son

négligions de marquer un dernier trait qui est en quelque sorte la moralité de l'histoire des deux Tobie, telle qu'elle était autrefois comprise par ses lecteurs, et telle aussi que Bossuet l'a traduite dans son *Discours sur l'histoire universelle* : « Captif et persécuté à Ninive, il persista dans la piété avec sa famille, et la manière admirable dont lui et son fils sont récompensés de leur foi, même sur la terre, montre que, malgré la captivité et la persécution, Dieu avait des moyens secrets de faire sentir à ses serviteurs la bénédiction de la

frère aîné ; mais le méconnaître, ce serait te mettre en contradiction avec ton cœur, avec tes idées et tes sentiments. Ce serait, je te le dis franchement, une chose monstrueuse.

« Nous te supplions de l'accepter et d'être héritier universel, comme cela doit être, et comme le désirait très-sagement la meilleure et la plus aimante des mères. Nous déclarons d'avance que nous sommes prêts à accepter les deux legs qu'elle nous a laissés...

« Les pleins pouvoirs que tu as donnés à notre frère Ferdinand lui serviront à tout régler aisément. L'avocat n'aura pas à intervenir. A quoi bon, là où il n'y a pas de cause ? Il peut être d'un bel exemple pour plusieurs qu'au sujet d'un tel héritage les avocats n'aient rien à faire, et qu'ils n'aient même pas connaissance du testament. Cela témoignera de l'union qui doit exister entre nous et qui nous rend si heureux. C'est aussi un devoir pour nous de montrer au monde qu'une telle union est possible, et qu'elle devrait se rencontrer partout.

« *Chaque famille ne devrait former, pour ainsi dire, qu'une seule personne ; car tous ses membres ne devraient avoir qu'un seul cœur et une seule pensée.* »

loi, en les élevant toutefois par les maux qu'ils avaient à souffrir à de plus hautes pensées [1]. » La Bible nous trace un charmant tableau de la vieillesse du père, « laquelle s'écoula dans la joie, » et du bonheur du fils qui, après avoir recueilli l'héritage de Raguel, son beau-père, « vit les enfants de ses enfants jusqu'à la cinquième génération, aimés de Dieu et des hommes. » Il y a, en effet, une bénédiction d'en haut pour les familles qui, fidèles à Dieu et sans s'attacher aux richesses, pratiquent énergiquement le devoir du travail, pour établir de nombreux enfants et leur créer une situation honorable en ce monde. — « Le plus grand bonheur temporel, observe M. de Maistre, n'est nullement promis à l'homme vertueux, mais à la vertu. Il suffit, pour que l'ordre soit visible en ce monde, que la plus grande masse de bonheur soit dévolue à la plus grande masse de vertus en général [2]. » Or, hâtons-nous de le dire parce que là doit être la conclusion de nos études, il n'y a rien de plus éloquent à cet égard que les faits relatés dans leur simplicité et leur vérité.

1. Partie II, chap. IV.
2. *Soirées de Saint-Pétersbourg*, 8e entretien, t. II, p. 110 de l'édit. de 1821.

Entendons Jeanne du Laurens. Son père était un très-modeste médecin d'Arles, à peu près sans fortune, et cependant il a fondé une belle famille qui a prospéré. — « J'ay escrit ce discours le plus briefvement qu'il m'a esté possible, dit Jeanne, afin que mes enfans et ceux qui despendent de moy voyent comme mes devanciers ont vescu, et qu'en bien vivant Dieu assiste tousjours les parens. Les moyens, la noblesse, n'ont pas eslevé nostre famille; mais c'a esté la vertu joincte à la grâce divine.

« Donc, j'exhorte tous ceux qui m'appartiennent de bien vivre en l'amour et la crainte de Dieu, et en toute bonne vertu. Moyennant ce, nous avons assez, comme vous voyez par ce discours. Je m'estime plus qu'heureuse d'estre sortie de cette race, et suis plus contente de ce bonheur que si j'avois mil escus de rente [1]. »

— « Notre famille est établie en Provence depuis quatre siècles, écrit en 1807 Pierre-Joseph de C... En 1436 deux de nos ancêtres étaient de simples marchands tailleurs à Brignoles... Cette origine, mes enfants, n'a rien qui puisse flatter l'amour-propre; mais elle n'a rien non plus dont nous

1. *Une famille au XVIe siècle*, p. 139-140.

devions rougir. Il n'y a rien de honteux que ce que l'honneur et la probité ne peuvent avouer, et nous pouvons dire avec vérité qu'il n'est personne dans notre famille qui ait laissé sur le nom que nous portons la plus légère tache. J'ose vous assurer, au contraire, qu'il vous est arrivé parfaitement pur et entouré de la considération générale.

« Oui, mes enfants, vous trouverez une suite d'aïeux estimés, considérés, honorés de leur pays et de tous leurs concitoyens. Une existence honnête, une fortune médiocre, mais une réputation irréprochable, voilà le capital que se sont transmis pendant quatre cents ans onze bons pères de famille, qui n'ont jamais quitté ni le nom qu'ils avaient reçu, ni la patrie où ils étaient nés. »

Voilà l'histoire de la création de deux familles; voici maintenant celle de la conservation d'une autre.

Pierre-César de Cadenet de Charleval représente en 1728 toute une lignée de propriétaires fonciers, et habite la petite ville de Lambesc qu'ont rendue célèbre les Assemblées des communautés de Provence et les lettres de madame de Sévigné à madame de Grignan. Il y vit en agriculteur, comme

Antoine de Courtois continuait de le faire à Sault, un siècle après lui. Il nous initie aux accroissements successifs de son patrimoine domestique. « Notre petit bien, dit-il, s'est accru peu après notre établissement à Lambesc, par le bon ménage de nos auteurs. » Enfin, il nous entretient de sa famille et de lui-même :

« Il se peut que notre famille ne remonte pas bien haut au-dessus d'Antoine. Il doit suffire que tous nos ancêtres aient toujours été de très-honnêtes gens.

« Grâce au Seigneur, et par sa toute-puissance, mes biens prospèrent toujours. Ma famille s'illustre chaque jour davantage, et le comble de ses bienfaits est que je me sens sans cesse porté à vivre en honnête homme. C'a été de tout temps l'apanage de notre famille : *Fortes creantur fortibus*.

« Ce sont des exemples que j'exhorte tous ceux qui viendront après moy de suivre. Il vaut mieux une bonne réputation que dix mille livres de revenu de plus. J'ay le plaisir d'entendre louer tous les jours la vertu, la probité et l'intégrité de mon père. On le pleura dans chaque famille, comme s'il en eût été le chef. Tous mes ancêtres l'avoient été de même, parce qu'ils marchoient tous dans la voie de la vertu.

« Ils étoient fort charitables envers les pauvres. Je vous recommande la pratique de cette vertu. Elle est un devoir que Dieu nous impose, en nous donnant beaucoup de biens, et on en reçoit la récompense dans ce monde-cy même. C'est aux aumosnes, que l'on a toujours faites dans la maison, que j'attribue les grâces que le Dieu de miséricorde répand sur elle, soit le bien qu'il nous procure [1]. »

A l'époque et presque au moment même où étaient écrites ces lignes, d'Aguesseau rappelait à ses enfants que le patrimoine de sa famille avait commencé par être fort modique, qu'il semblait diminuer à mesure que s'accroissait le nombre des enfants, et que cela n'empêcha jamais son père et sa mère de faire d'abondantes aumônes. Malgré tout, ajoute-t-il, « personne n'a plus éprouvé que mon père la vérité de cette parole : *Cherchez le royaume de Dieu et sa justice, et le reste vous sera donné par surcroît.* » Et, enfin, il terminait la Vie de son père par cette belle conclusion : — « Ainsi vivra toujours, par sa réputation, ce nouvel Abraham à qui il semblait que Dieu eût dit, comme

1. Livre de raison de Pierre-César de Cadenet de Charleval, commencé en 1728 et continué en 1763 par François de Cadenet de Charleval, fils de ce dernier.

à ce saint patriarche : « *Je suis le Tout-Puissant. Marchez devant moi, et soyez parfait. Ne craignez rien, je suis votre protecteur, et je serai votre récompense infinie.* » Il avait toujours marché devant Dieu ; et, pendant qu'il ne pensait qu'à devenir parfait, Dieu prenait soin de le rendre heureux, accomplissant pour lui les promesses de l'ancien et du nouveau Testament, comme pour nous montrer, en sa personne, que la piété, également utile pour la vie présente et pour la vie future, reçoit souvent, dans les récompenses mêmes de ce monde, un gage des récompenses plus solides que Dieu lui prépare dans l'autre.

« Toute sa vie, en effet, ne fut presque qu'une longue suite de cette espèce de prospérité qu'on peut appeler félicité temporelle des prédestinés, parce que, sans éblouir l'esprit, sans corrompre le cœur, elle les remplit de cette joie pure et raisonnable qui fait le bonheur du sage et du chrétien. »

Nous ne citons que quelques témoignages ; mais combien d'autres s'offrent à nous ! Ils sont innombrables.

En retrouvant aujourd'hui ces portraits et en recueillant ces tableaux de félicité domestique, nous

nous croyons transportés dans un monde détruit depuis plusieurs centaines d'années; et cependant, beaucoup d'entre nous en ont pu voir encore des représentants. C'étaient des familles « à la vieille marque », comme disait Montaigne. Antoine de Courtois écrivait son Livre de raison à Sault, en 1812, avec le même esprit qui aurait pu le lui dicter au XVIIe siècle, s'il avait vécu à cette époque. C'est lui qui a été le point de départ de nos études, non-seulement parce que son œuvre est belle et éloquente, mais parce qu'elle nous fait toucher du doigt un fait trop peu aperçu, l'influence exercée jusqu'à nos jours par la tradition sur la France moderne. Le testament de 1833 que nous avons mentionné plus haut ajoute un trait de plus à cette observation pratique. Encore aujourd'hui, il y a des foyers qui ont le privilége de se conserver, presque par miracle, dans certaines contrées montagneuses; mais ils n'ont plus en partage la prospérité. Tout précipite leur ruine, et la génération actuelle les verra disparaître de la surface du sol. Les murs de la maison resteront debout : l'âme qui la faisait vivre moralement aura disparu, et le partage forcé la condamnera à passer entre d'autres mains, qui ne pourront davantage rien y édifier de solide. La liquidation est l'état normal de la société présente. De la base au sommet, tout y est mis en question, tout y est *instable* [1].

C'est un motif de plus pour interroger les familles, telles que les formait la tradition. Humbles pour la plupart à leur origine, elles s'élèvent degré par degré ; chaque génération ajoute une nouvelle pierre à l'édifice de leur fortune. Elles travaillent énergiquement, elles s'évertuent à bien penser et à bien agir, elles font de *bonnes maisons* (c'était alors le mot consacré), des maisons paternelles honorées et qui sont le siége d'une dignité respectée de tous. Elles sont morales, elles sont fécondes ; les enfants y fourmillent, dit un vieil auteur du XVIe siècle. Bien dressée à l'école du devoir, la jeunesse sait qu'elle ne doit pas compter exclusi-

1. « Tant qu'un vestige de tradition a uni la France nouvelle à la France ancienne, les conséquences de la révolution n'ont pu se faire jour. Mais, lorsque la roue du temps a eu assez tourné pour qu'il ne subsistât aucun débris de ce qui fut, l'heure de la logique a sonné ; et les générations contemporaines, élevées dans une société où la révolution est seule debout, ont écouté sans trop d'étonnement des paroles qui trente ans plus tôt les eussent remplies d'horreur et d'effroi...

« La patrie, c'est le pays des pères, et ce qui la constitue, c'est le lieu où nous sommes nés, les foyers, les autels et les tombeaux. Si cette définition est exacte, il faut avouer que la révolution, tout en prononçant très-haut le nom de patrie, a peu ménagé tout ce qui la compose. » Emile Montégut, *La démocratie et la révolution*. — *Revue des Deux-Mondes*, 15 novembre 1871.

vement sur le patrimoine des aïeux, qu'elle est tenue de l'accroître, au lieu de le mettre en lambeaux. Ces familles ont la prudence, la force, la tempérance, la justice, vertus qu'on n'appelait pas pour rien cardinales, parce qu'elles orientent la vie. Elles suivent une voie droite tracée par l'expérience, et elles ne s'égarent pas. Faut-il s'étonner qu'elles prospèrent, que beaucoup d'entre elles, sans aucuns privilèges et sans fonctions lucratives, se perpétuent pendant deux, trois et même six siècles[1], et que toutes soient autant de pépinières de bons citoyens[2]?

Chez tous les peuples, le foyer régi par la sagesse a été pour les hommes le symbole de la félicité et des véritables progrès. Les sociétés païennes finissent par lui incorporer l'idée de Dieu elle-même :

« Rends-nous toujours florissants, toujours heureux, ô foyer ! Toi qui es éternel, beau, toujours jeune, toi qui nourris, toi qui es riche, reçois de bon cœur nos offrandes et donne-nous en retour le bonheur et la santé qui est si douce. » — « Rends-nous riches et florissants, rends-nous aussi sages

1. *Les Familles*, t. I, p. 214 et suiv.
2. Ibid., p. 172 et suiv.

et chastes, » est-il dit dans un autre hymne orphique [1].

Les anciens ne se trompaient pas : le foyer est bien la condition du bonheur, parce qu'en lui réside la paix, et il n'y a pas en dehors de lui de solides progrès, parce que sans lui il n'y a pas de sagesse. Mais il n'est pas par lui-même la source de la sagesse ; il ne peut que la recevoir d'en haut ; son rôle est de la conserver, en la transformant en coutume, et c'est ce qui constitue les mœurs publiques par les mœurs privées. Observons encore que le foyer ne peut non plus absorber l'homme tout entier. Il est le fondement de l'ordre social, il n'est pas la fin dernière de notre destinée. S'il finit par enfermer l'âme humaine dans le cercle étroit de la vie présente, il la fait déchoir ; et, s'il est vide de charité, il ne fait que donner une nouvelle forme à l'égoïsme. Or, tel était l'état moral des sociétés antiques, et c'est pour cela qu'elles furent si pauvres en vertus. Les Grecs et les Romains aiment la patrie, mais ils ne savent pas ce qu'est l'amour de Dieu et du prochain. Leurs philosophes dissertent sur la sagesse, mais le travail est méprisé, le travailleur est esclave, et la richesse, ne se subor-

1. Fustel de Coulanges, *la Cité antique*, p. 28-29.

donnant pas à un principe supérieur, produit une corruption sans remède.

« Les philosophes anciens ont assez discouru contre l'avarice, disait d'Aguesseau ; mais aucun n'a eu cette idée qu'il faut être riche pour Dieu, rapporter toutes ses richesses à Dieu comme à leur auteur, en les consacrant à lui comme fin dernière, et en les faisant servir à l'usage auquel sa Providence les destine, c'est-à-dire aux pauvres, au prochain, à l'utilité commune de la société dont Dieu est le chef[1]. »

Aussi, lorsque le vieux paganisme reprend possession de notre société et la divise en deux camps ennemis et irréconciliables, faut-il plus que jamais rappeler à quels principes, à quels devoirs, à quelles règles, l'idée de la richesse et de la prospérité était subordonnée dans les classes vraiment dirigeantes de l'ancienne France.

Veut-on juger la civilisation chrétienne dans ses résultats ? Qu'on lise les instructions domestiques de tous ces pères qui recommandent à leurs enfants l'amour du prochain, le dévouement, la charité, en un mot la pratique du précepte de l'Évangile : « *Tout ce que vous voulez que les hommes*

1. D'Aguesseau, *Réflexions sur Jésus-Christ*, p. 498.

fassent pour vous, faites-le pour eux. » — « Cette formule aussi courte et plus simple que celle de l'attraction, écrivait le P. Gratry, se trouve comme la loi des astres un principe complet, le principe d'une science plus riche, plus belle, plus importante, que celle du ciel étoilé. Voilà la loi première, la loi morale, cause unique de tous les progrès humains [1]. » Or, cette science, les familles chrétiennes l'ont réalisée, et elles s'accordent à nous dire qu'elles lui ont dû, avec les bénédictions de Dieu, leur conservation.

Ne voit-on cela que dans les hautes classes sociales? Non, cela est vrai pour toutes.

Les Livres saints vont nous dire comment la vertu et le travail entretiennent et renouvellent,

1. « Je suis heureux, dit encore le même éloquent penseur, de trouver l'énoncé des trois devoirs de l'homme, exprimé en paroles sacrées et splendides :

« Le premier est à la première page de l'Ancien Testament : « *Croissez, multipliez et remplissez la terre, et domptez-la.* » Tel est bien, à l'égard de la nature et de la terre, le devoir de l'humanité.

« Le second est au milieu de la Bible, au livre de la Sagesse, IX, 3 : « *L'homme a été placé sur la terre pour disposer le globe terrestre dans l'ordre et la justice.* »

« Le troisième est au début du Nouveau Testament : « *Cherchez d'abord le royaume de Dieu et sa justice, et le reste vous sera donné par surcroît* (S. Mathieu, VI, 33). » Ce grand devoir bien rempli entraîne l'accomplissement des autres. » P. Gratry, *La morale et la loi de l'histoire*, t. I, p. 11-12.

sans cesse, les sources de la vie au sein des sociétés. Les plus grands tombent au dernier degré de l'échelle, lorsqu'ils se corrompent, et les plus petits s'élèvent au premier rang.

Benjamin Franklin met un légitime orgueil à raconter, dans ses *Mémoires* [1], que ses ancêtres avaient été forgerons de père en fils, pendant trois cents ans au moins, à Ecton, dans le comté de Northampton en Angleterre ; et il en retrace l'histoire. Il nous les montre possédant une terre patrimoniale de trente acres environ, et entourés de l'estime publique. De cet atelier de forgeron sortent des hommes distingués. Quant au père de Franklin, il a émigré en Amérique en 1685 ; il s'est établi à Boston ; il y est un très-obscur fabricant de chandelles. Il a dix-sept enfants, et il s'occupe avec une extrême sollicitude de leur éducation. Ainsi, il leur répète souvent un des proverbes de Salomon : « *Avez-vous vu un homme ardent à l'ouvrage ? C'est auprès des rois qu'il se tiendra et non parmi la foule* [2]. » Benjamin est le dernier des garçons, et, devenu plus tard un des grands citoyens de son pays, il verra une sorte de pro-

1. *Mémoires de Benjamin Franklin, écrits par lui-même*, traduits par M. Edouard Laboulaye ; Paris, Hachette, 1866.
2. Prov. XXII, 29.

phétie dans la maxime favorite de son père; car il s'est trouvé un jour en présence de cinq têtes couronnées.

Pendant son séjour en Europe, il avait voulu revoir les lieux qui avaient été le berceau de sa famille, et il avait consulté les registres d'Ecton, pour y recueillir la généalogie de ses devanciers.

En nommant ici Franklin, nous n'avons certes pas la pensée de présenter en lui un modèle; et ce n'est pas le lieu (chose du reste superflue) d'en expliquer les motifs. Le seul objet qui nous occupe, c'est l'hommage que, selon les vieilles mœurs, il rend à sa famille; c'est le culte qu'il lui conserve et qu'il désire perpétuer chez les siens. Il déclare lui devoir tout ce qu'il y a de bon en lui. Il remonte jusqu'à ses devanciers, pour leur attribuer la meilleure part des mérites dont il recueille les fruits. On fait honneur à la race anglo-saxonne de posséder, presque par privilége, cet esprit héréditaire de respect et ces qualités foncières qui, en produisant la force des caractères individuels, constituent la solidité du caractère national. On a dit que la vertu propre de la société anglaise est « l'effort, première condition du mérite dans la vie temporelle comme dans la vie spirituelle, l'effort personnel, prolongé, énergique [1]. » Un des savants qui chez nos voisins se dévouent à instruire la jeunesse, en lui offrant sous ce rapport les enseignements empruntés à l'observation des faits, nous raconte, dans un intéressant ouvrage [2], quel langage il tenait à ses auditoires populaires :

« Celui qui cultive un lopin de terre, à peine plus grand que ce qu'il en faudra pour l'enterrer, peut travailler avec autant de foi et d'espérance, et dans un but aussi élevé, que celui qui est destiné à hériter d'une grande fortune. L'atelier le plus humble peut devenir pour le dernier des ouvriers une école d'industrie, de science et de moralité... Le pauvre peut être, sous tous les rapports, un parfait « gentilhomme » [3]. Il peut être honnête,

1. De Montalembert, *De l'avenir politique de l'Angleterre*, p. 287.

2. SELF-HELP, *ou caractère, conduite et persévérance*, par Samuel Smiles ; traduit de l'anglais par Alfred Talandier. Paris, Plon, 1865.

3. « A coup sûr, observe le traducteur, le mot *gentilhomme* est français; il serait donc difficile de traduire par un autre mot l'anglais *gentleman*. Cependant, quelle qu'ait pu être la synonymie de ces deux versions du même mot dans les temps antérieurs à la révolution française, il est certain qu'aujourd'hui ils ne sont plus exactement synonymes, et que l'idée de titre nobiliaire qui s'attache au mot français et qui le fait de plus en plus tomber en désuétude, ne s'attache point au mot anglais, qui, notamment dans les assemblées publiques, s'applique à toutes les classes de la société. Le

véridique, juste, poli, tempérant, courageux, indépendant, plein de respect pour lui-même, en un mot un vrai gentilhomme. L'homme pauvre de fortune, mais riche de cœur, est de toute façon supérieur à l'homme riche de fortune, mais pauvre de cœur. Pour parler comme saint Paul, le premier « semble ne rien avoir et possède cependant toutes choses, » tandis que l'autre semble posséder toutes choses et en réalité n'a rien. Le premier espère tout et ne craint rien, le second n'espère rien et craint tout. Le vrai gentilhomme est celui dont le caractère s'est formé par les plus beaux modèles. Le Psalmiste en peu de mots le représente, lorsqu'il célèbre celui qui « marche en intégrité, fait ce qui est juste et dit la vérité ainsi qu'elle est dans son cœur [1]. »

Est-ce seulement chez nos voisins qu'on trouve, consacrées par la tradition, ces mœurs, dans lesquelles se traduit au plus haut degré la civilisation d'un peuple? Notre société française ne les possédait-elle pas, elle aussi, et d'une manière éminente, avant l'époque lamentable qui a été le

mot *gentilhomme* est pris ici dans son acception anglaise, et même dans l'acception la plus élevée moralement qu'il puisse avoir en anglais. »

1. P. 346, 361-363.

point de départ de son état révolutionnaire? Bien différents des patriotes anglais, de prétendus apôtres du progrès s'évertuent chez nous, depuis plus d'un siècle, à conspuer tout notre passé national. L'œuvre de civilisation, à laquelle les classes populaires ont dû de voir leur condition individuelle et domestique s'élever beaucoup au-dessus du niveau où elle était dans les autres contrées de l'Europe, n'est comptée pour rien, et les faits les plus probants sont regardés comme non avenus. En réalité, la France moderne ignore la meilleure partie de son histoire. Or n'est-il pas temps de la lui rappeler? N'importe-t-il pas plus que jamais de creuser dans les profondeurs de la vie des localités?

Combien seraient instructives pour nous les archives de nos communes rurales et celles des notaires! Là sont des trésors dont on ne soupçonne pas la richesse, et ce sont ceux-là mêmes qui sont le plus oubliés. Dans ces derniers temps, des érudits consciencieux et exacts ont dressé, paroisse par paroisse, la statistique des écoles primaires qui existaient en France depuis les XIIIe et XIVe siècles, et leurs découvertes ont produit une vive impression. Que serait-ce, s'ils abordaient l'étude des familles, s'ils se dévouaient à déchiffrer les contrats de mariage, les testaments et autres actes intéressant la vie domestique des classes populaires dans les campagnes [1] et dans les villes! Combien de races illustres ont commencé par être aussi humbles que possible! Et, par contraire, combien de grands noms se sont trouvés plus tard portés par des hommes obscurs!

1. Voir dans *les Familles*, t. II, p. 237 et suiv., plusieurs testaments de paysans de la Provence.

Nous prions nos lecteurs de se reporter à ce que nous avons dit dans le premier volume du présent ouvrage, p. 17 et suiv., sur l'idée de dignité personnelle qui s'attachait en Provence à la qualité de *Ménager*, c'est-à-dire à la situation du petit propriétaire foncier cultivant lui-même son domaine patrimonial.

CHAPITRE VIII

LE RENVERSEMENT DE LA TRADITION ET LE PÉRIL SOCIAL.

Rousseau a osé écrire dans le *Contrat social :* « La patrie du chrétien n'étant pas de ce monde, chacun fait son devoir avec une profonde indifférence du bon ou du mauvais succès de ses soins... Pourvu qu'il n'ait rien à se reprocher, peu importe au chrétien que tout aille bien ou mal sur la terre[1]. »

La conclusion serait donc que la pratique effective du bien affaiblit et même détruit la force morale, que l'esprit de sacrifice abaisse l'homme au lieu de le relever, et que la foi sur laquelle repose la croyance en la vie future est incompatible avec le bonheur de l'humanité et avec l'essor de la civilisation !

1. J.-Jacques Rousseau, *Le contrat social*, liv. IV, chap. 8.

Une telle formule est la négation de la raison, de l'expérience et de l'histoire ; et cependant, il n'en est point qui aient aujourd'hui plus de puissance pour égarer les esprits et pour pervertir l'opinion. Comment cette puissance fut-elle si grande, si irrésistible, dès les premiers jours de son avénement, il y a un siècle ? Par quelles causes une génération fut-elle assez aveugle pour vouloir renverser, au nom du progrès, les fondements sans lesquels aucune société n'a jamais existé ? Et, par l'effet de quelle aberration, les classes dirigeantes de l'époque provoquèrent-elles le déchaînement du monstre qui allait les dévorer ?

Pourra-t-on jamais comprendre l'immense prestige qui fut tout d'un coup donné à des lettrés, dont la seule originalité consistait à s'ériger en démolisseurs non-seulement de la religion chrétienne, mais de la tradition universelle et constante du genre humain ? Voyez les hommes dans lesquels les salons, en attendant les clubs, saluent et acclament les révélateurs d'un ordre absolument nouveau, les sages et les législateurs de l'avenir. Considérez-les dans leurs mœurs, et essayez de savoir ce que vaut chez eux la conscience. Ils ne connaissent rien du fond de la vie, ils n'ont aucune pratique, ils ne portent aucune responsabilité. Le plus éloquent d'entre eux, Rousseau, qui prétend découvrir au monde les vrais principes en matière d'éducation, commence par proclamer la bonté native de l'enfant et par supprimer la distinction du bien et du mal. Il ne dissimule en rien dans ses *Confessions* « les souillures de son imagination, de son tempérament et de son passé [1] ; » bien plus, il les étale à plaisir, et il ne craint pas de tenter de se justifier, sur un point où il aurait dû sentir qu'il était frappé de la réprobation des honnêtes gens. Il a mis ses enfants à l'hôpital des Enfants-trouvés : tel est le procédé par lequel il s'est débarrassé des soucis de la famille. Lorsqu'on cherchait à lui arracher le quatrième pour le faire élever, il s'est roidi contre ces importunités ; et une nuit, emportant le pauvre petit être loin des mains secourables qui s'efforçaient de le sauver, il lui a fait partager le sort de ses aînés [2]. Et voilà

1. H. Taine, *Les origines de la France contemporaine*, p. 352.

2. « Je consigne ici une anecdote bien étrange sur Rousseau et la maréchale de Luxembourg, avec laquelle ma mère était fort liée. La maréchale de Luxembourg sut que Rousseau allait avoir un quatrième enfant. Craignant qu'il ne voulût jeter celui-ci, comme il avait déjà fait trois fois, aux Enfants-trouvés, elle alla trouver M. Tronchin, de Genève, ami particulier de Rousseau, et le pria instamment de lui faire porter cet enfant dont elle prendrait soin. M. Tronchin en parla à Rousseau qui parut donner son consentement. Il le dit aussi à la mère qui fut ivre de joie. Aussitôt qu'elle

cependant le sage qui dictera les lois de la démocratie ; voilà le chef d'école dont les plus graves personnages et des femmes distinguées se feront les adeptes. Les hommes de la révolution, abreuvés de scepticisme par Voltaire, croiront avoir trouvé le restaurateur de l'ordre social dans Rousseau. Le genre humain, diront-ils, avait perdu la charte et la notion de ses droits : c'est Rousseau qui les a fait renaître et revivre.... [1].

Et la démocratie moderne continue à suivre ser-

fut accouchée, cette pauvre femme fit avertir Tronchin. Il vint, il vit un bel enfant qui était un garçon plein de vie; il prit l'heure avec la mère pour revenir le lendemain le chercher. Mais à minuit, Rousseau, vêtu d'un manteau de couleur sombre, s'approcha du lit de l'accouchée, et, malgré ses cris, emporta lui-même son fils, pour le perdre sans marque de reconnaissance dans un hospice! « Voilà l'homme dont tant de gens exaltent la sensibilité ! » disait ma mère. Moi, je dis : « Voilà un insensé dont la tête malade a égaré le cœur. » *Journal manuscrit de Mme de Lamartine*, p. 121.

1. « Dans les classes mitoyennes et inférieures, Rousseau a eu cent fois plus de lecteurs que Voltaire. C'est lui seul qui a inoculé chez les *Français* la doctrine de la souveraineté du peuple et de ses conséquences les plus extrêmes. J'aurais peine à citer un seul révolutionnaire qui ne fût transporté de ces théorèmes anarchiques et qui ne brûlât du désir de les réaliser. Ce *Contrat social*, qui dissout les sociétés, fut le Coran des discoureurs apprêtés de 1789, des jacobins de 1790, des républicains de 1791 et des forcénés les plus atroces... J'ai entendu Marat, en 1788, lire et commenter le *Contrat social* dans les promenades publiques aux applaudissements d'un auditoire enthousiaste. » Mallet du Pan, *Mercure britannique*, t. II, p. 360.

vilement le char de triomphe de l'auteur du *Contrat social*. Elle en garde et elle travaille de plus en plus à en appliquer les formules !

L'homme est bon, il est même parfait. « Le principe fondamental de toute morale, sur lequel j'ai raisonné dans tous mes écrits, et que j'ai développé avec toute la clarté dont je suis capable, a dit le maître, est que l'homme est un être naturellement bon, aimant la justice et l'ordre, qu'il n'y a point de perversité originelle dans le cœur humain, et que les premiers mouvements de la nature sont toujours droits [1]. »

S'il en est ainsi, la morale ne doit pas être seule changée ; l'ordre de la société doit l'être non moins radicalement.

Jusqu'à ce jour, le respect de Dieu et celui du père ont été regardés par tous les peuples comme les conditions nécessaires de toute œuvre de progrès. Point d'éducation, si l'enfant n'est plié de bonne heure à la loi du devoir. Point de gouvernement des hommes, d'abord sans l'action et la tradition de la famille, ensuite sans le pouvoir donné aux autorités naturelles de la société de dé-

1. J.-Jacques Rousseau, *Lettre à M. Christophe de Beaumont, archevêque de Paris.*

fendre le bien contre les attaques et les atteintes incessantes de l'esprit du mal. Telles ont été les antiques maximes de la sagesse, et elles se montrent consacrées, à la fois par la religion et par le témoignage des plus éminents penseurs.

Mais, la nouvelle maxime, qui relègue dans les ténèbres des époques d'ignorance le dogme du vice originel, renverse les croyances et les institutions pour lesquelles le genre humain a eu une si profonde vénération. Les lettrés du XVIIIe siècle l'ont déclaré avec Rousseau, et ceux de nos contemporains qui obéissent à sa doctrine le répètent à l'envi : — La civilisation moderne est appelée à se constituer sur des bases différentes des bases anciennes. La famille a fait son temps, et d'archéologiques regrets ne la ressusciteront pas. Elle était la pierre angulaire du passé, elle ne peut plus être celle de l'avenir. Elle n'est pas aussi indispensable qu'on se plaît à le dire, elle a même perdu sa raison d'être. Un mot répond à tout : l'homme est bon; les vieilles institutions qui l'entravaient seules étaient mauvaises[1]. — La nouvelle science sociale

1. « O monsieur, si j'avais pu écrire le quart de ce que j'ai vu et senti, avec quelle clarté j'aurais fait voir toutes les contradictions de notre système social ! Avec quelle force j'aurais exposé tous les vices de nos institutions ! Avec quelle simplicité j'aurais démontré que l'homme naît bon

trouve là le premier article de son Credo ; la politique en tire les conséquences ; et, l'expérience du passé étant vouée au mépris, l'esprit humain étant déclaré capable d'inventer par l'effet du développement illimité de ses facultés des vérités de premier ordre et jusqu'à ce jour inconnues, on arrive à transformer en autant de fétiches de prétendus principes, qui sont la formule même de l'absurde imposée à la foi aveugle des foules. Si la raison et le cœur sont chez tous également droits, tous n'auront qu'à manifester leurs volontés, pour que la souveraineté du nombre devienne celle de la justice. Si la vie future disparaît, il faut nécessairement que cette idée de justice se réalise dans la vie présente, abstraction faite du mérite et du démérite ; car tous ont droit, par la bonté de leur nature, à jouir du souverain bien, c'est-à-dire d'une égale répartition des biens sociaux.

Encore une fois, qui expliquera le phénomène étrange d'une société où les plus puissants et les plus instruits se sont appliqués à inculquer de telles erreurs aux petits et aux humbles ? De sa-

naturellement et que c'est par les institutions seules que les hommes deviennent méchants ! » *Lettre de J.-Jacques Rousseau à M. de Malesherbes.*

vants et brillants écrivains se sont placés dans ces derniers temps en présence du problème ; rompant avec les préjugés qui ont cours, ils n'ont pas craint de dévoiler une part de la vérité [1]. L'un d'eux vient d'analyser dans un ouvrage saisissant les ferments de désorganisation que l'ancien régime dégénéré a légués à la France actuelle ; il a fouillé dans l'abcès révolutionnaire ; et, avec des idées qui s'éloignent autant que possible de la grande tradition objet de nos études, après avoir décrit en physiologiste la période de formation de l'ancien ordre social, il a fait assister ses lecteurs à l'effondrement de l'édifice que de longs siècles avaient laborieusement élevé [2].

Ces ouvrages n'ont éclairé que le côté politique de la question ; ils ont laissé dans l'ombre ce qui constitue le lien social et l'ordre fondamental, les principes primordiaux, les coutumes inhérentes à la pratique de la loi de Dieu et dont la famille est l'agent nécessaire de conservation.

Les pages rapides que nous venons de consacrer aux deux grands respects ne sont qu'une esquisse ;

1. De Tocqueville, *L'ancien régime et la révolution* ; Paris, 1856.
2. H. Taine, *Les origines de la France contemporaine*, « L'ancien régime ; » 1876.

elles n'ont qu'un but : tracer la voie, et donner une idée de ce qu'il y aurait à accomplir dans cette direction.

L'arbre est jugé par ses fruits [1]. Nous avons constaté ceux de la tradition, nous avons produit des faits vivants.

Les fruits des principes contraires sont sous nos yeux, et ils se traduisent aussi dans des faits, sur lesquels il est temps que les bons citoyens portent leurs observations.

Serait-ce trop tôt qu'on demanderait à l'expérience quelles sont les prétendues lois morales, nouvellement révélées au monde à la fin du dernier siècle? On affirme qu'elles sont souveraines, et que les sociétés modernes n'ont qu'à se laisser porter par le courant pour arriver à la terre promise [2]. Quant aux principes éternels, en dehors

1. « Gardez-vous des faux prophètes, qui viennent à vous couverts de peaux de brebis ; au-dedans, ce sont des loups ravissants. Vous les connaîtrez par leurs fruits. Recueille-t-on des raisins sur des épines ou des figues sur des ronces? Ainsi tout arbre bon produit de bons fruits, et tout arbre mauvais de mauvais fruits. Un arbre bon ne peut produire de mauvais fruits, et un arbre mauvais de bons fruits... C'est donc à leurs fruits que vous les connaîtrez. » St. Mathieu, VII, 15-20.

2. Les principes de la révolution française ne sont, a dit M. Thiers, « que la justice sociale proclamée et appliquée

desquels les hommes n'ont jamais pu vivre heureux ni en paix, il n'en est plus question. On parle beaucoup de la dignité humaine ; on vante la prospérité qu'auraient donnée au peuple les dogmes révolutionnaires. Or, n'est-il pas nécessaire de voir sur ce point si les faits répondent aux formules, et de savoir ainsi où nous en sommes ?

Il ne suffit pas de célébrer le progrès, il faut être en mesure d'y parvenir. Où est-il ? En quoi consiste-t-il ? Vous dites que la famille est finie ! Cela vous est facile, si vous n'avez pas besoin d'elle pour trouver le bonheur ou l'adoucissement des peines de la vie. Mais les innombrables populations que l'application rigoureuse de vos principes a conduites au point de ne plus avoir de foyer, de ne plus en vouloir ou d'être privées des moyens d'en conserver un, ces populations souffrent et se

pour la première fois sur la terre. » Message de M. Thiers, président de la République, 15 novembre 1872.

M. Gambetta a dit depuis :

« Quinet était parmi nous un grand dépositaire des théories, comme un grand interprète des principes de la révolution française. Ce qu'il avait toujours voulu appliquer, c'était moins telle administration ou telle politique *que de nouvelles lois morales.*

« *La révolution était surtout à ses yeux une grande révolution morale.* C'est par là que Quinet laissera un enseignement toujours fécond, toujours utile. » Discours de M. Gambetta aux funérailles de M. Quinet, avril 1875.

plaignent; elles sont livrées à des passions de révolte implacables. Ouvrons à leur sujet une enquête. Comparons l'état des familles du peuple, dans les pays où Dieu est toujours servi et le père obéi, avec celui des populations agglomérées de nos centres manufacturiers pour lesquelles le but exclusif de la destinée humaine est la satisfaction des appétits sensuels ; et, lorsque nous aurons rapproché leurs éléments de prospérité, nous saurons pleinement de quel côté est le succès.

Il y a eu au XVIIIe siècle toute une insurrection du matérialisme contre la loi morale; mais elle fut circonscrite dans ses ravages par la résistance que lui opposèrent, dans les profondeurs du pays, les bonnes mœurs domestiques d'une grande partie des classes populaires.

La situation présente est bien autre. Le monde du travail et des travailleurs est aujourd'hui presque entièrement envahi par le mal ; et, sous un régime qui livre les destinées de la patrie française à la souveraineté du nombre, des hommes se sont levés qui, se faisant les courtisans du peuple, poussent jusque dans ses conséquences les plus extrêmes la logique de la négation. Au nom de « la Science, » ils suppriment la conscience ; ils vont jusqu'à ne reconnaître que des lois physiques, et à les en croire, l'organisation future des sociétés devrait se transformer d'une manière absolue, sous l'impulsion d'une inflexible fatalité.

Ici est le dernier résultat de la doctrine. L'homme est réduit à l'état de pure animalité !

Et c'est au nom de la science que de telles philosophies du progrès s'offrent à l'imagination de la jeunesse et aux passions brutales des foules ! Un éminent esprit disait déjà sur ce sujet, il y a près de cent ans : « Vous vantez beaucoup la méthode scientifique, et vous croyez triompher de nous en nous l'opposant. Or, c'est par cette méthode que seront mises à néant vos hypothèses. La science expérimentale démontrera combien sont vaines vos spéculations de cabinet et vos chimères. Si vous vouliez trouver la vérité, vous renonceriez à tout système ; vous feriez en morale ce qu'on a fait en physique, vous observeriez les phénomènes ; et vous chercheriez ainsi, non à fabriquer l'homme à votre fantaisie, mais à le connaître [1]. » En l'état,

1. Portalis, *De l'usage et de l'abus de l'esprit philosophique durant le XVIIIe siècle*; Paris, 1820, t. II, chap. 22.

Ce beau livre, qui contient le tableau le plus vrai de l'état de désorganisation où la France avait été jetée par les mauvaises mœurs et par toutes les erreurs du XVIIIe siècle, fut composé par Portalis, pendant son exil en Allemagne, après le coup d'état du 18 fructidor.

vous ignorez ce dont vous parlez si bruyamment, vous ne savez rien de l'homme que le cadavre.

L'homme vrai, l'être humain capable de faire le bien, de se dévouer et de se sacrifier pour élever de nombreux enfants, nous savons quel il est, d'où il vient et où il va. Nous avons essayé de le décrire, et nous l'avons trouvé agissant dans la vie pratique, et unissant la science du monde à celle de Dieu dans une féconde harmonie, lorsque vous nous le représentez comme plongé et perdu dans ce que vous appelez les rêves du mysticisme. Cet homme vrai, tous les pères qui viennent de déposer comme témoins à notre enquête le personnifient en eux. Et, s'ils pouvaient revivre, ils vous répondraient aujourd'hui ce qu'ils pensaient au sujet de ceux qui vous ont précédés dans vos inventions : « Nous avons fondé à la sueur de notre front des familles qui ont fait la France. Où sont les familles modèles, formées par vos principes, que vous nous offrez à imiter ? »

C'est ainsi qu'après avoir commencé nos observations d'histoire, en entendant les pères de famille de tous les temps instruire leurs enfants sur la science de la vie, nous voyons cette science se démontrer par ses résultats. Terminons-les par un dernier trait.

Les ennemis acharnés de la tradition, qui promettent au peuple le bonheur au nom des nouveaux dogmes révolutionnaires, sont-ils heureux eux-mêmes? Que nous disent-ils, lorsqu'ils nous découvrent le fond de leur âme?

Voici un témoin que l'on ne récusera pas.

« Je suis, écrit John Stuart Mill dans ses Mémoires, une des rares personnes d'Angleterre dont on peut dire, non pas qu'elles ont rejeté la croyance de la religion, mais qu'elles ne l'ont jamais eue. A cet égard, j'ai grandi dans un état négatif. Je considérais la religion des temps modernes du même œil que celles de l'antiquité, c'est-à-dire comme une affaire qui ne me regardait en rien... Dès le début, mon père imprima dans mon esprit l'idée que la façon dont le monde avait commencé était un problème sur lequel on ne savait rien. « A la question : Qui m'a fait ? disait-il, on ne pouvait répondre. »

En même temps qu'il reçoit ces leçons d'athéisme, il devient un prodige de science. A trois ans, il a déjà appris l'alphabet grec ; à huit ans, il a lu Hérodote tout entier, ainsi que la *Cyropédie*; à douze ans, il est un philosophe, à treize, un économiste, à dix-sept, il écrit dans des revues et commence son apostolat révolutionnaire. Il voit alors le monde tel qu'il est, et il se trouve en présence du mystère de la douleur. Il la ressent en lui-même d'autant plus vivement que, ne croyant pas en Dieu, il est sans espérance. Aime-t-il son père? Non, il le confesse : « *L'élément qui manquait le plus, dans les rapports de mon père avec ses enfants, était celui de la tendresse.* » Reporte-t-il du moins ses affections sur sa mère? Il ne la nomme même pas. L'humanité est son seul refuge; mais l'humanité, dans laquelle on ne lui a appris à ne voir que le mal, peut-elle lui donner le souverain bien dont elle est dépourvue?

« J'étais dans cet état d'esprit, quand il m'arriva de me poser directement cette question : « Supposé que tous les objets que tu poursuis dans la vie soient réalisés, que tous les changements des opinions et des institutions, dans l'attente desquels tu consumes ton existence, puissent s'accomplir sur l'heure, en éprouverais-tu une grande joie? Serais-tu bien heureux? » — « Non, me répondit nettement une voix intérieure que je ne pouvais réprimer. Je me sentis défaillir ; tout ce qui me soutenait dans la vie s'écroula.

« Je ne cherchai pas à soulager mes peines en les confiant à autrui. Si j'avais assez aimé quelqu'un pour sentir la nécessité de les lui confier, je ne me serais pas trouvé dans l'état qui faisait mon malheur. Hélas ! je sentais que ma souffrance n'était pas intéressante, et qu'il n'y avait rien en elle de respectable, rien qui éveillât la sympathie... *Mon père, à qui il eût été naturel que j'eusse recours dans tous mes embarras, était la dernière personne dont je dusse attendre un remède... Mon éducation était tout son ouvrage ; il l'avait conduite, sans avoir jamais songé qu'elle pouvait aboutir à ce résultat.*

« Je venais donc d'échouer, me disais-je, en sortant du port avec un vaisseau bien armé [1]. »

Stuart Mill ne se releva jamais de ce naufrage, et l'on sait comment il aboutit au nihilisme social, après avoir débuté par le nihilisme en religion et en morale.

Et maintenant, après avoir entendu le cri de douleur exhalé par un homme de cette trempe,

1. John Stuart Mill, *Mes Mémoires, histoire de ma vie et de mes idées*. Paris, Germer Baillière.

après l'avoir vu peindre sous les plus sombres couleurs l'existence que lui a faite l'éducation négative, demandons-nous dans quel effroyable état d'esprit doivent tomber ces masses populaires, absorbées par les soucis de la vie quotidienne, et qui cheminent, sans espoir, sans consolation, au milieu des abîmes de néant creusés sous leurs pas par les nouveaux docteurs.

Quels effroyables désastres n'y a-t-il donc pas encore à craindre ! et quel n'est pas le péril !

Notre race est perdue sans rémission, si les bons citoyens, oubliant enfin les vains objets de leurs discordes, ne remontent à la source du mal et ne se consacrent tout entiers, et d'un accord unanime, à la restauration de la vie domestique, en rétablissant le respect de Dieu et du père.

LES RÈGLES

LIVRE QUATRIÈME

LA LOI DE DIEU DANS LES LIVRES SAPIENTIAUX.

LIVRE QUATRIÈME

Nous croyons devoir reproduire, en tête de ces pages, une observation que nous avons déjà présentée.

Les Livres sapientiaux contiennent un beau commentaire pratique de la loi de Dieu, dans ses applications domestiques et sociales. Nos pères en rappelaient souvent les maximes à leurs enfants, et, avant de mourir, ils s'en inspiraient pour leur adresser leurs derniers conseils. D'éminents penseurs leur demandaient aussi les formules mêmes du vrai.

Nous eussions pu compléter nos extraits par les textes de l'Evangile ; mais, sans parler de l'intérêt qu'il y avait à ne pas donner trop d'étendue à notre travail, il nous a semblé qu'à la suite d'études où nous sommes remonté de source en source jusqu'aux origines des temps, c'étaient les textes de l'Ancien Testament que nous devions surtout mettre en lumière.

Notre but a été de montrer les principes éternels qui ont présidé à l'existence des familles et à la prospérité des nations. Il y a là tout un ordre fondamental, et, hors de lui, le monde moral s'écroule.

Cet ordre fondamental est aujourd'hui nié, ou l'on n'en tient plus nul compte.

Il importe de le faire connaître, en publiant les textes qui en résument la substance.

Nous plaçons en tête de chaque chapitre l'énoncé de la vérité qui s'y trouve développée.

LE MODÈLE DES ENSEIGNEMENTS DE FAMILLE

CONTENANT

L'ABRÉGÉ DES PRINCIPES SOCIAUX.

(Extraits des Livres sapientiaux.)

CHAPITRE PREMIER

La loi de Dieu enseignée par le père.

Écoute, mon fils, les instructions de ton père, et Prov. I
n'abandonne point la loi de ta mère.

J'ai été moi-même le fils chéri de mon père, et IV. 3
ma mère m'a élevé, comme si j'eusse été son fils
unique. Il m'instruisait et me disait : « Que ton
cœur reçoive mes paroles, garde mes préceptes et
tu vivras. »

Mon fils, n'oublie point ma loi ; car tu y trou- III,
veras la longueur des jours, la multiplication des
années de ta vie et la paix. Que la miséricorde et
la vérité ne t'abandonnent point : mets-les comme
un collier autour de ton cou, grave-les sur les

tables de ton cœur ; et tu seras plein de grâce et
de pureté devant Dieu et devant les hommes.

Confie-toi en Dieu de tout ton cœur, et ne t'appuie point sur ta prudence. Pense à lui dans toutes
tes voies, et il conduira lui-même tes pas.

Ne sois pas sage à tes propres yeux, crains le
Seigneur, détourne-toi du mal. Ainsi ta chair sera
iv, 22-23. saine ; car les leçons de la sagesse sont la vie de
ceux qui les trouvent et la santé de toute chair.

Garde ton cœur avec vigilance, parce que c'est
xii, 28. de lui que vient la vie. La vie est dans le sentier
de la justice, mais le chemin tortueux mène à la
mort.

v, 25, 27. Que tes yeux voient ce qui est droit... Le Seigneur lui-même rendra droite ta marche et te conduira dans la paix.

li. vi, 24- Mon fils, écoute-moi et ne rejette pas mon con-
l, seil. Mets tes pieds dans les fers de la sagesse, ton
cou dans ses chaînes ; baisse ton épaule, porte-la,
et ne souffre pas impatiemment ses liens... Cherche-la, et elle te sera manifestée, et, quand tu
l'auras une fois embrassée, ne la quitte point ; car
au dernier jour tu trouveras en elle le repos, elle
se changera pour toi en délices ; ses fers deviendront pour toi une forte protection, ses chaînes un
vêtement de gloire. L'honneur de la vie est en elle.

Le commencement de la sagesse est le vrai désir de s'instruire sur elle. S'instruire avec soin sur la sagesse, c'est l'aimer, et l'aimer, c'est en observer les lois... Là est la consommation de la pureté parfaite qui approche l'homme de Dieu, et c'est ainsi que le désir de la sagesse conduit au royaume éternel. Sag. VI, 18-

Mon fils, ménage le temps et garde-toi du mal. Ne rougis point de dire la vérité, quand il s'agit de ton âme. N'aie point égard à la qualité des personnes contre ton salut, et ne te laisse pas aller au mensonge contre ta conscience... Ne rougis pas de confesser tes péchés.. ; mais prends contre tous la défense de la justice, combats jusqu'à la mort pour elle, et Dieu vaincra pour toi tes ennemis. Eccli. IV, et suiv.

Mon fils, ne rejette point la loi du Seigneur, et, lorsqu'il te châtiera, ne te laisse pas abattre ; car le Seigneur châtie celui qu'il aime, et il trouve en lui son plaisir, comme un père dans son fils. En entrant au service de Dieu, demeure ferme dans la justice et dans la crainte, prépare ton âme à la tentation, humilie ton cœur et attends avec patience... Supporte les délais de Dieu... Tout ce qui t'arrivera de fâcheux, accepte-le et supporte-le courageusement dans la douleur ; car l'or et l'argent s'éprouvent par le feu, mais les hommes doivent passer par le fourneau de l'humiliation. Prov. III, 1 12. Eccli. II, 1-

Sag. vi, 1. La sagesse vaut mieux que la force, l'homme
Prov. xvi, 32. patient que le plus grand capitaine, et celui qui est maître de son cœur que celui qui prend des villes.

Eccl. ii, 6. Aie confiance en Dieu, et il te délivrera.

Sag. ix, 14-18. Les pensées des hommes sont timides, nos prévoyances incertaines. Le corps qui se corrompt appesantit l'âme, et cette demeure terrestre abat l'esprit par une multitude de soins. Nous ne comprenons que difficilement ce qui se passe sur la terre, nous ne discernons qu'avec peine ce qui est sous nos yeux. Qui pourra découvrir ce qui se passe dans le ciel? et qui connaîtra votre sagesse, Seigneur, si vous n'envoyez votre Esprit-Saint du plus haut des cieux, pour redresser nos sentiers ici-bas?

CHAPITRE II

La loi de Dieu fondement de tout bien.

Toute sagesse vient de Dieu, le souverain Seigneur ; elle a toujours été avec lui, elle est avant tous les siècles. Eccli. I, 1-2

Qui a compté le sable de la mer, les gouttes de la pluie et les jours de la durée du monde? Qui a mesuré la hauteur du ciel, l'étendue de la mer et la profondeur de l'abîme? Qui a pénétré la sagesse de Dieu, cette sagesse qui précède toutes choses?...

La source de la sagesse est le Verbe de Dieu au plus haut des cieux, et ses voies sont les commandements éternels.

A qui la racine de la sagesse a-t-elle été découverte, et qui en a pénétré les secrets? Le Très-Haut seul, le Créateur tout-puissant, le Roi fort et très-redoutable, assis sur son trône, le Dieu dominateur. C'est lui qui l'a créée dans l'Esprit-Saint, qui l'a vue, qui l'a nombrée, qui l'a mesurée ; et il l'a répandue sur toutes ses œuvres et sur toute chair, selon le partage qu'il en a fait, et il l'a donnée à ceux qui l'aiment.

La crainte du Seigneur est la véritable gloire, la source de la joie et une couronne d'allégresse... Celui qui craint le Seigneur se trouvera heureux à la fin de sa vie, et il sera béni au jour de sa mort....

La crainte du Seigneur est le principe de la sagesse : elle est créée avec les hommes fidèles dès le sein de leur mère, elle accompagne les femmes choisies, et elle se manifeste chez les justes.

La crainte du Seigneur est la sanctification de la science : cette sanctification garde le cœur et le justifie, elle le remplit de douceur et de contentement.

La crainte du Seigneur est la plénitude de la sagesse : elle rassasie de l'abondance de ses fruits ceux qu'elle possède, elle remplit leur maison de ses biens et leurs celliers de ses trésors.

Prov. VIII, 1-36. Est-ce que la sagesse ne crie pas ? et la prudence ne fait-elle pas entendre sa voix ? Elle se tient sur les plus hauts sommets, le long des chemins, près des portes de la ville, et elle dit :

« Hommes, c'est à vous que je crie, et c'est aux enfants des hommes que ma voix s'adresse. Vous, imprudents, apprenez ce qu'est la sagesse, et vous, insensés, rentrez en vous-mêmes. Écoutez-moi, car je vais vous annoncer de grandes choses, et mes lèvres s'ouvriront pour vous prêcher ce qui est droit. Recevez mes instructions avec plus de plaisir que de l'argent, préférez ma doctrine à l'or; car la sagesse est meilleure que ce qu'il y a de plus précieux, et tout ce qu'on désire le plus ne peut lui être comparé...

« Par moi les rois règnent, et les législateurs décrètent des choses justes. Par moi les princes commandent, et ceux qui sont puissants font bonne justice.

« J'aime ceux qui m'aiment, et ceux qui veillent pour me chercher me trouveront...

« Je marche dans les voies de la justice et au milieu des sentiers de la prudence, pour découvrir à ceux qui m'aiment les biens véritables et pour remplir leurs trésors.

« J'ai été établie dès l'éternité, dès les temps anciens, avant que la terre fût. Les abîmes n'étaient pas encore, et j'étais déjà conçue. Les sources n'avaient pas encore jailli, les montagnes n'étaient pas encore affermies, et j'étais déjà engendrée. Le Seigneur n'avait pas encore fait la terre, ni les fleuves et les pôles du globe. Quand il étendait les cieux, j'étais là ; lorsque par une loi immuable il entourait d'un cercle les abîmes, qu'il suspendait en haut la voûte éthérée, qu'il mettait en équilibre les eaux... et qu'il posait les fondements de la terre, j'étais avec lui, disposant de toutes choses....

« Mes délices sont d'être avec les fils des hommes.

« Et maintenant, mes enfants, écoutez-moi : Bienheureux ceux qui gardent mes voies !

« Écoutez mes instructions et soyez sages. Ne perdez pas une de mes paroles. Bienheureux l'homme qui veille tous les jours à l'entrée de ma demeure et qui se tient au seuil de ma porte !

« Celui qui me trouvera trouvera la vie, et il puisera son salut dans le Seigneur ; mais celui qui péchera contre moi sera le meurtrier de son âme, et tous ceux qui me haïssent aiment la mort. »

Eccles. XII, 12. Ne recherche rien de plus que la sagesse, mon fils. Il n'y a point de terme à faire des livres... Écoutons tous la fin de ce discours : « *Crains Dieu et observe ses commandements, car là est tout l'homme.* »

CHAPITRE III

Les commandements de Dieu et la loi morale.

Mon fils, écoute-moi ; apprends à régler ton Eccli. xvi, 24-25.
esprit, et rends ton cœur attentif à mes paroles.. ;
car c'est dans la vérité que je t'apprends la science
de Dieu.

Dieu a créé l'homme de la terre, et il l'a formé à xvii, 1-12
son image. Il lui a marqué le temps et le nombre
de ses jours, il lui a donné l'empire de tout ce qui
est sur la terre. Il a mis sa crainte en toute chair,
établissant sa domination sur les bêtes et sur les
oiseaux.

Il a créé de sa substance un aide semblable à lui ; et il leur a donné le discernement, une langue, des yeux, des oreilles, un esprit pour penser ; et il les a remplis de lumière et d'intelligence.

Il a créé en eux la science de l'esprit, il a mis

dans leur cœur la conscience, et il leur a montré les biens et les maux.

Il a posé son œil sur leur cœur, pour leur faire voir les grandeurs de ses œuvres, afin qu'ils célébrassent la sainteté de son nom et qu'ils publiassent la magnificence de ses ouvrages.

Il leur a prescrit encore l'ordre de leur conduite, et il les a faits héritiers de la loi de vie. Il a établi avec eux une alliance éternelle.

Et ils ont vu de leurs yeux les merveilles de sa gloire, et il leur a dit : « Gardez-vous de tout ce qui est inique. »

Et il a ordonné à chacun d'eux de veiller sur son prochain.

XV, 14-18. Dieu, dès le commencement, a créé (ainsi) l'homme, et il l'a laissé dans la main de son propre conseil. Il lui a donné ses commandements et ses préceptes, lui disant : « Si tu veux les garder et ne jamais trahir la foi jurée, mes commandements te conserveront à jamais. Devant toi, sont l'eau et le feu ; étends la main vers ce que tu voudras. Devant l'homme, sont la vie et la mort, le bien et le mal ; ce qu'il aura choisi lui sera donné. »

XL, 1-10. (Aujourd'hui) un grand travail est imposé à tous les hommes, et un joug pesant est sur les fils d'Adam, depuis le jour où ils sortent du sein de leur mère jusqu'à celui de leur sépulture. Les imaginations de leur esprit, les tourments de leur cœur, les réflexions qui les tiennent en suspens, et le jour qui doit tout finir, depuis celui qui est assis sur un trône de gloire jusqu'à celui qui est couché sur la terre et dans la cendre, depuis celui qui est vêtu de pourpre et qui porte la couronne jusqu'à celui qui n'est couvert que d'une toile écrue, la fureur, la jalousie, l'inquiétude, l'agitation, la crainte de la mort, les emportements de la colère et l'esprit de contention, troublent leurs pensées sur leur couche même et pendant le sommeil de la nuit.

L'homme se repose peu, presque point... Il est troublé par les visions de son cœur, comme un homme qui se sauve dans une bataille ; il se lève, il est en sûreté, et il s'étonne de sa vaine terreur.

Toute chair est sujette à ce mal, et les pécheurs sept fois plus encore.

C'est peu : la mort, le sang, les haines insatiables, le glaive, les oppressions, les famines, les ruines publiques et tous les fléaux ont surgi pour le châtiment des méchants, et le cataclysme du déluge a eu lieu à cause d'eux.

Dieu de mes pères, qui avez fait toutes choses Sag. IX, 1-4.

par votre parole, et dont la sagesse a formé l'homme afin qu'il eût la domination sur les créatures et qu'il disposât le globe terrestre dans l'ordre et la justice ; donnez-moi cette sagesse qui est assise près de vous....

IX, 10. Envoyez-la du haut du ciel, séjour de la sainteté, pour qu'elle soit avec moi et qu'avec moi elle agisse....

X, 1-5. C'est elle qui conserva le premier homme, créé par Dieu pour être le père du genre humain ; c'est elle aussi qui le tira de son péché et lui donna la force de gouverner toutes choses. Dès qu'un injuste, dans sa colère, se sépara d'elle, il périt par la colère qui le porta au meurtre de son frère. Quand à cause de lui le déluge inonda la terre, c'est elle qui sauva de nouveau le monde, en dirigeant le juste au milieu des eaux sur un bois fragile. C'est elle encore qui, lorsque les nations conspirèrent ensemble pour se livrer au mal, discerna le juste, le rendit irrépréhensible devant Dieu, et le conserva fort contre sa tendresse pour son fils...

Eccli. XVI, 8-13. Les hommes puissants des anciens jours n'ont point imploré le pardon de leurs péchés, et ils ont été exterminés à cause de la confiance qu'ils avaient en leurs forces. Dieu n'a pas épargné le lieu où Loth demeurait comme étranger, il en a eu les habitants en exécration à cause de leur insolence, il n'a point eu de pitié pour eux, et il a perdu toute cette nation qui s'élevait dans l'orgueil de ses vices... Car la miséricorde et la colère sont avec lui; ses châtiments égalent la puissance de pardon que possède la prière. Il juge l'homme selon ses œuvres.

Devant son peuple, il donna ses préceptes à Moïse, il édicta la loi de vie et de science. XLV, 6.

« I. Je suis le Seigneur votre Dieu, qui vous ai tirés de la terre d'Egypte, de la maison de servitude. Exod. XX, 2-17.

Vous n'aurez point d'autres dieux devant moi. Vous ne ferez point d'images taillées, ni aucune autre figure, pour les adorer et les servir.

II. Vous ne prendrez point le nom du Seigneur votre Dieu en vain, car le Seigneur ne jugera pas innocent celui qui prononcera en vain son nom.

III. Souvenez-vous de sanctifier le jour du sabbat.

Vous travaillerez pendant six jours, et vous ferez toutes vos affaires; mais le septième est consacré au Seigneur votre Dieu. Vous ne ferez en ce jour aucune œuvre ni vous, ni votre fils, ni votre fille, ni votre serviteur, ni votre servante, ni vos bestiaux, ni même l'étranger qui est chez vous; car le Seigneur a fait en six jours le ciel, la terre, la mer et tout ce qu'ils contiennent, et il s'est reposé le septième jour. C'est pourquoi le Seigneur a béni ce jour et l'a sanctifié.

IV. Honorez votre père et votre mère, afin que vous viviez longtemps sur la terre.

V. Vous ne tuerez point.

VI. Vous ne commettrez point de fornication.

VII. Vous ne déroberez point.

VIII. Vous ne porterez point de faux témoignage contre votre prochain.

IX. Vous ne convoiterez point la maison de votre prochain, ni sa femme, ni son serviteur, ni sa servante, ni son bœuf, ni son âne, ni rien de ce qui est à lui. »

Eccli. IX, 23. Mon fils, mets ta gloire à craindre le Seigneur, et
que tous tes entretiens aient pour objet les com-
XVI, 16-17. mandements du Très-Haut. Ne dis point : « *Dieu
ne me verra pas, et qui se souviendra de moi
du haut du ciel? Je ne serai point reconnu au
milieu d'un si grand peuple; car qu'est mon
âme dans l'immensité des créatures?* »

XXIII, 25-28. L'homme qui viole la foi du lit conjugal méprise
son âme et dit : « *Qui me voit? Les ténèbres
m'environnent, les murailles me couvrent, et
personne ne regarde autour de moi; qui crain-
drai-je? Le Très-Haut ne se souviendra pas de
mes fautes.* »

Et cet homme ne comprend pas que l'œil du Très-Haut voit toutes choses, et que cette crainte de l'homme et les yeux qui ne craignent que l'homme bannissent la crainte de Dieu. Et il n'a pas su que les yeux du Seigneur sont plus lumineux que le soleil, explorant du regard toutes les voies des hommes, et les profondeurs des abîmes, et l'intime des cœurs, et les lieux les plus cachés.

Mon fils, ne t'appuie pas sur des richesses ini- v, 1-7
ques, et ne dis pas : « *J'ai tout ce qu'il me faut pour vivre ;* » car cela te sera inutile au jour de la vengeance et de l'obscurcissement.

Ne suis pas dans ta force les mauvais désirs de ton cœur, et ne dis pas : « *Que je suis puissant ! Qui me forcera à rendre compte de mes actions ?* » car le Dieu vengeur te punira.

Ne dis pas : « *J'ai péché, et que m'est-il arrivé de fâcheux ?* » car le Très-Haut, quoique patient, rend à chacun selon son mérite.

Ne sois pas sans crainte sur le péché pardonné, et n'ajoute pas péché sur péché, et ne dis pas : « *La miséricorde du Seigneur est grande, il aura pitié de la multitude de mes fautes ;* » car sa colère est aussi prompte que sa miséricorde, et elle regarde attentivement les pécheurs.

Les impies ont dit, pensant faussement en eux- Sag. II, 1

mêmes : « Le temps de notre vie est court et plein d'ennui, il n'est plus de jouissance après la mort, et il n'est personne qu'on sache être revenu des enfers. Nous sommes nés de rien, et, après, nous serons comme si nous n'avions jamais été. Le souffle de notre bouche est une fumée; notre parole une étincelle qui agite notre cœur : cette étincelle éteinte, notre corps sera cendre, notre esprit se dissipera comme un air subtil. Notre vie passera comme la trace d'un nuage, elle s'évanouira comme un brouillard chassé par les rayons du soleil et qui tombe appesanti par sa chaleur. Notre nom s'oubliera avec le temps, et personne ne se souviendra de nos œuvres.

« Notre passage sur la terre n'est que celui d'une ombre; après notre fin, point de retour, le sceau est posé, nul ne revient.

« Venez donc, jouissons des biens présents; hâtons-nous d'user des créatures, pendant que nous sommes jeunes. Enivrons-nous de vins exquis, couvrons-nous de parfums et ne laissons pas tomber la fleur du printemps; couronnons-nous de roses, avant qu'elles se flétrissent...

« Foulons aux pieds le juste pauvre, n'épargnons point la veuve, n'ayons aucun respect pour les cheveux blancs du vieillard. Que notre force soit la loi de justice, car ce qui est faible n'est bon à rien. Dressons des piéges au juste, parce qu'il nous est inutile, qu'il est contraire à notre manière de vivre, qu'il nous reproche les violations de la loi et qu'il nous déshonore, en décriant les fautes de notre conduite.... »

Les impies ont eu ces pensées, et ils se sont égarés, leur propre malice les a aveuglés; ils n'ont pas su les secrets de Dieu, ils n'ont pas cru à la récompense de la justice, et ils ont ignoré quel est l'honneur des âmes saintes. Car Dieu a créé l'homme immortel, il l'a fait pour être une image qui lui ressemblât; mais la mort est entrée dans le monde par l'envie de Satan, et ceux qui se rangent de son parti deviennent ses imitateurs.

CHAPITRE IV

L'observation de la loi de Dieu a toujours constitué les grandes races.

Mon fils, louons ces hommes pleins de gloire, Eccli. x 1-14.
qui sont nos pères et dont nous sommes la race. Le Seigneur, dès le commencement du monde, a signalé en eux sa gloire et sa toute-puissance.

Ils ont dominé dans leur état, ils ont été grands en vertus et ornés de prudence... Ils ont commandé au peuple de leur temps, et les nations ont reçu de la solidité de leur sagesse des paroles toutes saintes...

Ils ont été riches en vertus, ils ont fait de la véritable beauté l'objet de leurs méditations, et ils ont gouverné leurs maisons dans la paix.

Ils se sont tous acquis un renom glorieux au milieu des générations de leur race, et on les loue encore aujourd'hui de ce qu'ils ont fait pendant leur vie.

Ceux qui sont nés d'eux ont laissé un nom qui raconte leurs louanges.

Et il en est d'autres dont la mémoire n'est plus : ils ont péri comme s'ils n'avaient jamais été ; ils sont nés, eux et leurs enfants avec eux, comme s'ils n'étaient jamais nés.

Mais les hommes dont j'ai parlé ont été des hommes de miséricorde ; leur piété n'a jamais défailli. Les biens qu'ils ont laissés à leur postérité lui demeurent toujours ; les enfants de leurs enfants sont un peuple saint ; leur race se conserve dans l'alliance de Dieu, et leurs fils à cause d'eux demeurent éternellement.

Leur race, non plus que leur gloire, ne finira jamais.

Leurs corps ont été ensevelis en paix, et leur nom vit de génération en génération.

xi, 1-7. Heureux l'homme qui craint Dieu, et qui fait de ses commandements ses plus chères délices ! Sa race sera puissante sur la terre ; la postérité des justes sera comblée de biens.

La gloire et les richesses abonderont dans sa maison, les fruits de sa justice subsisteront à jamais.

Du sein des ténèbres, il s'est levé sur les cœurs droits une lumière : c'est le Dieu clément, miséricordieux et juste.

Heureux l'homme compatissant qui prête aux misérables, et qui règle sa conduite sur ses devoirs ! Jamais il ne sera ébranlé ; la mémoire du juste est éternelle...

Heureux mille fois le mortel..., qui brûle d'a- I, 1-6.
mour pour la loi de Dieu et qui médite jour et nuit cette loi ! Il sera tel qu'un arbre planté près d'un courant d'eaux vives, qui donne du fruit dans la saison et ne se dépouille pas de son feuillage. Toutes ses entreprises auront un heureux succès.

Il n'en est pas ainsi des impies ; ils sont comme la poussière que le souffle du vent emporte.

L'Éternel considère avec amour la voie des justes ; mais la voie des méchants ira se perdre
dans l'abîme. La race de ceux qui craignent Dieu Eccli. x,
sera en honneur ; mais la race de ceux qui violent ses commandements sera déshonorée.

CHAPITRE V

La loi de Dieu fait de la famille l'école du respect et de l'autorité paternelle la pierre angulaire des sociétés.

Enfants, écoutez le jugement de votre père, et observez-le, de telle sorte que vous soyez sauvés ; car Dieu a honoré le père dans ses fils, et il a affermi sur eux l'autorité de la mère. Eccli. III 18.

Celui qui honore sa mère est comme un homme qui a amassé un trésor. Celui qui honore son père aura de la joie dans ses propres enfants, il sera exaucé au jour de sa prière, et il vivra d'une longue vie.

Celui qui craint le Seigneur honore son père et sa mère, il servira comme ses maîtres ceux qui lui ont donné la vie.

Honorez votre père en vos œuvres, en vos paroles et en toute patience, afin qu'il vous bénisse et que sa bénédiction demeure sur vous jusqu'au dernier jour.

La bénédiction du père affermit la maison des enfants, et la malédiction de la mère la renverse jusqu'aux fondements.

Ne vous glorifiez point de ce qui déshonore votre père, car sa honte n'est pas votre gloire.

Mon fils, soutiens la vieillesse de ton père et ne le contriste pas. Et, si son esprit s'affaiblit, supporte-le, et ne le méprise pas dans ta force ; car la charité dont tu auras usé envers ton père ne sera pas mise en oubli.

Dieu te récompensera pour avoir supporté les défauts de ta mère, et il t'établira dans la justice, et il se souviendra de toi au jour de la tribulation, et tes péchés se fondront comme la glace en un jour serein.

Combien est vil celui qui abandonne son père ! et combien est maudit celui qui provoque le courroux de sa mère !

Prov. XIX, 26. Le fils qui afflige son père et chasse sa mère est misérable et infâme. Celui qui soustrait quelque
XXVIII, 24. chose à son père et à sa mère, et qui dit que ce n'est pas un péché, a part au crime de l'homicide.

Eccli. VII, 29-30. Mon fils, honore ton père de tout ton cœur, n'oublie pas les douleurs de ta mère ; souviens-toi que sans eux tu ne serais pas né, et rends-leur ce qu'ils ont fait pour toi.

Le père d'un homme juste tressaille d'allégresse; Prov. XXIII, 24-25.
celui qui a donné la vie à un sage trouvera sa joie
en lui. Que ton père et ta mère soient dans cette
allégresse, et que celle qui t'a mis au monde tressaille de joie!

CHAPITRE VI

La loi de Dieu met en honneur la vieillesse et assure le respect de la tradition.

Mon fils, tiens-toi attentif dans la société des Eccli. vi,
vieillards prudents, et unis-toi de cœur à leur sagesse, afin que tu puisses écouter tout ce qu'ils te diront de Dieu.

Ne méprise pas un homme dans sa vieillesse, viii, 7-1
car ceux qui vieillissent ont été comme nous. Ne te moque pas des discours des hommes âgés qui sont sages ; mais nourris-toi de leurs maximes, car tu apprendras d'eux la sagesse et la notion du vrai.

Ne néglige point les récits des vieillards. Ce qu'ils disent, ils l'ont appris de leurs pères; et ils te donneront l'intelligence, et tu sauras ce qu'il faut répondre, quand il en sera temps.

Comment trouveras-tu dans ta vieillesse ce que xxv, 5-
tu n'auras pas amassé dans ta jeunesse ?

Que le jugement convient bien aux cheveux

blancs! et comme le conseil sied bien aux vieillards!

Une expérience consommée est la couronne des vieillards, et la crainte de Dieu est leur gloire.

rov. xvi, 31. La vieillesse est une couronne d'honneur qui se trouve dans les voies de la justice; elle est véné-
ag. iv, 8-9. rable, non par sa longueur, ni par le nombre des années: c'est la prudence qui est la vieillesse de l'homme, et la vie sans tache est une longue vie.

roy. xxii, 28. Mon fils, n'outrepasse point les bornes que tes pères ont établies.

rém. vi, 16. Voici les paroles du Seigneur: « Tenez-vous sur les grands chemins, et informez-vous des voies anciennes et quelle est la bonne; marchez-y, et vous trouverez le rafraîchissement de vos âmes. »

CHAPITRE VII

Le père est le représentant de Dieu pour corriger dans la jeunesse le mal du vice originel.

Instruis ton fils, et il te donnera la paix, et il sera Prov. xxix,
les délices de ton âme. C'est un proverbe : Le 17.
jeune homme suit sa première voie, et dans sa xxii, 6.
vieillesse il ne la quittera point.

Ne le rends pas maître de lui-même dans sa jeu- Eccli. xxx,
nesse, ne néglige pas ses pensées. Courbe sa tête 11-13.
dès son bas-âge, et châtie-le, lorsqu'il est enfant, de peur qu'il ne s'endurcisse, qu'il ne croie plus en toi et que ton âme ne soit percée de douleur. Instruis ton fils, travaille à le former, de peur qu'il ne te déshonore par sa vie honteuse.

Un cheval indompté devient intraitable ; l'en- xxx, 8.
fant abandonné à sa volonté s'échappera, emporté par ses passions.

Corrige ton fils, et n'en désespère pas, et ne Prov. xix, 18.
prends pas une résolution qui aille à sa mort.

xxii, 15. La folie est liée au cœur de l'enfant, la verge de
la discipline est faite pour l'en chasser. Celui qui
xiii, 24. épargne la verge hait son fils, mais celui qui aime
son fils s'applique à le corriger.

Eccli. xxx, 1-6. Le père qui aime son fils le châtie souvent ; il aura plus tard sa reconnaissance, et il ne le verra pas mendier à la porte d'autrui. Il l'instruira, et il sera loué à cause de lui, et il se glorifiera en lui parmi ses proches. Ainsi un père meurt, et il ne semble pas mort ; car il a pour héritier un autre lui-même, il a laissé un défenseur à sa maison.

xvi, 1-4. Ne te réjouis pas d'avoir beaucoup d'enfants, s'ils sont vicieux ; ne te complais pas en eux, s'ils n'ont pas la crainte de Dieu. Ne te confie pas en leur vie, et ne compte pas sur leurs travaux.

Un seul enfant qui craint Dieu vaut mieux que mille enfants impies. On peut se consoler de mourir sans enfants, mais on ne se console pas de laisser après soi des enfants pervers.

CHAPITRE VIII

Les deux grandes sources du mal.

I. — L'orgueil de l'esprit.

Rien de plus détestable devant Dieu et devant les hommes que l'orgueil... Le commencement de l'orgueil de l'homme est de se séparer de Dieu, parce que son cœur se retire de celui qui l'a créé. Eccli. x, 14-18.

Le commencement de tout péché est l'orgueil : celui qui se livre à lui sera chargé de malédictions, et il y trouvera enfin sa ruine.

C'est pour cela que le Seigneur a couvert d'opprobre les assemblées des méchants et qu'il les a détruites. Dieu a renversé les trônes des princes superbes, et il a fait asseoir à leur place ceux qui étaient humbles ; il a fait sécher les nations orgueilleuses jusqu'à la racine.

Là où est l'orgueil, l'insulte suit de près ; là Prov. xi, 2

où est l'humilité, là est la sagesse. Tel trouve sa
Eccli. xx, 11. perte dans sa gloire même, et tel s'élève dans son
humiliation. La sagesse du dernier des hommes le
xi, 1. relèvera et le fera siéger au milieu des grands.
Prov. xxi, 4. L'orgueil du cœur rend les yeux altiers. As-tu
xxvi, 12. vu un homme qui s'estime sage? Il faut plus espérer d'un fou que de lui. Ne sois donc point sage
iii, 7. à tes propres yeux; crains Dieu et éloigne-toi
du mal.

xxvii, 1-2. Ne te glorifie pas pour le lendemain, mon fils;
car tu ne sais ce qu'amènera le jour à venir. Qu'un
autre te loue, et non ta bouche, un étranger, et
non tes lèvres. Plus tu es grand, plus tu dois t'hu-
Eccli. iii, 20-21. milier en toutes choses, et tu trouveras grâce devant Dieu. Lui seul est tout-puissant, et c'est par
les humbles qu'il est honoré.

xi, 2-4. Ne loue pas un homme sur sa figure, et ne le
méprise pas non plus s'il paraît peu de chose.
Petite est l'abeille entre tout ce qui vole, et son
fruit l'emporte sur les fruits les plus doux. Ne te
glorifie pas de ton vêtement, et ne t'exalte pas toi-
même, le jour où tu recevras des honneurs...

xi, 10-16. Mon fils, n'entreprends pas trop d'affaires... Un
homme travaille, et se hâte, et gémit; mais il est
impie, et, plus il travaille, moins il s'enrichit. —
Un autre homme est sans force, sans appui et dans

la détresse ; et l'œil de Dieu l'a regardé favorablement, et il l'a retiré de son humiliation, et il a élevé sa tête ; et beaucoup, voyant cela, saisis d'étonnement, en ont rendu gloire au Seigneur.

Les biens et les maux, la vie et la mort, la pauvreté et les richesses viennent de Dieu. La sagesse, le règlement de la vie et la science de la loi sont avec Dieu ; l'amour et la voie du bien sont en lui. L'erreur et les ténèbres sont créées par les pécheurs, et ceux qui se glorifient dans le mal vieillissent dans le mal.

Il y a une voie qui paraît droite à l'homme, mais Prov. XVI, 25.
dont la fin mène à la mort. Pourquoi la terre et la cendre s'élèvent-elles d'orgueil ?... Quand l'homme sera mort, son corps aura pour héritage les bêtes, Eccli. X, 9, 13.
les serpents et les vers.

II. — La corruption des sens.

Mon fils, rends-toi attentif à la sagesse que je Prov. V, 1-23.
t'enseigne et prête l'oreille à ma prudence, afin que tu veilles sur tes pensées et que tes lèvres conservent une exacte discipline.

Ne te laisse point aller aux artifices de la femme ; car les lèvres de la femme de mauvaise vie s'offrent comme le rayon d'où coule le miel, ses paroles semblent onctueuses comme l'huile; mais, à la fin, elle est amère comme l'absinthe, et elle blesse comme l'épée à deux tranchants. Ses pieds descendent dans la mort, ses pas s'enfoncent jusqu'aux enfers, ils ne marchent pas dans les sentiers de la vie.

Maintenant donc, ô mon fils, écoute-moi : Fuis loin d'elle, et ne t'approche point des portes de sa maison, de peur que tu ne livres à des étrangers ton honneur et que le fruit de ton travail ne passe en la maison d'un autre, de peur que tu ne te désoles à la fin, lorsque tu auras épuisé la vigueur de ton corps, disant : « Comment ai-je pris en haine la sagesse? Pourquoi ne me suis-je pas rendu aux remontrances? Que n'ai-je écouté ceux qui m'instruisaient et prêté l'oreille à mes maîtres! En un instant, j'ai été plongé dans un abîme de maux. »

Bois de l'eau de ta citerne et de l'eau vive de ton puits.

Que ta source soit bénie, et vis dans la joie avec la femme de ta jeunesse. Qu'elle te soit comme une biche très-chère, comme un faon très-agréable; que son amour t'enivre en tout temps, et que sa tendresse soit toujours ton bonheur.

Mon fils, pourquoi te laisser séduire par une étrangère ? Pourquoi te reposer dans le sein d'une autre ? Le Seigneur regarde attentivement les voies de l'homme, et il considère toutes ses démarches. Le méchant se trouve pris dans son iniquité, et il est lié par les chaînes de ses péchés. Il périra, parce qu'il n'a pas suivi la sagesse ; il se perdra dans les excès de sa folie.

Mon fils, abstiens-toi de regarder la femme vo- Eccli. IX,
lage, de peur que tu ne tombes dans ses filets. Ne sois pas assidu près d'une danseuse, ne l'écoute point, de peur de périr par ses artifices... Ne donne en aucune manière ton âme à des courtisanes, de peur que tu ne te perdes toi et ton héritage.

Conserve, mon fils, les préceptes de ton père et Prov. VI,
ne rejette pas la loi de ta mère. Tiens-les sans cesse 28.
liés à ton cœur, et attache-les à ton cou. Qu'ils t'accompagnent, lorsque tu vas et viens, qu'ils te gardent pendant ton sommeil, et entretiens-toi avec eux à ton réveil ; car un commandement est un flambeau, la loi une lumière, et une remontrance pour empêcher le mal la voie de la vie. Qu'ils te préservent d'une femme corrompue et de la langue flatteuse de l'étrangère. Que ton cœur ne s'enflamme pas pour sa beauté, et ne sois point pris par les signes de ses yeux ; car elle te laissera

à peine une bouchée de pain, et elle dévorera en toi tout le prix de l'âme humaine.

Un homme peut-il cacher du feu dans son sein, sans voir ses vêtements s'embraser? Peut-il marcher sur des charbons ardents, sans se brûler la plante des pieds?

cli. xix, 4. Celui qui est trop crédule est léger de cœur, et
ix, 9. il en subira la peine. A cause de la beauté d'une femme, beaucoup ont péri.

rov. xxiii, 19-35. Ecoute, mon fils, et sois sage... Ne te trouve point parmi ceux qui s'enivrent de vin et qui se gorgent de viandes dans des festins; car ceux-là vont à la ruine... Entends la parole de ton père qui t'a donné la vie, ne méprise pas ta mère dans sa vieillesse... Donne-moi ton cœur, mon fils, et que tes yeux gardent mes voies. Car c'est une fosse profonde qu'une prostituée...; elle dresse des embûches sur le chemin comme un voleur, elle donne la mort à ceux qui ne sont pas sur leurs gardes. Pour qui le malheur? Au père de qui dira-t-on: Malheur! Pour qui les querelles, et les rixes, et les blessures sans motif? A qui la rougeur et l'obscurcissement des yeux? sinon à ceux qui passent le temps à boire du vin et mettent leur étude à vider des coupes pleines. Ne regarde pas le vin, lorsqu'il jaunit et que sa couleur brille dans le verre. Il entre doucement; mais, à la fin, il mord comme une couleuvre, et il répand son venin comme un basilic. Tes yeux regarderont les femmes étrangères, et de ton cœur sortiront des paroles perverses. Et tu seras comme un homme endormi au milieu de la mer, comme un pilote assoupi qui a perdu le gouvernail; et tu diras : « Ils m'ont frappé, mais je n'en ai pas souffert; ils m'ont traîné, et moi je ne l'ai pas senti; quand me réveillerai-je et quand trouverai-je encore du vin? »

Ne sois pas avide dans tes repas, ne te jette Eccli. xxxvi
point sur tous les mets : leur trop grand nombre 32-34.
donne des maladies, et la gloutonnerie va jusqu'à provoquer le vomissement. L'intempérance en a tué beaucoup; seul l'homme sobre prolonge sa vie.
Le juste mange et nourrit son âme, le ventre des Prov. xiii, 25
méchants est insatiable.

Le fils qui aime la sagesse est la joie de son père, xxix, 3.
mais celui qui nourrit des prostituées perdra son bien.

Celui qui se livre aux courtisanes sera dans la Eccli. xix. 3
honte; la pourriture et les vers hériteront de lui. Il sera montré comme un grand exemple, et son âme sera retranchée du livre de vie.

Aie ta pensée dans les préceptes du Très-Haut, vi, 37.
médite sans cesse ses commandements, et lui-même

formera ton cœur, et tu aimeras par-dessus tout la sagesse. Comme je savais que je ne pouvais
g. VIII, 21. avoir la chasteté que par un don de Dieu, je la lui demandai avec toute l'ardeur de mon âme.

CHAPITRE IX

Le travail est après la religion la meilleure école de la vertu; lors même qu'il est peu fructueux, il est plus utile que la richesse rapidement acquise : par lui s'élèvent dans tous les rangs les hommes dignes de commander, et se conservent les familles de toute condition.

Ne sois pas prompt à parler et languissant à Eccli, iv
faire. L'abondance est là où l'on travaille avec Prov. xi
énergie, et l'indigence là où l'on parle beaucoup.

Paresseux, va vers la fourmi, vois-là à l'œuvre, vi, 6
et apprends à devenir sage. Elle n'a ni chef, ni
conducteur, ni maître ; et cependant elle prépare sa nourriture en été et rassemble sa provision durant la moisson.

Jusques à quand seras-tu couché, paresseux ? quand sortiras-tu de ton sommeil ? Encore un peu de repos, encore un peu de sommeil ; mollement étendu, tu mets tes mains l'une dans l'autre, pour dormir davantage ; et la pauvreté fondra sur toi

xix, 15. comme un homme armé. L'âme efféminée et qui
est lâche aura faim.

xx, 4. Le paresseux n'a pas voulu labourer à cause du
froid, il mendiera au jour de la moisson, et il ne
ɔcli. xxii, 1-2. lui sera rien donné. Il est semblable à une pierre
couverte de boue, et tous parleront de lui avec
mépris. Il est comme un amas de fumier, tous
ceux qui le toucheront se secoueront les mains.

'ov. xxiv, 30-32. J'ai passé dans le champ du paresseux et dans
la vigne de l'insensé : tout y était plein d'orties,
les épines en avaient recouvert la surface, et la
muraille qui soutenait le sol était tombée. J'ai vu
cela, je l'ai mis dans mon cœur, et cet exemple
m'a enseigné la sagesse.

cles. x, 18. La négligence abat les toits, les mains languis-
santes font entrer la pluie de tout côté dans les
maisons.

ov. xxi, 25. Les désirs tuent le paresseux ; il se refuse à travailler, il ne fait que souhaiter tout le long du
xiii, 4. jour. Il veut et ne veut pas. Seule, l'âme de celui
qui travaille s'engraissera.

vi, 11. Si tu es actif, la moisson viendra comme une
source abondante, et la détresse fuira loin de toi.

oli. x, 26. Ne méprise point un homme juste, quoiqu'il soit
pauvre, et n'exalte pas un homme vicieux, parce
x, 33. qu'il est riche. L'honneur du pauvre est dans le

règlement de sa vie et dans la crainte de Dieu.
L'ouvrier à qui son labeur suffit a une existence XL, 18.
pleine de douceur, et c'est en vivant ainsi que tu
trouveras ton trésor.

Le bien trop vite acquis s'en ira comme il est Prov. XIII, 11
venu ; seul se multiplie celui qui se recueille peu
à peu. Le pauvre qui se suffit à lui-même vaut XII, 9.
mieux que l'homme glorieux qui n'a pas de pain.

La main de ceux qui sont appliqués et attentifs XII, 24.
dominera, la main nonchalante paiera tribut. As-tu
vu un homme prompt au travail ? Il aura accès XXII, 29.
auprès des rois, et il ne demeurera pas dans la
foule du peuple.

La sagesse répand la science et la lumière de la Eccli. I, 24
prudence, et elle élève ceux qui lui sont attachés. Le
sage s'acquerra de l'honneur au milieu du peuple, XXXVII, 29.
son nom vivra éternellement. Il y a un trésor précieux et de l'huile au foyer du juste ; l'homme im- Prov. XXI, 20
prudent dissipera tout. Il y a une grande force
dans la maison de l'homme vertueux ; il n'y a que XV, 6.
trouble dans les fruits du méchant. Ce sont les âmes
patientes qui auront l'héritage sur la terre ; elles Ps. XXXVI, 11
goûteront les délices d'une paix entière et parfaite.

Les grands, les juges et les puissants sont en Eccli. X, 27.
honneur ; mais nul n'est aussi grand que celui qui
craint Dieu.

CHAPITRE X

Les progrès matériels ne suffisent pas à élever le niveau intellectuel et moral de ceux qui travaillent, et même souvent ils les dégradent, sans un progrès correspondant dans l'observation de la loi de Dieu.

Quelle sagesse peut avoir celui qui ne sait que mener une charrue, qui met sa gloire dans l'aiguillon avec lequel il pique ses bœufs, qui ne s'occupe que de leurs travaux et s'entretient uniquement du croît de ses taureaux? Eccli.xx 26 et

Il s'occupe tout entier à tracer des sillons; il emploie toutes ses veilles à engraisser des génisses.

Ainsi l'ouvrier en bois et l'architecte passent à leur travail les jours et les nuits. Ainsi le graveur varie ses ciselures par un labeur assidu, il met tout son cœur à imiter un modèle, et par ses veilles il achève son œuvre.

Ainsi l'ouvrier en fer s'assied près de l'enclume,

il considère le fer qu'il transforme; la vapeur du feu lui dessèche la chair, et il lutte contre la chaleur dévorante du fourneau. La voix du marteau finit par lui faire une oreille différente de celle des autres hommes, son œil est sans cesse fixé sur l'objet qu'il veut représenter. Il applique son cœur à l'achèvement de son ouvrage, et par ses veilles il l'embellit jusqu'à la perfection.

Ainsi le potier, assis près de son argile, tournant sans cesse la roue avec ses pieds, est dans une sollicitude incessante au sujet de son œuvre; il ne fait rien qu'avec mesure et dans le nombre voulu; sa main façonne la pâte molle, rendue flexible par ses pieds. Il applique son cœur à mettre le dernier vernis, et par sa vigilance il a grand soin que son fourneau soit bien net.

Tous ces artisans ont espéré dans leurs mains, chacun dans son art est sage.

Sans eux, nulle ville ne serait bâtie.

Ils ne s'assiéront pas sur les siéges des juges, ils n'auront pas l'intelligence des lois sur lesquelles se forment les jugements, ils n'enseigneront ni la discipline ni les règles de la vie.

Mais ils conservent les œuvres de la civilisation humaine; et leurs prières relèveront leurs travaux manuels, ils y appliqueront leur âme, et chercheront à y vivre selon la loi du Très-Haut.

A l'argent toutes choses obéissent. Tout le travail de l'homme est pour sa bouche, mais son âme ne sera pas remplie. Eccles. x, 1[illegible] vi, 7.

L'homme brise les rochers, renverse les montagnes jusqu'à leurs racines. Il ouvre un passage aux fleuves à travers la pierre, et découvre leurs trésors les plus cachés ; il arrête leur cours, montre leur profondeur à la lumière. Job, xxviii, [illegible] 28.

Mais où trouver la sagesse ? où est le séjour de l'intelligence ? L'homme ignore son prix ; elle n'habite pas la terre des vivants.

L'abîme dit : Elle n'est pas en moi ; et la mer : Je ne la connais pas.

On ne l'achète pas au poids de l'or, on ne l'obtient pas pour l'argent le plus pur...

D'où vient donc la sagesse ? où est le séjour de l'intelligence.. ?

Dieu connaît ses voies, et seul il sait où elle habite, lui qui voit jusqu'aux extrémités de la terre, qui contemple tout ce qui est sous les cieux. Quand il pesait la force des vents et qu'il mesurait les eaux de l'abîme, quand il donnait des lois à la pluie et qu'il marquait leur route à la foudre et aux tempêtes, alors il vit la sagesse, alors il la manifesta. Il la renfermait en lui, et il en sondait les profondeurs, et il dit à l'homme : « *Craindre le Seigneur, voilà la sagesse ; fuir le mal, voilà l'intelligence.* »

CHAPITRE XI

Le but du travail est la vertu, non la richesse; la richesse n'est bienfaisante, pour les familles et les sociétés, que lorsqu'elle s'allie à la culture de plus en plus assidue des éternelles vérités morales; hors de là, elle devient corrompue et corruptrice, et elle prépare sa propre ruine.

Mon fils, honore Dieu de tes richesses, des pré- Prov. III, 9.
mices de ta moisson ; et l'abondance remplira tes
greniers, et tes pressoirs regorgeront de vin.

Heureux le riche qui a été trouvé sans tache, Eccli. XXXI,
qui n'a point couru après l'or, qui n'a pas mis son 8-11.
espérance dans l'argent et dans les trésors ! Il a
été éprouvé par l'or, et il est resté intact. Gloire
éternelle pour lui ! Il a pu transgresser les commandements de Dieu, et il ne les a point trangressés ;
il a pu faire le mal, et il ne l'a point fait. C'est
pourquoi ses biens ont été affermis dans le Seigneur.

L'or et l'argent ont perdu bien des hommes, ils VIII, 3.

se sont rendus maîtres du cœur des rois et l'ont perverti.

XIII, 30. Les richesses sont bonnes à celui dont le cœur est pur, la pauvreté est mauvaise au méchant qui murmure.

XIV, 3-4. Les richesses sont inutiles à l'homme cupide et avare. Il met toute son âme à les amasser injustement, et il ne les rassemble que pour autrui; un autre viendra qui les dissipera en débauches.

Prov. XV, 16; Peu avec la crainte de Dieu vaut mieux que de grands trésors avec le tourment d'une passion in-
XVI, 8. satiable pour les grossir encore; peu avec la justice vaut mieux que de grandes richesses avec l'i-
Eccles. IV, 6. niquité; un peu dans le creux de la main, avec le repos, vaut mieux que les deux mains pleines avec l'affliction d'esprit.

Prov. XXVIII, 6. Mieux vaut le pauvre, marchant dans sa simplicité, que le riche qui s'enfonce dans des chemins tortueux.

Eccles. V, 11. Le sommeil est doux à l'homme qui travaille, qu'il mange bien ou mal; mais la satiété ne laisse pas dormir le riche oisif.

Ps. XXXVI, 1-29. Ne t'irrite point à la vue des méchants heureux, ne porte point envie à ceux qui commettent l'iniquité; car bientôt ils sècheront comme l'herbe, et ils se faneront comme la verdure des champs.

Repose-toi sur Dieu, et tu seras nourri de ses richesses... Demeure en paix devant le Seigneur, sache le prier et l'attendre. Le juste est heureux avec le peu qu'il possède, il l'est plus que le méchant au milieu de ses trésors...

J'ai été jeune, et je suis vieux aujourd'hui; mais je ne vis jamais le juste abandonné, ni ses enfants mendiant leur pain...

Fuis le mal, et pratique le bien, et tu subsisteras dans les siècles des siècles. Car le Seigneur aime la justice, il n'abandonne pas ceux qui l'honorent, et il les conservera à jamais. Les hommes injustes seront châtiés, et la race des impies périra; mais les justes auront la terre en héritage, et leur demeure y sera permanente.

Ne lève pas les yeux sur les richesses que tu ne peux pas avoir. Les uns partagent leurs biens, et ils sont toujours plus riches; les autres ravissent le bien d'autrui, et ils sont toujours plus pauvres. Prov. XXIII, 5. XI, 24.

Mon fils, si tu as la richesse, fais-t-en du bien à toi-même, en présentant à Dieu de dignes offrandes. Souviens-toi de la mort qui ne tarde point, pense à l'arrêt qui doit te frapper; car tout homme est condamné à mourir. Avant la mort, fais du bien à ton ami, et, selon ton pouvoir, donne au pauvre et tends-lui une main secourable. Ne te Eccli. XIV 11-21.

prive pas de ce jour heureux, et ne perds rien des dons de Dieu. N'est-ce pas à d'autres que tu laisseras les fruits de tes sueurs et de tes peines? Donne et reçois, et justifie ton âme. Ne laisse pas venir la mort sans avoir accompli la justice, parce qu'on ne trouve point de quoi se nourrir, lorsqu'on est dans le tombeau.

Toute chair se flétrit comme l'herbe et comme les feuilles qui croissent sur un arbre vert. Les unes naissent et les autres tombent; ainsi, dans cette génération humaine de chair et de sang, les uns finissent et les autres naissent.

Tout ce qui est corruptible sera détruit, et l'ouvrier s'en ira avec son ouvrage. Toute œuvre excellente sera alors reconnue, et celui qui l'a faite sera honoré par elle.

CHAPITRE XII

Le dévouement au prochain et les bons rapports sociaux sont les caractères distinctifs des races chez lesquelles la pratique de la loi de Dieu triomphe chez les riches de la corruption et de l'égoïsme, chez les pauvres de l'esprit d'envie et de haine.

Mon fils, souviens-toi de la crainte de Dieu et ne Eccli. xx
t'irrite pas contre ton prochain. Evite les contra- 8, 10,
dictions, et tu diminueras tes péchés.

Tout animal aime son semblable; ainsi tout xiii, 19.
homme aime l'homme qui est de même nature que lui. Toute chair s'unit à la chair qui lui ressemble, tout homme est destiné à vivre en paix dans la société des autres hommes.

Et cependant, l'homme garde sa colère contre xxviii,
l'homme, et il ose demander à Dieu sa guérison! Il n'a pas pitié de son semblable, et il demande à Dieu pardon pour ses propres péchés!

Lui qui n'est que chair garde sa colère, et il implore la clémence divine ! Qui priera donc pour tous ses manquements à la loi de Dieu ?

Souviens-toi, mon fils, de ton dernier jour, et cesse de haïr.

xviii, 12. L'incendie embrase la forêt d'un feu d'autant
plus violent qu'il y a plus de bois ; de même, la
colère s'allume au cœur de l'homme, selon qu'il a
plus de pouvoir, et il la porte plus haut à proportion
ov. xxii, 16. qu'il a plus de bien. Celui qui opprime le pauvre,
pour accroître ses richesses, sera lui-même victime
d'un homme plus riche et deviendra pauvre. Celui
cli. xxvii, 9. qui creuse la fosse y tombera, celui qui met une
pierre, pour y faire heurter son prochain, s'y heurtera, celui qui tend un piège à un autre y périra.

xiv, 26-27. Celui qui arrache à un homme le pain de son
labeur est comme celui qui tue son prochain. Celui
qui répand le sang et celui qui fraude l'ouvrier
sur son salaire sont frères.

ov. x, 12. La haine excite toutes les dissensions, la charité
xvii, 9. au contraire couvre toutes les fautes. Cacher les
manquements de son prochain, c'est gagner son
cli. x, 6. amitié. Ne te souviens pas des outrages reçus de
ov. xxv, 21-22. lui. Si ton ennemi a faim, donne-lui à manger, et,
s'il a soif, donne-lui à boire : tu amasseras de la
sorte des charbons de feu sur sa tête, et le Seigneur te le rendra.

L'encens et les parfums réjouissent le cœur, et XXVII, 9.
les conseils d'un ami sont les délices de l'âme.
N'abandonne pas ton ami, ni l'ami de ton père; ne Eccli. XXX
l'oublie pas, quelque riche que tu deviennes. 6.

Prête à ton prochain au jour de sa détresse, et XXIX, 2
rends, toi aussi, au temps fixé. Tiens ta parole, suiv.
agis avec lui fidèlement, et tu trouveras toujours
le nécessaire.

Beaucoup regardent ce qu'ils empruntent comme s'ils l'avaient trouvé, et ils affligent ceux qui les ont secourus. Ils baisent la main de celui qui prête jusqu'à ce qu'ils aient reçu, ils multiplient les promesses d'une voix humble et soumise; mais, quand il faut rendre, ils demandent du temps, ils exhalent des plaintes et des murmures, en prétextant que les temps sont mauvais. S'ils peuvent rendre, ils s'en défendent d'abord, puis ils rendent à peine la moitié de tout; sinon, ils privent frauduleusement leur créancier de son argent et s'en font gratuitement un ennemi; ils le paient en injures et en malédictions, rendant des outrages pour le bien et l'honneur qu'ils en ont reçus.

Beaucoup évitent de prêter, non par dureté, mais par crainte de se voir trompés gratuitement.

Cependant, sois plein de patience envers le malheureux, et ne lui laisse pas attendre ton aumône. A cause du commandement de Dieu, assiste le pauvre; ne le renvoie pas les mains vides, parce qu'il est dans l'indigence, sache perdre ton argent pour ton frère ou pour ton ami, place ton trésor dans les préceptes du Très-Haut, et il te sera plus utile que l'or. Renferme ton aumône dans le cœur du pauvre; cette aumône priera Dieu pour toi, elle te préservera de tout mal, elle combattra pour toi contre ton ennemi, mieux que la lance et le bouclier d'un vaillant guerrier.

1 et suiv. Mon fils, ne frustre pas le pauvre de son aumône, et ne détourne pas les yeux de lui.

Ne méprise pas une âme qui a faim, ne l'aigris pas dans sa détresse... Incline sans dégoût ton oreille vers le pauvre, acquitte ta dette, et réponds-lui des paroles de paix avec douceur. Délivre celui qui souffre injure de la main du superbe, fais-le sans amertume. Dans tes jugements, sois miséricordieux pour les orphelins comme un père, et sois comme un mari pour leur mère; et tu seras à l'égard du Très-Haut comme un fils obéissant, et Dieu aura compassion de toi plus qu'une mère.

VII, 37-40. Ne manque pas de consoler ceux qui pleurent, marche avec ceux qui sont dans le deuil, ne sois point paresseux à visiter les malades; car c'est par toutes ces choses que tu t'affermiras dans la charité.

Ta charité te méritera la reconnaissance des vivants : qu'elle s'étende aussi aux morts.

Mon fils, celui qui a pitié du pauvre prête au Sei- Prov. xix,
gneur, et Dieu lui rendra son bienfait. Le riche et
le pauvre se sont rencontrés, et tous deux sont xxii, 2
l'ouvrage de l'Éternel.

CHAPITRE XIII

La femme sage et pudique est un don de Dieu supérieur à tous les trésors ; elle crée les mœurs, elle est la providence du foyer et le chef-d'œuvre de la grâce divine.

Ne considère point la beauté d'une femme, et Eccli. x
ne désire pas une femme pour sa beauté. Tout le 28.
prix de l'or n'est rien auprès de celui d'une âme xxvi,
chaste. Celui qui a trouvé une femme vertueuse a Prov. x
trouvé un grand bien, il a reçu du Seigneur une 22.
source de joie. La femme sage et pudique a une Eccli. x
grâce qui surpasse toutes les grâces. 19.

Une femme de bien est le meilleur partage : *Ibid.*,
c'est la part de ceux qui craignent Dieu, elle sera
donnée à l'homme pour ses bonnes actions. Qu'on
soit riche ou pauvre, elle rendra le cœur content,
et avec elle on aura en tout temps un visage serein.
Une maison, des richesses, nous viennent de la Prov. xi
famille, mais une femme prudente est un don du
Seigneur.

Eccli. xxvi, 24. Des fondements éternels sur un rocher immuable, tels sont les commandements de Dieu dans le
Ibid., 1-2. cœur d'une femme sainte. Heureux le mari d'une telle femme! car le nombre de ses années sera doublé.

La femme forte est la joie de son mari, et elle remplira de paix les années de sa vie.

Prov. xxxi, 10 et suiv. Qui trouvera une femme forte? Les pays reculés n'ont rien de si précieux. En elle repose le cœur de son mari, il n'aura que faire des dépouilles de la guerre. Tous les jours de sa vie, elle lui rendra le bien, jamais le mal.

Elle a cherché le lin et la laine, et elle les travaille de ses habiles mains. Elle est comme le navire du marchand qui porte son pain pour un long voyage. Elle se lève dès la nuit, distribuant aux serviteurs et aux servantes la nourriture de la journée.

Un champ est-il à vendre? elle le visite et l'achète, elle le plante de vignes au prix de ses sueurs.

Elle ceint ses reins de force et endurcit son bras, elle met la main aux fortes choses et manie de ses doigts le fuseau. Elle ouvre la main à l'indigent et tend ses bras au pauvre. Elle ne craint pour sa maison ni le froid ni la neige, ses domestiques ont double vêtement. Elle sait aussi se faire de riches tapisseries, se revêtir de lin et de pourpre...; mais la force d'âme et la beauté, voilà sa parure! Elle sourira à son dernier jour.

C'est la sagesse qui ouvre sa bouche, la clémence qui délie sa langue. Elle surveille tous les sentiers de sa maison, elle ne mange pas son pain oisive.

Ses fils se sont levés et l'ont proclamée bienheureuse, son mari aussi, et il l'a louée.

Bien des filles ont amassé des richesses, mais qui d'entre elles peut t'égaler?

La grâce est trompeuse, la beauté vaine : la femme qui craint Dieu est seule digne d'être louée.

Comme le soleil qui se lève pour le monde au plus haut des cieux, ainsi la femme vertueuse est l'ornement de sa maison. Elle est comme une lampe qui luit sur un chandelier saint. Eccli. XXVI, 21-22.

La femme diligente est la couronne de son mari. Prov. XII, 4.
Sa grâce le rendra heureux et répandra la vigueur dans ses os. Eccli. XXVI, 16.
Celle qui le déshonore est au contraire une carie dans ses os. Prov. XII, 4.

La femme sage édifie la maison, l'insensée la démolit de ses propres mains. XIV, 1.

Les enfants, une ville fondée, assurent la durée d'un nom; mais, au-dessus de ces biens, est une femme sans tache. Eccli. XL, 19.

CHAPITRE XIV

Un nom pur vaut mieux que l'or, la maison paternelle mieux qu'un palais, et la propriété stable du foyer domestique est le bien le plus précieux des petits comme des grands.

Aie soin d'une bonne renommée; ce bien sera Eccli. XLI, 15-
plus durable pour toi que mille trésors, parmi les 16.
plus précieux et les plus grands. La bonne vie n'a qu'un nombre de jours, mais la bonne réputation ne s'efface jamais.

Un nom pur vaut mieux que de grandes ri- Prov. XXII, 1.
chesses.

Une maison s'élève par la sagesse, et elle s'affermit par la prudence. Le juste laissera son héritage aux enfants de ses enfants, les richesses du XIII, 2
méchant seront gardées pour l'homme vertueux.

L'héritage des enfants des pécheurs périra, et Eccli. XLI, 9.
un opprobre éternel demeurera attaché à leur race.

Ils se trompent ceux qui font le mal; la miséri- Prov. XIV, 22.

corde et la vérité préparent tous les biens. La
Eccli. xxix, 20. nourriture du pauvre, sous son toit de chaume,
vaut mieux qu'un festin magnifique, dans une
maison étrangère, lorsqu'on n'a pas de foyer.

Prov. xxvii, 8. Un homme qui abandonne son foyer et son pays
est comme l'oiseau qui quitte son nid.

Eccli. xiv, 22-27. Heureux l'homme qui est fidèle à la sagesse, et
qui, méditant en sa justice, a sans cesse présent
le regard de Dieu tourné sur lui ; qui se repose en
sa maison, et qui, enfonçant un pieu dans ses
murailles, se bâtit une petite demeure où ses biens
se conserveront à jamais dans la paix ! Il établira
ses fils sous son couvert ; il trouvera sous elle un
abri contre la chaleur du jour, et il s'y reposera
dans sa gloire.

Ps. cxxvii, 1-4. Heureux l'homme qui craint le Seigneur et qui
marche dans ses voies ! Tu jouiras du travail de
tes mains, tu vivras heureux et tu prospéreras. Ton
épouse, dans l'intérieur de ta maison, sera comme
une vigne chargée de fruits ; tes enfants autour de
ta table seront comme de jeunes oliviers. Voilà
comme il sera béni, l'homme qui craint le Seigneur.

CHAPITRE XV

Le gouvernement domestique, le ménage et l'épargne, sous l'égide de la loi de Dieu.

Ne fuis pas les travaux pénibles ni les soins de Eccli. VII, 1
l'agriculture créée par le Très-Haut, et ne te mets 21.
au nombre des gens déréglés.

Ne te sépare pas de la femme sensée et vertueuse que tu as reçue dans la crainte du Seigneur ; car la grâce de sa modestie est au-dessus de l'or.

Donne à ton serviteur le pain, l'enseignement et XXXIII, 25.
le travail.

Ne maltraite pas le serviteur qui travaille avec VII, 22-27.
fidélité, ni le mercenaire qui se donne tout à toi. Que le serviteur sage te soit cher comme ton âme ; ne lui refuse pas la liberté qu'il mérite, et ne le laisse pas privé de secours.

As-tu des fils? Instruis-les et plie-les à la soumission dès l'enfance.

As-tu des filles? Conserve la pureté de leur
corps. Marie ta fille : c'est une grande affaire, et
donne-la à un homme sage.

As-tu des troupeaux? Veille sur eux.

Prov. XVIII, 9. Celui qui est mou et lâche au travail est frère
XXVII, 18. du dissipateur. Qui a soin du figuier en mangera
les fruits.

XXVII, 23-27. Connais bien ton bétail, et ne néglige pas ton
troupeau. Sans vigilance, ton capital durera-t-il
toujours? Ainsi, ta couronne d'honneur passera
d'une génération à une autre. Les prés sont ouverts, les herbes vertes ont paru, et l'on a recueilli
le foin des montagnes; les agneaux te couvrent de
leurs toisons, les chevreaux paient le prix de tes
champs, le lait de tes chèvres suffit à toi, au nécessaire de ta maison et à la nourriture de tes serviteurs et servantes.

Eccli. XI 26-27. Ne dis pas : « Je me suffis à moi-même, et quel
mal ai-je à craindre pour l'avenir? » Au jour des
biens ne perds pas le souvenir des maux, et au
jour des maux ne perds pas le souvenir des biens.

Prov. XIII, 7. Tel paraît riche qui n'a rien, et tel paraît pauvre
XIV, 29-30. qui est fort riche. Celui qui est patient se gouverne
avec une grande prudence; la santé du cœur est
la vie du corps.

Eccli. XIX, 1. L'ouvrier adonné au vin ne s'enrichira jamais, et celui qui méprise les petites choses se perdra peu à peu.

Abondants sont les fruits qu'on recueille dans Prov. XIII,
les champs de ses pères ; dans les autres, on ramasse sans jugement.

Ne tombe pas dans la pauvreté en empruntant à Eccli. XVII
usure, car tu deviendrais alors ennemi de ta pro- 33.
pre vie. Celui qui répond pour un autre est près Prov, XI, 1
de sa ruine. Ne réponds pour personne au-delà de Eccli. VIII,
tes forces. Tu as répondu! songe que tu dois restituer. Une caution imprudente a perdu beaucoup XXIX, 24,
de gens qui dirigeaient bien leurs affaires et les a agités comme un flot de la mer.

CHAPITRE XVI

Le père doit garder jusqu'à la fin son autorité à son foyer, avec la libre disposition de ses biens, et, avant de mourir, il doit régler son héritage en faisant son testament.

Ne donne pas pouvoir sur toi durant ta vie à ton Eccli. x
fils, à ta femme, à ton frère ou à ton ami. 20-21.

Ne donne point à un autre tes biens, de peur que tu ne te repentes plus tard et que tu ne sois réduit à lui en demander avec prière.

Tant que tu vis et tu respires, que personne ne te fasse changer sur ce point; car mieux vaut que tes enfants te prient, que de rien attendre de la main de tes enfants.

Conserve la principale autorité dans tout ce qui se fait chez toi, n'imprime pas de tache au glorieux caractère dont tu es revêtu; au jour de la consommation de ta vie, et au temps où tu seras près de sortir de ce monde, règle ton héritage.

XI, 29-30. Dans la fin de l'homme est la révélation de ses œuvres.

Avant sa mort, ne loue aucun homme, car on connaît un homme dans ses enfants.

CHAPITRE XVII

La paix de la conscience, fruit de la santé de l'âme ; la paix publique, fruit de l'union des familles et de la santé morale des nations.

Mon fils, ne détourne pas les yeux de la sagesse ; Prov. III,
tu marcheras sans nulle crainte, tu dormiras et 24.
ton sommeil sera doux. La divine espérance des- XXIII, 1
cendra vers toi à tes derniers moments, et ton
attente ne sera pas trompée.

Dans tes œuvres, rappelle-toi ton dernier jour, Eccli. VII,
et tu ne pécheras jamais.

Celui qui écoute la réprimande possède son Prov. XV,
cœur ; celui qui possède son cœur aime son âme ; XIX, 8.
une passion vaincue est la joie de l'âme. XIII. 1

La joie du cœur est la vie de l'homme et un Eccli. XXX,
trésor inépuisable de sainteté.

L'envie est comme une carie des os. Prov. XIV,

Peu avec la justice vaut mieux que de grands XVI, 8.

XVII, 1. biens avec l'iniquité; un peu de pain sec vaut
mieux, avec la tranquillité et la paix, qu'une maison
pleine de mets délicieux, avec l'esprit de discorde;
XV, 17. quelques légumes valent mieux avec l'affection
qu'un veau gras avec la haine.

XI, 29. Celui qui met le trouble dans sa maison possè-
dera des tempêtes.

Eccli. X, 31. Mon fils, conserve ton âme dans la douceur, et
honore-la selon ce qu'elle vaut. Ne mêle point les
XVIII, 15-17. reproches au bien que tu fais, et ne mets point
dans tes dons des paroles dures et amères. La
rosée ne rafraîchit-elle pas l'ardeur du jour? La
parole douce vaut mieux que le don lui-même;
Prov. XV, 1. une douce réponse brise la colère, elle multiplie
Eccli. VI, 5. les amis et apaise les ennemis.

XIII, 31. Le cœur de l'homme change son visage en bien
comme en mal. Le cœur du sage instruit sa bou-
Prov. XVI, 23-24. che, il met de la grâce sur ses lèvres; une parole
mesurée est un rayon de miel, la douceur de l'âme
XXII, 1. et la santé des os. La bonne grâce est au-dessus
de l'or et de l'argent.

Eccli. IV, 35. Ne sois pas comme un lion dans ta maison,
tourmentant tes serviteurs, opprimant ceux qui te
XXV, 1-2. sont soumis. Mon esprit, dit la Sagesse, se plaît en
trois choses qui sont en honneur devant Dieu et
devant les hommes : l'union des frères, l'amour

des proches, un mari et une femme qui vivent dans un parfait accord.

Il y a six choses que le Seigneur hait, et il a la Prov. vi, 1
septième en abomination : — des yeux altiers, une 19.
langue menteuse, des mains qui versent un sang innocent, un cœur qui médite des pensées mauvaises, des pieds prompts à courir au mal, un faux témoin proférant des mensonges ; — et celui qui sème la discorde entre des frères.

Un frère qui est aidé par son frère est comme xviii, 19.
une cité forte. Oh ! qu'elle est douce, qu'elle est
délicieuse l'union qui règne au sein d'une société Ps. cxxxii,
de frères ! C'est au sein de la concorde que pleu- 1-3.
vent les dons célestes ; c'est là que Dieu donne des jours sans fin.

CHAPITRE XVIII

La loi de Dieu constitue la vie des familles et des sociétés, elle est la condition de tout progrès, et hors d'elle il n'y a qu'invention et péril.

Mon fils, Dieu a créé l'homme droit, et l'homme Eccles. VII
s'est embarrassé dans des questions infinies. Où 30.
il y a beaucoup d'illusions, il y a beaucoup de v, 6.
vanité et des discours sans fin; mais, pour toi,
crains Dieu. — On disserte sans cesse, on répand vi, 11
des flots de paroles, et ce n'est que vanité.
Qu'est-ce qui sera ? ce qui a été. Qu'est-ce qui a i, 9-10.
été fait ? ce qu'on fera. Rien n'est nouveau sous le
soleil, et personne ne peut dire : Cela n'a jamais
été vu ; car cela a existé dans les siècles qui sont
avant nous.
L'insensé ne met point de fin à ses discours. x, 14
L'homme ne sait ce qui a été avant lui ; qui pourra
lui découvrir ce qui viendra après ? Le cœur de

Eccli. xxi, 17, l'insensé est comme un vase rompu, il ne retient aucune sagesse.

Sag. viii, 8. La sagesse sait le passé, et elle peut conjecturer l'avenir.

Prov. xvi, 21. Celui qui est sage dans son cœur sera appelé
xviii, 15. prudent. Le cœur de l'homme prudent possédera la science.

Eccli. iv, 12-14. La sagesse inspire la vie à ses enfants, elle prend en protection ceux qui la cherchent et elle marche devant eux dans la voie de la justice. Celui qui l'aime aime la vie, et ceux qui veillent pour la trouver jouiront de la paix. Dieu versera d'abondantes bénédictions partout où elle entrera.

Sag. viii, 5-8. Si l'on recherche les richesses de cette vie, qu'y a-t-il de plus riche que la sagesse qui fait toutes choses? Si c'est l'esprit humain qui produit, qui plus qu'elle est habile en ses œuvres?

Pour celui qui aime la justice, les grandes vertus sont encore les fruits de ses travaux : c'est elle qui enseigne la sobriété, la prudence, la justice et la force d'âme, choses qui sont tout ce qu'il y a au monde de plus utile à l'homme dans la vie.

Désire-t-on la profondeur de la science? C'est elle qui sait les choses passées et juge des choses futures, qui démêle la subtilité des discours et les sophismes des arguments.

Je l'ai préférée aux royaumes et aux trônes, j'ai jugé que les richesses n'étaient rien en comparaison d'elle. Je l'ai trouvée beaucoup au-dessus des pierres précieuses, parce que l'or n'est auprès d'elle qu'un peu de sable, et que l'argent est comme la boue. Je l'ai plus aimée que la santé et que la beauté... VII, 8-27

Tous les biens me sont venus avec elle, et j'ai reçu de ses mains un immense honneur...

Car, en elle, est un esprit d'intelligence qui est saint, unique, multiple, subtil, disert, agile, sans tache, clair, suave, ami du bien, pénétrant, que rien n'arrête... ; ayant toute stabilité, toute certitude, toute sécurité, voyant tout, contenant tous les esprits.

Elle est l'éclat de la lumière éternelle, le miroir sans tache de la majesté de Dieu et l'image de sa bonté. Et, quoiqu'elle soit une dans son essence, elle peut tout : immuable en soi, elle renouvelle toutes choses, elle se répand parmi les nations dans les âmes saintes, et elle forme les amis de Dieu.

Mon fils, ne cesse d'avoir ces choses devant tes yeux. Garde la loi et le conseil; alors tu marcheras avec assurance dans ta voie, et ton pied ne se heurtera pas. Prov. III, 23.

v. 18-19. La voie du juste est comme une lumière qui
s'avance et qui croît jusqu'au jour parfait. Celle
des méchants est pleine de ténèbres : ils ne savent
où ils se précipitent.

ii, 21. Les hommes droits seuls auront une habitation
stable sur la terre ; seuls les hommes ayant la
simplicité du cœur s'y perpétueront.

i, 20, 3. Le Seigneur a en abomination le cœur dépravé,
il met son affection dans ceux qui marchent droit
avec simplicité. Les justes marchent droit par la
simplicité, les méchants trouvent la ruine dans
leurs tromperies.

iii, 33. La détresse viendra du Seigneur dans la maison
de l'impie ; mais les habitations des justes seront
xii, 7. bénies. Au moindre changement, les méchants
tombent et ne sont plus ; la demeure du juste reste
debout.

xx, 7. Le juste qui marche dans sa simplicité laissera
des enfants heureux après lui.

. iv, 1-5. Combien est belle la race chaste ! Sa mémoire
est immortelle, et elle est en honneur devant Dieu
et devant les hommes. Présente, les hommes l'imi-
tent ; absente, ils la regrettent ; et, couronnée pour
jamais, elle triomphe, après avoir obtenu une
gloire incorruptible.

Mais la race des méchants ne produit rien. Leurs

rejetons bâtards ne jettent pas de profondes racines et n'ont jamais de fondement durable. Et, si leurs rameaux germent avec le temps, plantés qu'ils sont sur un sol mobile, ils seront agités par le vent et déracinés par les tempêtes ; avant d'avoir grandi, ils seront brisés ; leurs fruits seront inutiles, amers au goût et sans valeur.

CHAPITRE XIX

Les sages formés par la pratique de la loi de Dieu sont à tous les degrés, et dans toutes les conditions, les gardiens de la paix au sein des sociétés. Le père dans sa famille, le propriétaire foncier dans son domaine, le patron dans l'atelier, le magistrat dans la cité, le prince dans l'État, sont autant d'autorités sociales établies par Dieu, pour conserver avec les vérités fondamentales les règles consacrées par la coutume et l'expérience. Le bonheur des individus et la prospérité d'un pays se mesurent au pouvoir dont ils sont investis par les mœurs et les institutions.

Mon fils, si tu vois un sage, veille pour aller à Eccli. vi,
lui, et que ton pied use le seuil de sa porte. Celui
qui conduit ses frères doit être parmi eux en hon- x, 24.
neur.

Les paroles sages sortent de la bouche de Prov. xviii
l'homme juste comme une eau profonde. Sa
science est comme une eau qui déborde, et le con- Eccli. xxi,
seil qu'il te donnera subsistera pour toi comme une
source de vie.

xv, 1-6. Celui qui craint Dieu fera le bien... La sagesse
le rendra inébranlable, elle l'élèvera parmi ses
proches, elle lui ouvrira la bouche au milieu de
l'assemblée et le remplira de l'esprit d'intelligence.
Elle lui amassera un trésor de joie et d'allégresse,
et lui donnera pour héritage un nom éternel.

s. xviii, 7. La parole de Dieu est sûre, elle donne l'intelligence aux plus petits. Il y avait une petite ville et
cles. ix, 14-16. peu de monde dedans. Un grand roi est venu
contre elle, il l'a enceinte de tranchées, il a élevé
des fortifications tout autour, et bientôt l'investis-
sement fut complet. Or, il se trouva dedans un
homme sage, mais pauvre, et il délivra la ville
par sa sagesse. Et alors je me dis à moi-même que
la sagesse vaut mieux que la force. Le sage est
vii, 20. plus fort avec la sagesse qu'une ville avec dix
princes.

cli. xxi, 13. La sagesse et le bon sens sont les fruits de la
parfaite crainte de Dieu. Celui qui écoute la sa-
iv, 16-17. gesse jugera les nations, et celui qui est attentif à
la regarder demeurera en assurance. S'il a confiance en elle, il l'aura pour héritage, et sa posté-
xxi, 14. rité la possédera. Il ne saura jamais se conduire,
celui qui n'est pas sage dans le bien. Aussi, verra-
x, 28. t-on des personnes libres assujetties à un serviteur
rov. xvii, 2. sensé, un sage serviteur commander aux enfants

indignes qui font rougir leurs parents, et régler
l'héritage entre les frères.

Employez le sage, et il augmentera sa sagesse. IX, 9.
Comme le fer émoussé s'aiguise avec un grand Eccles. X, 10
travail, ainsi la sagesse suit l'application. Qui n'a
point été éprouvé, que sait-il? L'homme, instruit Eccli. XXXIV
par la pratique de la vie, pensera beaucoup; celui 9-13
qui a beaucoup observé raisonnera bien. Qui n'a
point d'expérience sait peu de chose... J'ai beaucoup vu dans mes voyages et beaucoup appris sur les différentes coutumes. J'ai été quelquefois en danger de mort, et Dieu m'a délivré par sa grâce.

La bouche de l'homme prudent est recherchée XXI, 20.
dans les assemblées, et les hommes repasseront ses
paroles dans leur cœur. C'est lui qui instruit le XXXVII, 26.
peuple, et les fruits de sa prudence sont durables.

Un seul homme de bien fera peupler toute une XVI, 5-6.
contrée, un pays de méchants deviendra désert.
J'en ai vu de mes yeux beaucoup d'exemples, et
j'en ai entendu de mes oreilles de plus grands
encore. Un prince s'élève en honneur, lorsque ses Prov. XIV, 28.
états grandissent en population, et il tombe dans
l'opprobre, lorsqu'ils se dépeuplent.

Un pays est en progrès, lorsque les gens de bien XXVIII, 12.
sont en honneur; il est près de sa ruine, lorsque
le pouvoir est aux mains des mauvais. Quand les

XXIX, 2. justes se multiplient, c'est une ère de félicité
pour le monde ; quand les méchants s'emparent
du gouvernement, le peuple souffre et gémit. Une
XI, 11. ville prospère par la bénédiction des premiers, et
elle est renversée par la bouche des autres.

Sag. VI, 26. La multitude des sages est le salut du monde,
et le prince sage la stabilité du peuple.

Eccli. X, 1-2. Le gouvernement d'un homme sage est stable.
Tel est le juge du peuple, et tels sont ses ministres. Tel est le chef d'une ville, et tels sont aussi
les habitants.

XXXII, 1-2. Ont-ils fait de toi leur chef? Sois parmi eux
comme l'un d'eux, aie soin d'eux, et repose-toi
après avoir pourvu à tout.

Prov. XXIX, 14. Lorsqu'un roi juge les pauvres dans la vérité,
XX, 28. son trône s'affermit à jamais. Ce sont la miséricorde et la vérité qui le conservent.

Sag. VI, 23. Aimez donc la lumière de la sagesse, vous tous
qui commandez aux peuples. Là où il n'y a point
Prov. XI, 14. de chef, le peuple périt. Le salut est dans les
conseils.

CHAPITRE XX

Les révolutions sociales ont toujours commencé par le renversement des deux grands respects, celui de Dieu et celui du père, et, toujours aussi, elles sont nées de l'orgueil produit chez les classes dirigeantes par les abus de la prospérité. Elles doivent et peuvent être conjurées par l'union des gens de bien, donnant l'exemple du retour à la loi de Dieu : car Dieu a fait les nations guérissables.

Il y a une race qui maudit son père et qui ne bénit pas sa mère. Il y a une race qui se croit pure et qui cependant n'a pas été lavée de ses souillures. Il y a une race dont les regards sont altiers et les paupières relevées. Il y a une race dont les dents sont des glaives, qui se sert de ses dents pour dévorer.... Prov. xxx, 11-17.

La sangsue a deux filles (la cupidité et l'envie), qui disent toujours : Apporte, apporte.

L'œil qui insulte son père et qui méprise l'enfantement de sa mère, que les corbeaux des torrents le percent et que les fils de l'aigle le dévorent.

XVIII, 3. Lorsque le méchant est venu au plus profond du mal, il méprise tout.

XI, 18. L'œuvre de celui qui fait le mal est instable.

Ps. LXXII, 2-9. Mes pieds ont presque failli, mes pas ont presque chancelé, lorsque, témoin de la prospérité des méchants, je me suis indigné contre eux... Ils se parent de l'orgueil comme d'un collier, l'iniquité les enveloppe comme un vêtement. Leur criminelle arrogance naît de l'excès de leur embonpoint; ils se livrent sans frein aux désirs de leur cœur. La perversité de leur âme éclate dans leurs discours, ils proclament l'injustice d'un lieu élevé. Leur bouche attaque le ciel, et leur langue se déchaîne contre la terre.

Ps. CXLIII, 12-14. « Nos fils, disent-ils, sont comme de jeunes plantes dans la vigueur de leur jeunesse ; nos filles égalent en beauté les sculptures qui ornent les angles d'un palais. Nos greniers sont pleins et regorgent de provisions, nos brebis multiplient par milliers, leur multitude couvre nos places. Nos bœufs sont gras et forts... »

Ps. LXXII, 10-10. Aussi, les bons se sont écriés : « Le Tout-Puissant voit-il donc les choses d'ici-bas? le Très-Haut en a-t-il connaissance? Voilà des méchants;

et ce sont les heureux du siècle, ils possèdent d'immenses richesses ! C'est donc en vain, ai-je dit en moi-même, que j'ai purifié mon cœur et que j'ai lavé mes mains dans l'innocence, puisque je suis frappé chaque jour... » Mais, en m'obstinant à tenir ce langage, j'insultais à la race de vos enfants. Je me suis agité pour pénétrer ce mystère ; mais je me suis tourmenté sans succès, jusqu'à ce que je sois entré dans le sanctuaire du Tout-Puissant et que j'aie compris la fin des méchants. Car vous les avez placés sur un terrain trompeur et glissant, et du faîte de la grandeur vous les avez poussés dans l'abîme. Oh ! comme ils sont tombés dans la désolation ! ils ont défailli tout d'un coup, ils ont péri dans leur effroi, pour prix de leur iniquité.

La justice élève les nations, mais la violation de Prov. XIV, 3
la loi de Dieu rend les peuples misérables. Le souverain pouvoir est dans la main de Dieu. La puis- Eccli. X, 4,
sance a été transférée d'un peuple à un autre, à cause des injustices, des violences, des outrages et des différentes tromperies.

C'est pourquoi les idoles des nations ne seront Sag. XIV, 1
pas épargnées, parce que les créatures de Dieu lui 26.
sont devenues un objet d'abomination, une tentation pour les âmes et un piège pour les ignorants.

La recherche des idoles a été le commencement

de la fornication, et leur invention la corruption de la vie humaine.

Elles n'étaient pas au commencement, elles ne seront pas pour toujours....

Il n'a pas suffi aux hommes de s'égarer sur la science de Dieu. Livrés à un état universel d'antagonisme par leurs erreurs, ils appellent paix tant et de si grands maux....

Ils ne gardent plus ni l'honnêteté dans la vie, ni la chasteté dans le mariage ; l'un tue l'autre par envie, ou l'outrage par l'adultère. Tout est dans la confusion, le sang, l'homicide, le vol, la fourberie, la corruption, l'infidélité, l'esprit de sédition, le parjure, le trouble des gens de bien, l'oubli de Dieu, l'impureté des âmes, le changement de la naissance, l'inconstance des mariages.

VI, 2-10. Instruisez-vous donc, vous qui jugez la terre. Prêtez l'oreille, vous qui contenez les peuples et qui vous complaisez dans la multitude des nations.

La puissance vous a été donnée par le Seigneur, et la force par le Très-Haut qui interrogera vos œuvres et qui scrutera vos pensées.

Etablis les ministres de son royaume, vous n'avez pas gardé la loi de la justice, et vous n'avez pas marché selon la volonté de Dieu. Il vous apparaîtra formidable et soudain ; car un jugement très-rigoureux est réservé à ceux qui commandent. La miséricorde est accordée aux petits, mais les grands seront puissamment tourmentés.

Dieu n'exceptera personne; il ne respectera la grandeur de personne, parce qu'il a fait les grands et les petits et qu'il a également soin de tous.

A vous s'adressent ces paroles, afin que vous appreniez la sagesse et que vous ne tombiez pas.

Cessez de rechercher la mort dans les égare- I, 12-14.
ments de votre vie, et ne faites plus servir vos travaux à ce qui vous met en perdition ; car Dieu n'a pas fait la mort, il ne se réjouit pas de la perte des vivants. Il a tout créé, pour que toutes choses subsistent, *et il a fait toutes les nations de la terre guérissables.*

(Et toi, mon fils, après avoir reçu ces enseignements de ton père et entendu ces leçons de la Sagesse), ne dis pas : « D'où vient que les premiers Eccles. VII
temps étaient meilleurs que ceux d'aujourd'hui ? » 11.
car cette demande serait celle d'un insensé.

PREMIER APPENDICE

LES LIVRES DE FAMILLE
ET LA TRADITION DOMESTIQUE
EN ORIENT

PREMIER APPENDICE

LES LIVRES DE FAMILLE ET LA TRADITION DOMESTIQUE EN ORIENT

I

Livres domestiques de la famille Ho, de Kein-sé, en Chine [1].

1° *Préface de la plus ancienne édition* (926-930 ap. J.-C.)

« Description de l'origine de la famille et de sa descendance.

1. Nous complétons ici ce que nous avons dit ci-dessus, p. 85, au sujet des *Kia-pou* ou Livres domestiques de la Chine, en insérant deux fragments de celui de la famille Ho de Kein-sé, traduits par le P. Ravary, missionnaire, et publiés dans les *Missions catholiques* (3 mars 1876).

Ces fragments sont deux préfaces mises en tête d'anciens Livres, et transcrites dans une nouvelle édition qui contient l'histoire de la famille depuis l'année 930 jusqu'en 1829. Après celles que nous citons, il y en a encore huit du même genre. La dernière est de 1829-1830.

Les volumes sont au nombre de vingt-huit. Sur la cou-

« Sous Tsom-hien, la troisième année, pendant l'automne, à la neuvième lune, moi Ho-po-so, originaire de Hê-sê, au Kiam-pé, sous-préfecture de Lu-kiam-hien, un certain jour, à Kein-sê, district de Suien-tcheu-hien, je me promenais sur le bord de l'étang appelé Ou-houa. Le vent de l'automne était fort ; les feuilles tombaient des arbres, l'eau était froide,

« Pendant ce temps, je réfléchissais et je disais : « *Moi, parce qu'il y a eu inondation, j'ai quitté Hê-sê, mon pays natal, et je suis venu dans le district de Suien-tcheu-hien, à Kein-sê. Comment la postérité pourra-t-elle savoir que moi, Ho, et ma famille, nous sommes venus en ce pays?* »

« Roulant ces pensées, j'avais de la douleur, et, retournant à la maison, j'ai voulu reposer, mais je n'ai pas dormi la nuit entière.

« Le lendemain matin, je me suis résolu à écrire les actions de nos ancêtres, afin que la postérité la plus reculée puisse en profiter.

« Au temps du printemps et de l'automne, sous la dynastie des Tcheou, on a écrit les Kia-pous, jusqu'à la dynastie des Tsin [1].

verture du premier, se trouve une bande verticale portant le titre suivant :

« *Suien-tcheu-Ho-se-tsom-pou;* » ou Registre des ancêtres de la famille Ho, dans la sous-préfecture de Suien-tse-hien.

1. On a là un des exemples de la haute ancienneté de beaucoup de familles en Chine, et rien ne prouve mieux avec quel soin elles tiennent leur généalogie. Les Tcheou, qui ont formé la troisième dynastie, ont régné pendant près de neuf siècles, de 1122 à 256 avant J.-C. ; les Tsin leur ont succédé.

« Les Chinois et les Tartares se croiraient perdus, s'ils se défaisaient de leurs papiers », écrivaient les anciens missionnaires dans leurs relations qui forment le recueil des *Lettres édifiantes et curieuses.*

« C'est pourquoi, parmi mes illustres ancêtres, Wei-kom, Tsen-kom, pendant qu'ils géraient leurs hautes fonctions, ont rédigé une description qui n'est pas considérable. Pour moi, contraint de quitter mon pays et de venir ici, étant sans force, je pense toutefois à mes ancêtres, et à cette pensée je ne puis m'empêcher de pleurer. En effet, il n'est pas un homme, soit riche, soit pauvre, qui puisse oublier les actions de ses ancêtres.

« Aujourd'hui, je prends le pinceau et j'écris en disant : « La description de notre origine n'ayant pas d'erreurs ni de lacunes, pour cette cause, les hommes qui nous suivront sauront que mes ancêtres, ayant été obligés de changer leur nom pendant la perturbation du royaume, sous le règne de l'empereur Han, Ngan-kam fut obligé de se cacher et de revenir habiter à Lu-kiam, notre terre natale, jusqu'à ce que Wei-kom, sous la dynastie des Tsin[1], ayant rempli la charge de tché-fou, obtint des propriétés à Hé-sê, au pied de la montagne de Ki-lom-sê. Le fils de Wei-kom, nommé So-kom, ayant rempli la charge de wam-fou à Kouam-lin, vint habiter à Chiam-lin-tam. Les fils et les petits-fils, s'étant multipliés, se séparèrent et habitèrent diverses contrées sur le bord de la mer, dans le sud de Ngan-hoei et dans le Sé-tom. Tous sont des descendants de notre famille originaire du Lu-kiam, à Chiam-lin-tam.

« Si je n'écrivais pas cette description, comment la postérité connaîtrait-elle notre origine ? Notre descendance, voyant que les anciens ont fait le bien, aura à cœur de faire de même.

« A Kein-sê, Ho-po-so-ien a écrit ces lignes. »

1. 268-423 ap. J.-C.

2° *Préface d'une nouvelle édition, faite sous l'empereur Tay-tsou ou Kien-long* (de 960 à 970 ap. J.-C.)

« Nouvelle impression de la description de l'origine de la famille Ho.

« Nous sommes originaires de Lu-kiam (sous-préfecture du Kiam-pé), à Hê-sê, Chiam-lin-tam. Sous la dynastie des Heu-tam, sous l'empereur Tay-tsou, seconde année, une deuxième fois, à cause de l'inondation, mon père avec ses trois fils, soit quatre personnes, avec notre oncle paternel nommé Tsien-kom, nous avons émigré à l'est du Yang-tsé-kiang, à Tsê-zê-ho, dans le bourg, à la partie est.

« Après quelque temps, arriva une inondation comme celle d'autrefois, au Kiam-pé. Notre oncle Tsien-kom resta à Tsê-zê-ho. Pour notre père et ses trois fils, soit quatre personnes, nous vînmes habiter au nord de la ville de Zé-tcheou (aujourd'hui Ning-ko-fou), à Kia-sê. Après cela, notre père étant devenu vieux, la famille augmentant, mon frère aîné nommé Tsuen, désireux d'habiter les montagnes, choisit son habitation à Min-hou. Mon frère cadet, nommé Kien, voulant faire le commerce, vint habiter à Sué-tom.

« Moi, étant enfant, je restai auprès de mon père, et je continuai de demeurer à Kein-sê dans notre ancienne habitation.

« O ciel ! quel est l'homme qui ne désire avoir de la postérité et voir réunis dans sa maison un grand nombre de fils et de petits-fils ? Pour cela, prenant tous les moyens d'arriver à cette fin, avant tout il consolide sa race.

« Consolider sa race, est-ce autre chose que pratiquer les bonnes œuvres et la vertu ? Si un arbre est planté dans une terre fertile, ses racines s'enfoncent de plus en plus en terre, son feuillage devient plus abondant. Si c'est le contraire, le matin il montre de la verdure, le soir il se dessèche. Les aruspices confirment ce sentiment, en disant que, si l'on conjure le ciel, alors tout prospère et on peut vivre avec assurance [1]. Certainement, on obtient une heureuse habitation. En l'obtenant, la race est comme une longue chaîne qui ne se brise plus. En examinant notre origine, je trouve que nos ancêtres ont cultivé la vertu et fait des bonnes œuvres pendant de longues années, et qu'ils ont consolidé notre race.

« Maintenant, nous habitons Kein-sê qui est un riche pays. Malgré l'affirmation des aruspices, si nous n'avions pas ce témoignage de nos ancêtres, notre postérité ne pourrait être heureuse.

« Les hommes illustres de notre famille, en faisant la description de notre origine, désiraient que la postérité connût nos ancêtres. Moi aussi je publie cette nouvelle édition; car peut-être notre postérité ne connaîtrait pas la longue série de nos aïeux et leurs vertus éclatantes. De plus, nos neveux ne sauraient pas pourquoi nous avons émigré dans un pays si lointain. C'est pourquoi j'écris cette nouvelle édition de son origine sous le règne de l'empereur Kien-long, la troisième année, la onzième lune, en un jour propice.

« Mé-kié-lam a écrit ces lignes. »

1. Il est presque superflu de noter qu'on trouve en Chine toutes les superstitions païennes au sujet des augures, des devins, du destin, des bons ou mauvais présages.

II

Enseignements de l'empereur Kang-hi à ses enfants [1].

« Le Sage a dit : « *Le respect intérieur, voilà ce qui rend l'homme droit et pur.* » Il est écrit dans le *Li-Ki*, à la première page : « *Ayez soin d'user de respect.* » Dans cette seule maxime, le très-sage auteur de ce livre a su renfermer la substance de la plus profonde doctrine.

« Le sage, dans la pratique de la vertu, n'a point de base plus solide que le respect intérieur, qui, étant comme une pierre fondamentale bien affermie dans son cœur, en écarte les passions et les vices. Si ce respect

1. Nous prions nos lecteurs de se reporter à ce qui a été dit ci-dessus, p. 75-79, au sujet de Kang-hi, et au préambule mis par ce dernier en tête des *Instructions* de son père.

Ce document ne remplit pas moins de 210 pages du t. IX des *Mémoires des Missionnaires de Pékin*. Les extraits qu'on va lire sont empruntés à la partie morale de l'ouvrage, où se trouve exposée la doctrine venue de l'antiquité, notamment celle relative au vice originel et aux devoirs qui incombent sous ce rapport à l'autorité paternelle. Ajoutons que le reste est un mélange d'idées d'un ordre très-inférieur et de superstitions idolâtriques.

se répand au dehors, il en écartera l'indolence et l'ennui ; si toutes vos pensées se rapportent à ce sentiment, toutes vos pensées vous conduiront à la justice. Si à chaque instant on a ce respect devant les yeux, on y aura aussi la droiture. Le sage, en quelque lieu qu'il soit, est toujours rempli de respect, parce qu'il est toujours dans la voie droite. Il est écrit dans le *Chi-king* : « *Celui qui n'aura point à rougir de ses actions ici-bas en sera glorieusement récompensé dans le ciel.* »

« Vous tous qui êtes frères, en quelque lieu que vous soyez, ayez le plus grand soin de purifier intérieurement votre cœur, et votre conduite sera sans reproche. L'homme dont l'intérieur est pur fait éclater au dehors, et dans toutes ses actions, cette pureté précieuse. Si son extérieur ne l'annonce pas, c'est que son cœur déjà servile perd peu à peu sa candeur et sa vertu...

« Dans ma jeunesse, mes vieux maîtres ne me donnèrent jamais de louanges. Tout le monde donnait des applaudissements à mon adresse ; eux seuls m'en refusaient, et je dois à cette sévérité les progrès que j'ai faits... Ne souffrez jamais, mes enfants, qu'on vous trompe par des louanges et en se pliant à vos penchants. Il est de nécessité absolue de vous pénétrer fortement de cette maxime, quelle que soit la vertu que vous vouliez pratiquer, ou quel que soit le talent que vous vouliez acquérir.

« C'est un grand tort que de se parer d'une science qu'on n'a pas. « *Conviens également de ton savoir et de ton ignorance,* » disait Cong-tzé[1]. J'en ai ainsi usé dès ma plus tendre enfance. Toutes les fois que je rencontrais un vieillard, je l'interrogeais sur les

1. Confucius.

choses passées, et je tâchais de les graver dans ma mémoire. Jamais le désir de paraître instruit ne m'a fait manquer l'occasion d'interroger les autres.

« La science pénètre aisément dans un cœur libre... On lit dans le *Chou-king* : « *C'est en apprenant la doctrine des anciens qu'on apprend la vraie façon de se conduire.* » Dans les Livres des Sages, chaque mot, chaque chose, renferme une doctrine sublime. Quand on lit quelque livre, il faut imprimer dans son cœur ce qu'on lit et se l'appliquer à soi-même avec une sérieuse réflexion, disant, par exemple : « Cette maxime doit me servir de règle, cette autre de frein. » On acquiert ainsi peu à peu la facilité de frapper droit au but dans les affaires qui surviennent.

« Quiconque veut accomplir parfaitement la loi qui prescrit le respect dû aux ancêtres, et contenter le cœur de son père et de sa mère, doit savoir d'abord qu'il ne suffit point de leur procurer les secours extérieurs, mais qu'il faut principalement se revêtir d'un cœur pur. C'est en cela que consiste le vrai respect filial...

« La relation de père à fils ayant été, dès l'origine des siècles, réputée la plus intime qui existe entre les hommes, elle est appelée avec vérité « invariable loi du Ciel, » devoir de la terre, instinct naturel pour l'homme même le plus grossier... Les étudiants doivent lire et pratiquer à cet égard les préceptes avec grande attention ; s'ils en gardent soigneusement le souvenir dans leur cœur, ils ne manqueront jamais en rien à leurs devoirs.

« L'étude de la science ne consiste que dans les efforts que l'on fait pour conserver en soi les dons du ciel et bannir les passions de son cœur. Les passions doivent à l'homme leur origine; mais elles n'ont point été créées avec lui. Pour conserver en soi les dons du ciel, il faut épurer son cœur et le pénétrer de sentiments vertueux ; à mesure qu'on redouble d'efforts et qu'on se repaît de ce céleste don, il s'accroît de plus en plus, et l'on parvient à vaincre entièrement ses passions...

« Le ciel est porté à conserver son ouvrage. Le bonheur et la prospérité seront le partage de l'homme qui emploie toutes ses forces à faire le bien...

« Le cœur qui ne se rendra pas esclave des sens sera seul vertueux et tranquille...

« Si les princes élèvent leurs enfants avec sévérité, tout ira bien. Quelquefois, des enfants de *Regulos* ou de comtes, soit parce qu'ils ont perdu leurs pères et leurs mères, soit parce qu'ils se trouvent fils uniques, sont soignés, caressés et nourris délicatement. L'enfant grandit, il devient un homme fait, et alors, s'il n'est pas devenu niais, stupide et d'un esprit obtus, il s'abandonnera à tous les vices. Il y en a beaucoup comme cela. Ce n'est pas aimer ses enfants que de les élever ainsi, c'est vouloir en faire de mauvais sujets [1]. Vous devez graver cela bien fortement dans votre cœur...

« L'homme sage et prudent n'est pas tel à sa naissance, mais il le devient par les soins qu'il met à se perfectionner. Quiconque désire acquérir la vertu doit indispensablement s'appliquer à en contracter l'habitude, s'exercer sans cesse à en pratiquer les actes dans toute leur étendue, et y rapporter universellement ses actions. Pour arriver au plus haut point de perfec-

1. Il dit encore plus loin sur ce sujet : « Ceux d'entre les enfants des grands qui sont devenus sots, imbéciles et dépourvus de sens commun, sont tous devenus tels par la faute de leurs parents, et pour avoir été élevés avec trop de délicatesse. »

tion, il ne faut pas s'arrêter un moment : l'exercice continu aidera ses progrès ; ses lumières augmenteront de plus en plus, et de vertus en vertus ses mérites deviendront infinis...

« Je ne me suis jamais accoutumé à boire du vin ni de l'eau-de-vie, quoique j'aie assez de plaisir à en boire... Le trop grand usage du vin trouble tellement les idées qu'il rend souvent stupide et insensé... Hélas ! aujourd'hui les hommes boivent jusque dans l'ivresse même. C'est bien souvent par cette cause que les enfants et les frères cadets des maisons opulentes ruinent leur famille, dissipent leur patrimoine, et contractent des maladies et des infirmités habituelles. Les pauvres, les ouvriers ont à peine gagné quelque argent qu'ils achètent aussitôt du vin, s'enivrent et finissent par tomber dans la plus extrême misère. C'est pourquoi je vous ai exhortés à fuir ces excès nuisibles à vous-mêmes et à vos mœurs...

« Gardez-vous de permettre à vos enfants la lecture des romans. Ceux qui sont manuscrits ou ceux qui sont imprimés ne contiennent pas l'ombre de la vérité ; s'ils les lisent, et qu'ils les prennent pour vrais, ils voudront follement les imiter. Ce que je vous dis là est très-important pour l'instruction de vos enfants. Faites-y grande attention, et souvenez-vous-en bien.

« Le point le plus important n'est pas de lire beaucoup de livres, mais de bien examiner ce qu'on lit. Le vrai moyen de profiter de ces lectures est de les réduire en abrégé. Toutes les choses qui peuvent devenir utiles seront rapprochées dans l'abrégé, pour en faire usage dans l'occasion. Cette méthode ressemble fort à celle que les anciens mettaient en pratique. J'ai été dans ma jeunesse très-adonné à la lecture..., et je n'ai rien oublié jusqu'à présent des livres que j'ai lus. J'ai acquis cet avantage, en conservant dans tous les temps la pureté de mon cœur. L'homme dont le cœur sera pur, non-seulement conservera sa mémoire, mais sera exposé à peu d'infirmités corporelles...

« Cong-tzé dit : « *Le sage doit s'abstenir de trois choses : dans sa jeunesse, il doit réprimer les passions voluptueuses; dans l'âge viril, il doit réprimer la colère; dans la vieillesse, il doit réprimer l'avidité des richesses.* » Présentement que je suis avancé en âge, j'ai passé le temps à mettre un frein aux passions qui portent à la volupté et à la colère, il ne me reste à réprimer que les désirs et l'avidité des richesses. Quel désir pourrais-je former que je ne pusse satisfaire! Si la dix-millième partie d'un tel vice existait en moi, il faudrait que, selon les préceptes des Sages, je m'en corrigeasse. Imprimez fortement dans vos cœurs ces préceptes, sur les moyens de corriger de tels excès, et prenez-les pour base de votre conduite.

« Les richesses et toutes les choses de ce monde sont produites par le ciel et la terre pour l'avantage de l'homme. Si l'homme s'en sert avec discrétion et économie, non-seulement elles seront suffisantes, mais il aura du superflu; si au contraire il en use avec profusion, il en verra bientôt la fin. Moi qui suis empereur et pourrais contenter tous mes désirs, tous mes caprices, je ne dépense pour ma nourriture et mon vêtement que ce qui est absolument convenable...

« Quelle folie! quelle imbécillité chez les joueurs! Sous le prétexte du jeu, ils dérobent le bien des autres et ne diffèrent en rien des véritables voleurs; mais ils tombent à la fin dans le piége. Piqués de leurs pertes, ils veulent regagner leur propre argent; dans cet espoir, ils s'obstinent à jouer sans relâche, ils dissipent leur patrimoine et ne savent plus où se loger ni où prendre de quoi se nourrir. Quoique les joueurs soient souvent amis et même parents, dès qu'ils entrent dans le lieu où l'on joue, l'amitié s'évanouit : pour la moindre perte, le moindre gain, ils se mettent en colère, ils en viennent aux injures ; il n'y a point d'excès où ils ne se portent. Les joueurs perdent à la fois leur fortune et leur réputation. Quelque jeunes qu'ils soient, on peut prédire qu'ils ne seront jamais gens de bien. Quelque riches qu'ils soient, on peut prédire qu'ils seront ruinés en peu de temps ; ils se précipitent d'abîmes en abîmes, dans toute sorte d'infortunes et de malheurs. O joueurs ! quel plaisir trouvez-vous à vous conduire ainsi ? Pour arrêter les progrès de ce mal dans mon Empire, j'ai défendu les jeux où l'on joue de l'argent...

« La chose la plus importante pour l'homme est de faire le bien. Il doit mettre toutes ses forces à satisfaire aux obligations des cinq relations (de sujet, de fils, de mari, de frère, d'ami). S'il agit ainsi, le ciel l'aidera et le récompensera.

« Il faut respecter, aimer les personnes avancées en âge ; car les vieillards ont été contemporains de nos ancêtres. D'ailleurs, en les traitant avec des égards et de la tendresse, nous ajoutons à leur bonheur et à la durée de leur vie...

« Arrivé à soixante-dix ans, je suis parvenu à voir quatre ou cinq générations, depuis mon aïeul jusqu'à mes petits-fils. En général, si un père de famille s'est scrupuleusement acquitté du respect qu'il devait à ses ancêtres, ses fils et ses petits-fils seront infailliblement heureux. Les enfants des méchants naîtront misérables, vicieux, inconsidérés, méprisables, et se laisseront entraîner vers le crime. C'est ce que j'ai vu souvent arriver. Il faut en conclure qu'il n'y a que ceux qui se conduisent bien qui puissent transmettre un sort heureux à leur postérité.

« Je suis monté sur le trône dès mon enfance, il y a

déjà plus de soixante ans. Toutes les fois que, dans cet espace de temps, il y a eu des tremblements de terre, des sécheresses ou des inondations, j'ai toujours examiné les fautes dont je pouvais être coupable... Quel que soit le malheur ou le châtiment que le ciel nous fasse éprouver, il faut... réfléchir sur soi-même, reconnaître ses fautes, s'en repentir, s'en corriger, et le malheur se change en félicité. Il est dit dans le *Chi-king* : « *Si on pratique la vertu, on jouira de la félicité ; si on s'abandonne au vice, on tombera dans l'infortune. Le bonheur et le malheur sont comme l'ombre, l'écho du bien.* » Cela est exactement vrai...

« Les anciens voulaient « *que l'homme, en toutes choses, fît tous les efforts pour réussir et se résignât ensuite à la volonté du ciel.* » C'est une belle maxime. Le ciel n'agit peut-être que parce que l'homme a fait tout ce qui était en lui. Chacun doit être comme le cultivateur qui laboure, qui sème, sans être sûr que la récolte le dédommagera de ses travaux. Rester les mains dans sa ceinture sans rien faire, et attendre que le destin fasse tout, c'est vouloir tirer la tige du blé qui est en herbe, pour le faire croître plus vite...

« En sachant et pratiquant toutes ces choses, on possède le vrai moyen de conserver sa propre vie. Le corps n'est autre que le foyer de la vie, et le cœur est en quelque sorte la base du corps... Si le cœur est en paix, le corps est dans l'état de perfection.

« Les exhortations et les préceptes, depuis les temps anciens jusqu'à nos jours, sont sans nombre... Qu'a-t-on prétendu en multipliant ainsi les instructions? assurément que nous les mettions en pratique. Comment un homme s'intéresse-t-il à ceux qui viendront des milliers d'années après lui? Comment prend-il tant de peines à leur donner des avis? Il veut instruire la postérité qui naîtra dans tant de siècles, et l'avertir qu'il ne faut pas conduire un char dans un chemin où beaucoup d'autres ont versé. Ceux qui sont nés depuis et qui aiment l'étude, voyant dans les livres des anciens les soins empressés qu'ils ont mis à les instruire, oseront-ils en faire peu de cas et négliger d'en profiter ?

« Pour moi qui ai toujours lu ces livres, je vous exhorte tous à rappeler souvent à votre pensée les peines que les anciens ont si généralement prises pour notre instruction et notre profit, et à n'en point abuser. »

III

Testament du docteur Yang-Tchi et ses enseignements à ses enfants [1].

« Tout homme doit être décidé et avoir son objet. Qui ne se propose pas d'abord d'être un sage? Le grand nombre s'égare dans la suite.

« Si vous ne commencez pas par prendre une résolution fixe et décidée, peu à peu vous ne saurez plus à quoi vous en tenir, vous donnerez dans toute sorte d'égarements, vous deviendrez des insensés et serez également méprisés et haïs des hommes. Appliquez-vous donc de toutes vos forces à affermir dans votre âme la résolution de vivre en sages ; soit que vous entriez en charge ou non, vous serez ainsi prisés et estimés de vos concitoyens. Je vous le demande avant tout, prenez décidément votre parti.

« Qui dit « le cœur » dit le grand maître dont dépend toute la vie. Il est dans l'homme ce qu'est la source

1. Nous empruntons ce document au tome IV des *Mémoires concernant l'histoire, les sciences, les arts, les mœurs, les usages des Chinois*, publiés au dernier siècle par les missionnaires de Pékin, p. 196 et suiv.

pour le ruisseau, ce qu'est la fleur pour le fruit. Rien de plus capital que d'empêcher qu'il ne se corrompe. Si le cœur conserve la loi du *Tien* (de Dieu) et la justice, tout ce que l'on fait est bien, et l'on approche de la sagesse. Si le cœur est subjugué par les convoitises des sens et de l'amour-propre, on a beau se proposer de bien faire, on finit mal ce qu'on avait le mieux commencé, et, quelque effort qu'on fasse pour paraître homme de bien, on ne tarde pas à être connu et pénétré.

« L'arbre sèche, quand la racine est attaquée. Veillez donc à la garde de votre cœur.

« Ce sont nos pensées qui guident notre cœur. Vous vient-il quelque pensée, soit dans la solitude, soit dans le silence de la nuit, examinez si elle est bonne ou mauvaise. Si elle est bonne, faites-la passer dans votre conduite ; si elle est mauvaise, hâtez-vous de l'étouffer.

« Avant d'entreprendre une chose, voyez si elle s'accorde avec la loi du *Tien* ou si elle lui est contraire. Dans le premier cas, faites-la avec confiance ; dans le second, ne vous y résolvez jamais, quoi qu'il en puisse arriver. Rien au monde ne doit détourner votre cœur de la vérité de l'épaisseur d'un cheveu. Le *Tien* suprême vous favorisera, et les esprits vous seront propices. Si vous vous mettez au-dessus de votre conscience, elle se vengera par ses remords : le ciel et la terre, ainsi que les esprits, seront contre vous.

« Vous avez commencé vos études : soit que vous obteniez le degré de bachelier ou celui de docteur, souvenez-vous du chemin bien plus laborieux par lequel j'y suis parvenu. Il n'y a point d'inconvénient à ne point entrer dans les charges. Si vous devenez mandarin, il faut essentiellement avoir une probité intacte, une fidélité inébranlable, un grand zèle pour le bien public, et la droiture de cœur d'un enfant. Si vous changiez de conduite et de sentiment selon les circonstances, si vos bonnes résolutions se refroidissent et se démentent, le public dira, en se moquant de vous, que vous êtes les fils étourdis d'un père irréprochable.

« Votre mère est une âme droite, son cœur n'a aucune pente. Appliquez-vous à l'envi à lui témoigner votre piété filiale, et entrez sans cesse l'un et l'autre dans toutes ses vues. On ne peut pas dire qu'elle a une prédilection marquée pour celui-ci et chérit bien moins l'autre, qu'elle est ouvertement plus affectionnée à cette bru et très-indifférente pour celle-là. Si vous lui causiez jamais le moindre chagrin, vous n'auriez aucune étincelle de piété filiale. Le *Tien* vous en punirait, et moi je serais au bas des neuf sources, que je la vengerais, si je pouvais.

« Vous êtes fils tous les deux d'une même mère. Vivez ensemble jusqu'à votre dernière vieillesse, sans songer jamais à vous faire chacun un héritage à part. C'est le seul moyen de prévenir toutes les viles et misérables disputes d'intérêt. La vie est exposée à une infinité de méprises et de malentendus : n'allez pas vous en faire un sujet ni de querelle, ni de colère. *Ing-ki* est trop vif ; *Ing-ouei* connaît dès l'enfance le naturel de son cadet : je lui demande de ne pas s'irriter de ses vivacités et de les lui passer. Et vous, *Ing-ki*, respectez votre aîné à l'égal de moi, soyez là-dessus d'une attention infinie. S'il voulait se fâcher contre vous, mettez-vous à genoux devant lui sans hésiter, et faites-lui des excuses pour l'apaiser. Au cas que sa colère fût vive et durable, ayez recours à ses amis. Ses travers ne peuvent jamais être pour vous une raison de ne pas lui céder et déférer en tout.

« L'épouse de *Ing-ouei* est fille d'un lettré, celle de *Ing-ki* d'un mandarin : voilà l'embarras. *Ing-ouei*, faites-vous un soin de persuader à votre femme d'aimer sa belle-sœur comme une sœur cadette. Et vous, *Ing-ki*, exhortez bien la vôtre à respecter l'épouse de votre frère comme une sœur aînée. La naissance ne lui donne aucun droit de hausser le ton. Toute négligence à cet égard ferait soupçonner ses sentiments. Il n'y a qu'un pas du moindre soupçon de mépris à la haine. *Ing-ki*, si vous voulez bien instruire votre épouse à respecter sa belle-sœur, ne souffrez jamais qu'elle porte des habits magnifiques. Sa belle-sœur pourrait peut-être n'en rien témoigner, mais sa patience serait trop exposée et en viendrait peut-être à rougir de sa famille. Quand on fera des habits selon les quatre saisons de l'année, que les robes de vos deux épouses soient semblables de tout point, et qu'elles ne sortent jamais qu'aussi bien vêtues l'une que l'autre. Donnez l'exemple, et soyez habillés l'un comme l'autre. Si vous preniez vos repas, chacun dans son appartement avec son épouse, vous vous en aimeriez moins avant qu'il fût peu.

« En cas qu'il s'élève quelque différend entre vous deux, invitez vos parents à vous écouter, et priez-les de tout terminer à l'amiable. Souvenez-vous qu'il ne faut recourir au mandarin en aucun cas. Si un de vous s'adressait à lui, que l'autre lui porte ce papier pour convaincre son frère d'avoir violé un des devoirs les plus sacrés de la piété filiale : le mandarin ne manquera pas de le faire rentrer dans son devoir. Et moi, je prie ici le magistrat respectable, à qui il sera remis, de vouloir bien avoir égard aux peines que je me suis données pour instruire mes deux fils, et de les exhorter en tant de manières qu'il réussisse à les réconcilier et remettre bien ensemble. Si l'âme des morts peut faire quelque chose pour les vivants, qu'il soit assuré de ma reconnaissance.

« Vos quatre cousins-germains sont tous des gens instruits. Quoiqu'ils en aient usé avec froideur à mon égard, cela ne vous regarde pas. « *Quand la fortune rit, c'est votre homme*, dit le proverbe ; *quand elle boude, c'est l'homme de la famille.* » Appliquez-vous, l'un et l'autre, à leur témoigner votre respect et votre déférence. Il y a encore des biens de famille dont le partage n'est pas fini ; s'ils cherchent avidement leur avantage, cédez de vos droits, et, quoi qu'il arrive, ne plaidez point. Tout procès ouvre la bouche à la médisance et livre une famille au public.

« Vous êtes encore jeunes l'un et l'autre. Je crains que des gens adroits ne vous séduisent, soit en vous invitant à des festins, soit en vous engageant à jouer, soit en vous offrant des présents, ou même en vous montrant de belles femmes. Vous tomberez dans leurs piéges et serez leur dupe, si vous ne les fuyez de loin. Encore, s'ils ne vous apprenaient qu'à dissiper tout votre bien, mais ils vous pervertiraient au point de n'être plus des hommes. En cas que ces pestes de la société viennent à vous, souvenez-vous de mes avertissements, et tournez-leur le dos. Qui flatte les passions a toujours de mauvais desseins. Choisissez pour amis des gens d'honneur et de probité, qui aiment les sciences, la patrie et les hommes ; plus vous aurez de confiance en eux, plus ils parleront à cœur ouvert ; plus vous vivrez avec eux dans une grande intimité, plus ils vous feront trouver de facilités pour devenir tels que je vous souhaite.

« Mettez vos lectures à profit, surtout pour cultiver votre âme. Ne manquez jamais à vous dire, en voyant quelque belle action : « *Il faudrait faire de même en pareille circonstance ;* » et, quand vous en trouvez dont la malice et la noirceur vous révoltent, profitez de cette impression utile pour vous affermir dans le bien. Ouvrez votre âme tout entière au respect et à l'estime que vous inspireront les hauts faits des grands hommes, et ayez le courage de méditer le moyen de les égaler. Vous en retirerez au moins le précieux avantage de vous faire justice et d'être armé de réflexions contre la séduction des succès éblouissants de quelques scélérats. Votre cœur se remplira de sagesse, s'affectionnera à la vertu, s'ancrera dans le bien, et ses penchants vous donneront de grandes avances, pour prendre en tout le bon parti. Vous n'aurez presque qu'à les suivre pour devenir un grand homme.

« Ne vous y méprenez pas : il faut et beaucoup apprendre et s'exercer longtemps pour devenir un vrai lettré.

« Ce n'est pas assez de posséder par une lecture réfléchie les livres classiques et les *Kings* [1], les anciennes pièces d'éloquence et les bons ouvrages de littérature, les mémoires présentés aux empereurs et leurs plus célèbres ordonnances ; il faut les relire sans cesse et se rendre compte de ses lectures, le pinceau à la main, s'exercer à les imiter. Ne perdez pas un moment à lire les poëtes, ou, ce qui serait bien pis, à faire vous-mêmes des vers. Attachez-vous à l'étude des Kings, mais ne l'entreprenez pas sans le secours d'un maître. Essayer de s'en passer, c'est donner des bornes à son application, s'exposer à une infinité de méprises et égarer ses pensées dans le chaos de mille incertitudes. Ce serait risquer le succès de vos études, que d'en prendre un sans choix, que de craindre d'en changer après avoir mal rencontré, ou même de regarder à la dépense pour avoir le meilleur. Par la même raison, préférez la société des gens d'un sens droit et profond à celle de ceux qui n'ont que de la science ou de l'es-

1. Livres sacrés des Chinois. Voir ci-dessus, pp. 79, 82.

prit. Autant on gagne à converser avec ceux qui pensent d'après eux-mêmes, raisonnent juste et voient le vrai sans cligner l'œil, autant on perd avec ces esprits superficiels qui glissent sur la surface des choses, ne sont occupés, comme le papillon, qu'à déployer leurs ailes, parlent de tout comme les crieurs d'encan et ne savent rien apprécier.

« Quant à votre domestique, ce que je vous recommande avant tout, c'est que la séparation des appartements intérieurs et extérieurs soit conservée en tout temps avec la plus scrupuleuse exactitude. Les filles, passé dix ans, ne doivent plus sortir de l'intérieur ni les garçons y pénétrer. J'approuverais beaucoup que vous en resserrassiez l'entrée même pour nos plus proches parentes. Le moindre inconvénient qui résulte d'un flux éternel de visites, c'est de donner occasion à des confidences et des plaintes, des médisances et des rapports qui finissent toujours par des tracasseries et brouillent tout un ménage. Veillez encore de plus près sur ces femmes qui ne prolongent leur séjour et leurs visites que pour nouer des intrigues ou favoriser des ventes secrètes et des vols. Mon exemple doit être votre règle. C'est à vous à veiller à ce que les murs d'enceinte soient d'une juste hauteur. Garnissez-en le sommet d'épines, et, pour peu qu'elles soient dérangées, sachez pourquoi. Si le mur venait à s'ébranler en quelque endroit et que la saison ne permît pas de le réparer, hâtez-vous de le fermer avec des nattes. Il faut prévenir de loin les désordres et les vols dont ces sortes d'accidents sont la cause ou l'occasion. Ayez un magasin pour vos provisions générales, en vin, en fruits, en viandes salées, en huile, et un grenier pour le riz et les légumes. Celui qui aura soin du gouvernement de sa maison en gardera les rôles et les clefs.

« Si vous m'en croyez, vos habillements seront simples, vos appartements peu ornés, et votre table frugale. Que la richesse des habits que vous verrez porter à d'autres ne vous donne pas dans les yeux. Il faut être vêtu selon son état, et rien de plus. Voir une belle maison et en bâtir une semblable, voir des meubles précieux et en acheter de pareils, est le vrai moyen de vous ruiner. Vous ne tiendrez longtemps aux dépenses nécessaires et de convenance que par une sage économie.

« Si vous songez à faire des acquisitions pour augmenter l'héritage de vos enfants, ne le risquez jamais sur des emprunts. Les plus modiques intérêts les doublent peu à peu et ruinent rapidement une maison. Ce point est capital, ne l'oubliez jamais.

« Je vous laisse quatre cents arpents de bonnes terres, ils doivent suffire pour vous deux. La soif des richesses est fatale. On achète les possessions qu'on trouve à sa bienséance, on les étend immensément, les dépenses et les charges augmentent plus que les revenus, et on s'expose à bien des malheurs, sans parler des mauvaises affaires qu'on a à craindre de la part des mandarins.

« Quant à la manière de vous comporter dans la société, je vous recommande surtout beaucoup de probité, de modestie et de complaisance. Quand vous travaillez avec quelqu'un, prenez pour vous la part la plus pénible. Quand vous êtes invités à un grand festin, détournez les yeux de dessus les bons morceaux. Cédez le plus beau chemin à ceux avec qui vous marchez, et la meilleure place à ceux avec qui vous êtes couché. J'aime mieux faire une politesse, avoir de la déférence, témoigner des égards que les recevoir, perdre du mien que gagner sur les autres, et souffrir cent bouffées de mauvaise humeur que de m'en permettre une. Si l'on me rend service, je m'en souviens toute la vie avec reconnaissance ; si l'on m'offense, je l'oublie dans le moment. Je raconte avec effusion de cœur le bien que je vois faire, et je n'ai ni langue, ni mémoire pour le mal que j'entends. Si l'on vous dit : « *Un tel vous a rendu service*, » répondez : « *Cela est d'autant plus généreux de sa part que je n'ai jamais eu occasion de rien faire pour lui.* » Cela reviendra à votre bienfaiteur qui en sera encore plus disposé à vous obliger. — Si l'on vous avertit que tel ou tel est fâché contre vous et débite bien des bruits sur votre compte, répondez sans hésiter : « *Nous avons fort bien vécu ensemble, je ne puis croire qu'il voulût me mortifier ni m'offenser.* » Le voulût-il en effet ? votre réponse arrivera jusqu'à lui, et sa haine tombera d'elle-même. Redoublez d'attention et d'égards pour ceux qui paraissent vous dédaigner ; ne vous laissez aller à aucune pensée de suffisance ni d'aversion, sous prétexte qu'on ne vous vaut pas ; et, lors même que vous ne pouvez pas décemment vous abaisser à certains égards, évitez avec un soin infini tout ce qui marque le plus petit mépris. Ce n'est qu'à la longue que vous verrez combien cette conduite est utile et sage dans le commerce de la vie. Elle vous épargnera sûrement bien des méprises, bien des fautes, bien des chagrins, et assurera la tranquillité de toute votre maison.

« Nous sommes quatre enfants du même père et de la même mère : votre oncle, vos deux tantes et moi. Votre oncle a quatre fils fort aimables ; ils sont tous riches et en bon chemin ; vous pouvez être tranquilles sur leur compte. Il n'en est pas ainsi de mes sœurs, elles sont l'une et l'autre très à l'étroit. Je vous recommande d'en prendre soin et de les respecter à l'égal de moi. Usez-en de la même façon envers vos deux autres tantes. Pour nos autres parents, s'ils ont de la peine à se soutenir, s'ils ne sont pas en état de faire face aux frais des funérailles, ou de tenir aux dépenses des mariages, j'exige que vous vous fassiez un devoir de les aider autant que vous le permettra l'état de vos affaires. N'oubliez jamais qu'ils sortent de la même souche que vous. Que ce qui vous déplaira ou vous offensera dans leurs procédés, n'entame jamais vos sentiments.

« Notre maison a des usages vis-à-vis de celles de vos maîtres d'étude et du mien ; suivez-les fidèlement dans la manière de prendre part à leurs cérémonies du bonnet viril, du mariage, des enterrements. Si quelque circonstance vous embarrassait, consultez des gens sages ; mais que rien ne vous oblige jamais à adopter les maximes d'ingratitude qui prévalent dans notre siècle. Vos fils même et vos petits-fils doivent participer à tous vos sentiments de reconnaissance.

« Votre sœur cadette est née de la même mère que vous. Si elle est un jour plus riche et plus à l'aise, elle n'aura plus besoin de vous ; mais, si elle se trouvait plus à l'étroit, prévenez ses demandes, secourez-la et lui donnez bonnement tout ce que demandera sa situation. Si votre mère veut lui faire quelque présent, ne vous émancipez pas, ni l'un ni l'autre, jusqu'à essayer de l'en empêcher. Ce ne serait pas seulement abjurer l'amour fraternel que d'oser quelque chose à cet égard ; ce serait encore plonger le poignard dans le sein d'une mère, renoncer à tout sentiment d'honneur, et fouler aux pieds la piété filiale. Souvenez-vous-en bien, souvenez-vous-en bien.

« *Yang-ing-tchi* a crû sous mes yeux et comme entre mes bras. Vous lui donnerez dans la suite cinquante arpents de terre, et un logement honnête avec ses appartements, à côté de notre sépulture, mais dans le cas seulement qu'il vous contente par sa probité et sa fidélité. S'il cherchait à se donner un patrimoine, en faisant sa main, vous ne lui devez plus rien, et je vous déclare quittes envers lui. Dans le cas, au contraire, où il continuerait à se bien comporter, vous ajouterez au don perpétuel une vingtaine d'arpents de terre et une petite maison. Mais aussi, s'il trompait mes espérances jusqu'à vous donner de l'embarras, ce serait un signe qu'il songe à s'en retourner. Délibérez-en avec votre beau-père, et contenez-le dans le devoir. User d'une molle indulgence en pareil cas, ce serait enhardir vos autres domestiques à vous manquer, et vous auriez trop de peine à gouverner votre maison.

« *Fou-cheou-eulh*, *Hia-cheou-eul*, *Yang-cheou-eulh* m'ont suivi et servi tous les trois au palais bien des années. Il faudra leur donner à chacun vingt arpents de terre et une petite maison dans les environs de notre sépulture; mais ce ne sera que pour en jouir : vous ne leur permettrez pas de les céder à d'autres, ni de les aliéner.

« J'ai écrit moi-même ces courtes instructions, et j'ai eu l'attention d'y faire entrer ce qu'il importe le plus de savoir, pour vous bien comporter dans le monde. Montrez à votre mère ce dernier gage de la tendresse d'un père, et puis déposez-le, couvert de son enveloppe, au pied de ma tablette. Le premier et le quinze de chaque lune, vous assemblerez toute votre famille, et en ferez une lecture publique après les cérémonies aux ancêtres. Je vous demande et ordonne de n'y manquer jamais, même pour les affaires les plus importantes. »

DEUXIÈME APPENDICE

CONSEILS

DE J.-B. GARRON DE LA BÉVIÈRE
A SA FILLE ET A SON GENDRE POUR LE MARIAGE
(1797).

DEUXIÈME APPENDICE

CONSEILS

DE J.-B. GARRON DE LA BÉVIÈRE
A SA FILLE ET A SON GENDRE POUR LE MARIAGE [1]
(1797).

I

« Ma chère fille,

« C'est à travers les orages d'une grande révolution que la Providence vous a conduite à cette époque inté-

1. J.-B. Garron de La Bévière, auteur des Conseils qu'on va lire, avait été, nous l'avons dit déjà, député de la Bresse, aux États-Généraux. Plus tard, du fond de sa prison d'Ambronay où il avait été jeté par les terroristes, il avait adressé à ses enfants le beau testament dont nous avons cité quelques extraits (ci-dessus p. 207-210); et il avait recommandé particulièrement à ses fils de demeurer fidèles à Dieu, en servant leur patrie avec d'autant plus de zèle qu'ils étaient traités avec plus de rigueur. Comme beaucoup d'autres, il avait été sauvé par le 9 thermidor.

Ayant marié sa fille aînée en 1797, il voulut, suivant la tradition observée autrefois en pareille circonstance dans

ressante de votre vie, qui doit décider de votre bonheur ou de votre malheur. L'état de mariage, dans lequel vous venez d'entrer, se montre pour l'ordinaire, aux yeux des jeunes personnes qui s'y destinent, paré de charmes et d'agréments, et elles ne peuvent se persuader qu'on y trouve un mélange de douceurs et d'amertumes, de plaisirs et de peines, d'avantages et de dangers. Tel est cependant le vrai point de vue sous lequel il doit être envisagé. Lorsque l'illusion des premiers moments sera dissipée, j'espère, ma fille, que vous me saurez gré de vous avoir offert les conseils de l'expérience pour guider vos pas dans une carrière où les épines sont semées à côté des fleurs. Jamais il ne fut plus nécessaire de vous retracer les principes qui ont servi de base à votre éducation.

« Bientôt vous n'aurez plus sous vos yeux votre tendre mère, cet excellent modèle sur lequel vous avez dû vous former. Ma sollicitude paternelle me porte donc à réunir pour vous, dans un seul tableau, les éléments de ses bons exemples et de ses sages leçons, afin que vous puissiez sans cesse leur compa-

les familles chrétiennes, donner quelques avis aux nouveaux époux.

Les pages qu'il écrivit dans ce but portent l'empreinte de l'époque; et elles montrent bien, avec le fond de l'ancienne coutume domestique au sujet du gouvernement du foyer, à quel point les bons pères de famille, au XVIIIe siècle, avaient à défendre ce qu'ils avaient de plus cher contre l'invasion du mal venu du dehors. Telle était la préoccupation de J. B. Garron de La Bévière. Ce qu'il dit à sa fille et à son gendre, sur la pureté des mœurs à garder, au milieu de la licence qui régnait trop généralement dans les classes élevées de son temps, présente plus d'un trait de ressemblance avec ce que nous avons vu exprimé par Antoine de Courtois en 1812.

rer vos sentiments et votre conduite, et les y ramener, si jamais ils s'en écartaient.

« Pour ne pas fatiguer votre attention, je me propose de renfermer dans un cadre étroit le précis des devoirs dont l'observation vous importe le plus : devoirs de sagesse et de fidélité; d'attachement, de complaisance et de modération ; de vigilance, de douceur et de fermeté ; de prévoyance et d'économie. Les premiers intéressent le soin de votre réputation, les seconds se rapportent à votre époux et à ses parents, les troisièmes à vos enfants et à vos domestiques, les derniers à la conservation et à l'amélioration des biens communs.

Devoirs de sagesse et de fidélité.

« Vous êtes trop bien née, ma fille, pour que j'aie à redouter pour vous ces désordres scandaleux, dont les femmes qui ont franchi toutes les bornes de la pudeur n'offrent que trop d'exemples dans ce siècle d'immoralité ; mais je dois vous prémunir contre des écarts, où des femmes honnêtes se laissent quelquefois entraîner, et qui, quoiqu'il fassent moins d'éclat, n'en sont pas moins funestes par leurs conséquences.

« La nature vous a pourvue assez libéralement de ses charmes et de ses agréments, si dangereux pour vous-même et pour ceux qui s'en montreraient les trop sensibles admirateurs. Craignez qu'ils ne vous attirent des hommages étrangers. L'amour-propre est subtil, il est difficile d'en comprimer les élans; s'il est mal réglé, il produit un désir excessif de plaire, et le désir de plaire dispose à la sensibilité. Une femme qui est flattée des hommages qu'on lui rend est à demi-vaincue : voilà l'écueil où ont échoué des femmes honnêtes et ayant des principes. Evitez-le, ma fille, et, si jamais on osait vous offrir des vœux téméraires et indiscrets, hâtez-vous de les repousser, non avec un dédain offensant, mais avec cette dignité qui sied à la vertu. Otez, dès le premier moment, à l'imprudent qui tenterait de vous séduire, tout espoir de succès. Entreprendrait-il de triompher de vos refus par ses assiduités et par la constance de ses soins? alors votre porte devrait lui être impitoyablement fermée. C'est par une telle conduite, également modérée et austère, que vous parviendrez à maintenir la pureté de vos principes, à établir solidement votre réputation et à conserver la confiance de votre époux et l'estime publique.

Devoirs de décence et de modestie.

« Il n'est que trop commun aux jeunes femmes mariées de croire qu'elles ne sont plus soumises aux règles de retenue que doivent suivre les jeunes filles. Elles se persuadent qu'un certain air de liberté dans le maintien et les discours et plus de recherche dans leur parure ajoutent à leur amabilité et à leurs agréments, sans tirer d'ailleurs à conséquence : c'est une erreur qui n'est pas exempte de danger. Un des plus saints prélats de l'Eglise catholique tenait pour maxime certaine que la modestie est la plus belle parure du sexe, qu'à cet égard les femmes mariées devaient avoir une plus grande sévérité de principes que les filles, à qui il permettait de mettre plus de soins et d'élégance dans leurs ajustements. Le motif de son indulgence était juste; il savait qu'en général le désir de plaire était jusqu'à un certain point légitime dans les jeunes filles, tandis qu'une femme mariée ne peut sans crime désirer de plaire à tout autre qu'à son époux. C'est aux coquettes de profession qu'il convient de suivre l'inconstance des modes. Le goût immodéré des parures suppose de la frivolité dans l'esprit : il fait naître l'amour des spectacles, du bal et de toutes ces assemblées mondaines si dangereuses pour l'innocence, où se nouent ces intrigues galantes qu'il est ensuite si difficile de rompre. Au contraire, une noble simplicité dans la manière de se vêtir annonce la simplicité dans les mœurs, et des mœurs simples sont toujours pures.

« Persuadez-vous bien, ma fille, que vous n'avez pas le droit de constituer votre époux dans des dépenses vaines et superflues, lorsque vous ne lui avez pas apporté une dot assez riche pour y fournir ; et, si sa complaisance allait à cet égard au-delà des justes bornes, votre raison et votre prudence devraient en arrêter les effets.

« Enfin, n'oubliez jamais que la modestie dans le maintien, la décence dans les manières, la réserve dans les discours et l'éloignement des faux plaisirs sont les plus sûrs garants des vertus privées et de la fidélité conjugale.

Devoirs d'attachement, de complaisance et de modération.

« Je n'ai pas besoin, ma fille, de vous recommander un attachement inviolable pour votre époux. Il le mérite, et ce sentiment qu'il vous a inspiré est aussi juste que naturel : il croîtra et se fortifiera avec le temps ; l'habitude ne l'usera pas, parce qu'il aura pour base l'estime. Mais il ne faut pas vous le dissimuler, l'union la plus intime des cœurs ne produit pas toujours l'accord des volontés et des opinions ; et c'est dans les cas de ces dissidences inévitables que la modération et la condescendance doivent être votre partage.

« Une femme ne doit jamais mettre son époux dans la nécessité de faire intervenir son autorité dans leurs débats. Céder pour le moment n'est pas faiblesse, mais prudence. Sans doute, un mari n'est pas toujours dans la voie de la vérité et de la raison, il peut avoir des volontés trop fortement prononcées et peu justes. Alors il ne faut point leur opposer une persévérante contradiction, car elle irrite; bien moins encore la plaisanterie, elle blesse et aigrit. La douceur et l'adresse sont les meilleurs moyens à employer, la douceur pour affaiblir la résistance, l'adresse pour ménager l'amour-propre, le calme et la sérénité pour tempérer la vivacité, et le silence absolu pour abattre l'effervescence.

« Je vous révèle volontiers, ma fille, le secret de la grande félicité des maris : cette connaissance importe à votre bonheur et à la paix de votre union; vous en userez, je l'espère, avec discrétion et sagesse.

« Quand on aime bien son mari, on aime tout ce qui lui appartient. Voulez-vous être sûre de plaire à celui que la Providence vous a donné? Rendez aux auteurs de ses jours les tributs de respect, de soumission et d'amour, qui leur sont dus et qu'il leur rend lui-même. Façonnez-vous à leurs goûts, à leurs usages, à leur manière de vivre ; prévenez-les par l'empressement de vos soins; remplissez gaiement ces obligations, et le fruit que vous en retirerez sera la bienveillance et l'affection de vos nouveaux parents.

Devoirs de vigilance, de bonté et de fermeté.

« Vous êtes appelée à devenir mère : à cette époque le cercle de vos devoirs va s'agrandir. La nature vous impose celui de nourrir vos enfants, vous l'accomplirez si l'état de vos forces physiques ne s'y oppose pas.

« Au sortir du berceau, et dès que les premières lueurs de leur raison commenceront à paraître, leur éducation deviendra le plus cher objet de vos soins. Pour la diriger, quel meilleur modèle pourrais-je vous proposer que celle que vous avez reçue? Reportez-vous en esprit au temps de vos plus jeunes années, Rappelez-vous l'assiduité constante de votre mère aux pénibles fonctions de l'enseignement, sa vigilance à observer vos pensées et vos actions pour les tourner au bien, sa fermeté à réprimer en vous jusqu'à l'ombre même du vice; son application à vous instruire des vérités de notre sainte religion, à jeter dans votre cœur la semence de toutes les vertus et à orner votre esprit de toutes les connaissances propres à votre sexe, son tendre zèle à pourvoir à tous vos besoins, et à vous procurer les plaisirs innocents de votre âge. Tel est, ma fille, le beau modèle que je vous invite à suivre, pour votre satisfaction et pour le bonheur de vos enfants.

« Lorsque vous deviendrez maîtresse de maison, de nouvelles obligations vous attendent. N'oubliez jamais que vous devrez à vos domestiques, et en général à tous ceux qui vous seront subordonnés, secours dans leurs maux, indulgence pour leurs faiblesses, justice sur leurs réclamations, bon exemple et instruction pour tout ce qui a rapport à leur conduite chrétienne. C'est en remplissant ces devoirs de charité et d'humanité que vous attirerez la bénédiction céleste sur vous et sur votre famille.

Devoirs de prévoyance et d'économie.

« C'est une vérité confirmée par l'expérience qu'une femme ruine ou enrichit une maison. Il n'est pas de milieu entre ces deux extrêmes, parce qu'il est bien difficile de maintenir une balance exacte entre les revenus et les dépenses.

« Le mari administre les biens et a dans son ressort toutes les affaires extérieures; la femme règle les dépenses de l'intérieur, et c'est là qu'elle doit faire régner l'ordre et l'économie la mieux entendue. Là, les dépenses se renouvellent chaque jour; il faut en régler l'emploi, prévenir l'excès des consommations, pourvoir aux approvisionnements en temps favorable, disposer les états de compte, de telle manière qu'on puisse apercevoir aisément les objets de dépense qu'il convient de réduire.

« Vous avez, ma fille, des connaissances pratiques sur ce genre d'administration domestique; il me paraît superflu d'entrer dans de plus grands détails; mais je vous invite à ne pas perdre de vue que la prospérité de votre maison dépendra de l'ordre économique que vous y aurez établi.

« Je n'ai pas, à la manière de nos philosophes modernes, placé à côté de la déclaration de vos devoirs la déclaration de vos droits. Je me plais cependant à avouer que vous en avez de bien acquis à l'affection de votre mari, à son estime et à ses égards. Mais, pour vous en assurer la jouissance, sachez respecter vos devoirs; méditez-les dans cet écrit. Ce serait peu pour vous de le lire une fois et de le reléguer ensuite dans le fond de votre secrétaire. Recourez-y souvent. Les principes et les leçons qu'il contient ne sont pas le fruit de ma sagesse; leur source est plus haute et plus pure; je n'ai d'autre mérite que d'en avoir formé le recueil. Conservez-le comme un monument de ma tendresse paternelle.

GARRON DE LA BÉVIÈRE.

5 mai 1797.

II

« Mon cher fils,

« Le Souverain arbitre des destinées humaines vous avait réservé la main de ma fille. Vos bonnes qualités vous ont conquis son cœur, et ont déterminé notre consentement à une union dont tout semble présager la félicité. A l'instant où ces nœuds ont été formés, vous êtes entré en partage, avec nos enfants, de tous les sentiments tendres que la nature et leur conduite nous inspirent pour eux. Vos intérêts nous sont devenus chers, nos vœux se sont réunis pour assurer votre bonheur. La jouissance vous en était déjà garantie par les principes et les exemples que ma fille a reçus de sa mère; j'ai cru devoir les fortifier par quelques avis sur les principales obligations de son nouvel état. En vous communiquant le plan de conduite que je lui ai tracé, elle me paraît vous avoir donné dans cette démarche franche un gage de sa fidélité à le suivre.

« Vous me témoignez, mon fils, votre reconnaissance des soins que j'ai pris pour maintenir la paix et la douceur de votre union; mais, en même temps, vous avez bien senti que l'observation des devoirs qui conduisent à ce but était réciproque; vous avez recours à mon expérience pour instruire votre jeunesse, et vous me demandez de vous indiquer les moyens de remplir vos engagements. Je reçois avec sensibilité ce nouvel hommage de votre confiance, j'y répondrai avec la franchise dont je fais profession, et avec l'intention de vous servir et non de blesser votre délicatesse; car, je vous le déclare et soyez-en bien convaincu, je ne prétends avoir sur vous d'autre autorité que celle de l'amitié.

« Vous avez, mon fils, un bon naturel, des sentiments de religion et de probité, des mœurs douces et pures. Toutes ces qualités me sont un sûr garant que vous voulez rendre ma fille heureuse et que vous ne donnerez jamais dans ces travers scandaleux qui font le désespoir d'une femme vertueuse et la honte d'un mari infidèle. On ne voit communément s'y livrer que des gens sans éducation et sans moralité. Mais il est des écueils plus dangereux peut-être pour les hommes à principes, parce qu'ils sont pour ainsi dire à fleur d'eau et qu'on ne s'en défie pas; je dois les signaler et vous les faire connaître, afin que vous les évitiez.

« L'attachement d'un mari pour sa femme est souvent passionné, lorsqu'il ne devrait être que modéré, raisonnable. Si ce sentiment était fondé sur les qualités solides du cœur et de l'esprit, plutôt que sur des charmes et des agréments fugitifs, il trouverait son appui dans l'estime, et l'estime produirait la confiance. Cette confiance mutuelle, mon fils, est l'âme et le soutien de l'union conjugale; lorsqu'elle est justement méritée, elle prévient ou bannit ces soupçons inquiets qui tourmentent également et celui qui s'y livre, et celui qui en est l'objet. La facilité à prendre ombrage d'un mot, d'un geste, d'une démarche, conduit bientôt à la défiance, et la défiance aux transports jaloux; la jalousie est fille de l'orgueil : c'est un vice bas. Votre âme, mon fils, est trop élevée pour que ce vice puisse l'atteindre. J'espère aussi que la conduite de ma fille sera toujours si réservée et si circonspecte qu'elle ne vous donnera jamais de prétexte à la plus légère inquiétude. Cependant, comme il est de la sagesse de prévoir jusqu'aux événements les moins probables, s'il arrivait que votre femme vous parût prête à payer le tribut à la fragilité humaine et à tomber dans le piége de la séduction, c'est alors que vous devriez vous armer de toute la force de votre raison et de votre prudence : l'une et l'autre vous conseilleraient d'éclaircir parfaitement vos doutes, avant de hasarder des représentations toujours délicates en pareil cas ; et, si vos doutes se tournaient en certitude, votre religion vous prescrirait les moyens de douceur, de modération et d'indulgence, qu'il vous conviendrait d'employer et qui vont plus droit au but que la vivacité du ressentiment et l'amertume des reproches. C'est ainsi, mon fils, que vous triompheriez facilement et sûrement, et que vous ramèneriez bientôt un cœur pur que l'erreur d'un instant aurait égaré. J'en ai dit assez pour vous prémunir contre des dangers qui menacent souvent les unions les plus intimes et les mieux assorties.

« L'autorité dans votre ménage vous appartient, mon fils, vous la tenez de Dieu même, mais sous la condition de ne pas en appesantir le poids. L'autorité blesse pour l'ordinaire ceux qui y sont soumis : il faut savoir la faire respecter et chérir. Tout l'art du commandement se réduit à joindre la douceur à la fermeté, la modération à la justice. Abandonnez à votre femme la direction de l'intérieur, et soutenez son autorité de la vôtre ; réservez-vous l'administration des affaires extérieures et la surveillance sur le tout. Ne faites aucune entreprise sans consulter votre compagne. Les femmes ont un tact sûr, même dans les choses qui ne paraissent pas être de leur ressort ; d'ailleurs il est bon qu'elles ne soient pas étrangères aux affaires difficiles et épineuses. Quand les intérêts sont communs et étroitement liés, tout doit être fait d'un commun accord. Enfin, souvenez-vous qu'une distribution des pouvoirs et des fonctions sagement réglée entretient l'ordre et l'harmonie, dans toutes les parties de l'économie domestique.

« Lorsque la Providence vous aura donné des enfants,

les plus doux comme les plus assidus de vos soins seront de les bien élever. Un auteur très-sage a remarqué qu'il y avait en France beaucoup d'instruction et peu d'éducation. L'instruction a pour but d'orner l'esprit de connaissances utiles et de procurer des talents agréables; l'éducation, bien plus générale et plus importante, tend à former le cœur et à le douer de toutes les vertus privées et sociales. Les principes de la religion catholique sont la base fondamentale d'une bonne éducation. L'instruction doit être dirigée en raison des dispositions des enfants et de l'état auquel ils se destinent. Il faut presque toujours de la sévérité dans l'éducation, de la bonté et de l'indulgence dans l'instruction.

« Les livres fournissent une infinité de méthodes pour élever et instruire; les parents doivent s'accorder sur le choix, et ne jamais s'improuver respectivement en présence de leurs enfants. Un de leurs devoirs les plus essentiels est de se défendre des prédilections ou tout au moins de les dissimuler ; elles disposent à violer la justice distributive, et jettent parmi les enfants des semences de jalousie, de haine et de discorde.

« L'héritage le plus précieux qu'on puisse laisser à sa famille est le bien inestimable de l'union et de la paix. Je me borne à ces principes généraux; votre pénétration vous en fera tirer aisément les conséquences dans la pratique.

« Vous paraissez, mon fils, avoir du penchant pour la vie retirée. Je suis bien éloigné de le désapprouver : le goût de la retraite est celui des sages et des vrais philosophes; mais prenez garde qu'il ne soit produit par le sentiment d'une trop grande défiance de votre manière d'être dans le monde. Vous avez ce qu'il faut pour vous y présenter avec avantage; votre simplicité et le calme de votre raison contrastent à la vérité avec les airs sémillants et évaporés des jeunes étourdis : le parallèle sera toujours en votre faveur. Le maintien doit être noble et modeste, la démarche aisée et majestueuse, les manières simples sans abandon ; le langage doit être pur et sans affectation ; il faut éviter avec soin les tournures et les expressions familières ou populaires. Le choix des mots donne de la grâce aux discours ; il vaut mieux dire peu et bien dire, que dire beaucoup et ne pas bien s'exprimer. Les usages du monde prescrivent une infinité de petites attentions auxquelles on n'est pas tenu dans un cercle de société intime, et qui sont indispensables dans un plus grand cercle ; ils interdisent certaines libertés qu'on peut se permettre dans le sein de la famille. Sans prétendre vous inspirer le goût d'une vie dissipée, je crois que vous ne devez pas craindre de former pour votre femme et pour vous une société peu nombreuse, mais bien choisie, qui puisse vous plaire à l'un et à l'autre. L'amour de la retraite dans la jeunesse peut croître et devenir excessif en avançant en âge, il est prudent d'en prévenir les progrès ; tenez pour maxime certaine de sagesse qu'il faut en tout garder un juste milieu.

« Mon amitié pour vous, mon fils, m'a dicté ces avis, votre amitié pour moi vous les fera agréer ; s'ils peuvent contribuer à votre bonheur, j'aurai rempli mes vues et les vôtres, et je serai pleinement satisfait. »

GARRON DE LA BÉVIÈRE.

Longes, le 18 juin 1797.

TROISIÈME APPENDICE

ENSEIGNEMENTS DE SAINT LOUIS A SON FILS PHILIPPE ET A SA FILLE ISABELLE.

TROISIÈME APPENDICE

ENSEIGNEMENTS DE SAINT LOUIS A SON FILS PHILIPPE ET A SA FILLE ISABELLE.

I

Enseignements de saint Louis à son fils Philippe [1].

A son cher fils aîné Philippe, salut,

« Cher fils, pour ce que je désire de tout mon cœur que tu sois bien enseigné en toutes choses, je pense que je te fasse quelque enseignement par cet écrit; car je t'ai quelquefois ouï dire que tu retiendrais plus de moi que d'autre personne.

1. Ce texte des *Enseignements de saint Louis* est celui du moine franciscain, confesseur de la reine Marguerite (*Historiens de France*, t. XX, p. 84-86 de l'édit. de 1840). M. Faure l'a suivi dans son *Histoire de saint Louis*, et nous le reproduisons tel qu'il a été édité par cet écrivain, parce qu'il est le plus complet.

La même observation s'applique aux Enseignements de saint Louis à sa fille Isabelle.

Nous croyons ne pouvoir mieux terminer ce livre qu'en

« Pour ce, cher fils, je t'enseigne premièrement que tu aimes Dieu de tout ton cœur et de tout ton pouvoir, car, sans ce, ne peut nul valoir nulle chose. Tu te dois garder de tout ton pouvoir de toutes choses que tu croiras qui lui doivent déplaire ; et, spécialement, tu dois avoir volonté que tu ne ferais pour nulle chose du monde péché mortel, et que tu souffrirais avant que tous tes membres te fussent tranchés et que l'on t'ôtât la vie par cruel martyre, que tu fisses à escient péché mortel.

« Si Notre-Seigneur t'envoie quelque persécution ou maladie, ou autre chose, tu le dois souffrir de bonne volonté, et lui dois rendre grâce et lui en savoir bon gré ; car tu dois penser qu'il le fait pour ton bien; et aussi dois-tu penser que tu l'as bien mérité, et ce et plus, s'il voulait, parce que tu l'as peu aimé et servi, et as fait beaucoup de choses contraires à sa volonté. Et, si Notre-Seigneur t'envoie quelque prospérité, tu lui dois rendre grâce humblement, et dois prendre garde que tu n'empires pas de ce, ni par orgueil, ni par autre vice ; car c'est très-grand péché que faire guerre à Notre-Seigneur pour ses dons mêmes.

« Cher fils, je t'enseigne que tu t'accoutumes à te confesser souvent, et que tu élises toujours tels con-

mettant sous les yeux de nos lecteurs les pages, dans lesquelles le modèle des pères et des princes nous montre par le plus beau des exemples ce que sont, sous la loi de l'Évangile, l'autorité paternelle, l'éducation et l'accomplissement des grands devoirs inhérents à la souveraineté. On y admirera, avec les inspirations de la foi, la pratique effective des vertus qui ont élevé si haut la civilisation des peuples chrétiens. Ce qui s'est offert à nous en Orient comme un débris de la tradition, et mêlé à de grossières superstitions, s'éclaire ici de la plus vive et de la plus pure lumière.

fesseurs qui soient de sainte vie et de suffisante science, par lesquels tu sois enseigné dans les choses que tu dois éviter et que tu dois faire; et aie en toi telle manière que tes confesseurs et tes autres amis t'osent enseigner et reprendre hardiment.

« Cher fils, je t'enseigne que tu entendes volontiers le service de sainte Eglise. Et, quand tu seras en l'église, garde-toi que tu ne muses et ne dises vaines paroles; dis en paix tes oraisons, ou de bouche ou de pensée; et, spécialement, sois plus en paix et plus attentif à prier Dieu, tant que le corps de Notre-Seigneur Jésus-Christ sera présent à la messe, et encore devant, par un espace de temps.

« Cher fils, aie le cœur débonnaire vers les pauvres, et vers tous ceux que tu croiras qui aient mésaise de cœur et de corps; et, selon ce que tu auras de pouvoir, secours-les volontiers, ou de confort ou de quelque aumône. Et, si tu as quelque tribulation de cœur qui soit telle que tu la puisses et doives dire, dis-la à ton confesseur ou à autre que tu croies qui soit loyal et que tu saches qu'il te gardera bien le secret; et tu porteras alors plus en paix ta tribulation.

« Cher fils, aie avec toi compagnie de bonnes gens, ou de religieux ou de séculiers, et évite la compagnie des mauvais, et aie volontiers avec les bons bons entretiens, et écoute volontiers parler de Dieu en sermon et privément, et procure-toi volontiers pardons (indulgences). Aime le bien en autrui, et hais le mal. Ne souffre pas que l'on dise, devant toi, paroles qui puissent tirer les gens à péché. N'écoute pas volontiers dire mal d'autrui. Ne souffre pas en nulle manière parole qui puisse tourner au mépris de Dieu ou de ses saints, que tu n'en prennes vengeance; et, si c'est clerc ou personne si grande que tu ne doives pas justicier, fais-le alors dire à celui qui justicier la pourrait.

« Cher fils, pourvois que tu sois si bon, en toutes choses, qu'il appert que tu reconnaisses les bontés et les honneurs que Notre Sire t'a faits, en telle manière que, s'il plaisait à Dieu que tu vinsses au faix et à l'honneur de gouverner le royaume, tu fusses digne de recevoir la sainte onction de laquelle les Rois de France sont consacrés.

« Cher fils, s'il avient que tu viennes à régner, pourvois que tu aies ce qui à Roi appartient, c'est-à-dire que tu sois si juste que tu ne déclines ni ne dévoies de justice, pour nulle chose qui puisse avenir. S'il avient que quelque querelle qui soit mue entre riche et pauvre vienne devant toi, soutiens plus le pauvre que le riche, et, quand tu entendras la vérité, ainsi fais-leur droit. Et, s'il avient que tu aies querelle contre autrui, soutiens la querelle de l'étranger devant ton Conseil, ni ne montre pas que tu aimes fortement ta querelle (ta cause), jusques à tant que tu connaisses la vérité ; car ceux de ton Conseil pourraient être craintifs de parler contre toi, et ce ne dois-tu pas vouloir. Et, si tu entends que tu tiennes quelque chose à tort, ou de ton temps, ou du temps à tes prédécesseurs, fais-le tantôt rendre, combien que la chose soit grande, ou en terre, ou en deniers, ou en autre chose ; et, si la chose est obscure, pour quoi tu ne puisses pas savoir la vérité, fais telle paix (tel accord), par le conseil de tes prud'hommes, que l'âme de toi et les âmes de tes prédécesseurs en soient du tout déchargées. Et, bien que tu aies ouï dire que tes prédécesseurs aient telles choses rendues, nonobstant aie toujours grande volonté de savoir s'il ne demeure rien de ces choses à rendre ; et, si tu trouves que quelque chose en soit à rendre, fais tantôt que ce soit rendu et rétabli pour le salut de l'âme de toi et des âmes de tes prédécesseurs.

« Sois bien diligent de faire garder toutes manières

de gens par ton royaume, et spécialement les personnes de sainte Eglise, et les défends qu'injure ni violence ne soit faite en leurs personnes et en leurs choses. Et je te veux ici recorder une parole que le roi Philippe, mon aïeul, me dit une fois, ainsi comme un qui était de son Conseil me recorda, qui disait qu'il l'avait ouïe. Le Roi était un jour avec son privé Conseil, et était là celui qui m'a recordé cette parole, tout présent ; et lui disaient ceux de son Conseil que les clercs lui faisaient beaucoup d'injures (de torts), et s'émerveillaient beaucoup de gens comment il pouvait telle chose souffrir. Et alors, le roi Philippe répondit en cette manière : « Je crois bien, dit-il, qu'ils me font assez d'injures ; mais, quand je pense aux honneurs que Notre-Seigneur m'a faits, je veux mieux souffrir mon dommage que faire ce pour quoi discorde viendrait entre moi et sainte Église. » Et cette chose je te recorde, pour que tu ne sois pas léger à croire quelques-uns contre les personnes de sainte Église, mais leur portes honneur et les gardes, ainsi qu'ils puissent faire le service de Notre-Seigneur en paix. Et aussi je t'enseigne que tu aimes spécialement les gens de religion et les secoures volontiers en leurs nécessités. Et aime ceux-là, plus que les autres, que tu sauras qui plus honoreront Dieu et serviront.

« Cher fils, je t'enseigne que tu aimes ta mère et honores, et que tu retiennes volontiers ses bons enseignements, et sois enclin à suivre son bon conseil. Aime tes frères et leur veuille toujours bien, et aime leurs bons avancements, et sois-leur en lieu de père à les enseigner en tout bien ; mais garde, pour amour que tu aies envers aucun, que tu ne te dévoies de faire droit (justice), ni ne fais aux autres chose que tu ne doives...

« Cher fils, je t'enseigne que tu te gardes à ton pouvoir, que tu n'aies guerre avec nul chrétien ; et, s'il te faisait quelques injures (torts), essaie plusieurs voies à savoir si tu pourrais trouver quelques bonnes voies par lesquelles tu pusses recouvrer ton droit, sans que tu fisses guerre; et aie intention telle que ce soit pour éviter les péchés qui sont faits en guerre. Et s'il avenait qu'il te fallût faire guerre, ou parce que quelqu'un de tes hommes défaillirait de prendre droit en ta Cour (se déroberait à la juridiction de la Cour du Roi), ou ferait injure à quelque église ou à quelque autre personne, quelle qu'elle fût, et ne le voudrait pas amender pour toi ou pour aucune autre cause raisonnable, quelle que soit la cause pour laquelle il te faille faire guerre, commande diligemment que les pauvres gens qui n'ont point coopéré au forfait soient gardés, que dommage ne leur vienne, ni pour brûler leurs biens, ni par autre manière : car il appartient mieux à toi que tu contraignes le malfaiteur (le coupable), en prenant ses choses, ou ses villes, ou ses châteaux par force de siége, que si tu dégâtais les biens des pauvres gens. Et pourvois qu'avant que tu meuves guerre, tu aies eu bon conseil que la cause est bien raisonnable, et que tu aies bien admonesté le malfaiteur, et que tu aies attendu autant que tu devras.

« Cher fils, encore t'enseigné-je que tu entendes diligemment à apaiser à ton pouvoir les guerres et les contestations qui seront en ta terre ou entre tes hommes ; que c'est une chose qui beaucoup plaît à Notre-Seigneur. Et monseigneur Saint-Martin nous donna très-grand exemple; car, au temps qu'il sut de par Notre-Seigneur qu'il se devait mourir, il alla pour mettre la paix entre les clercs qui étaient en son archevéché, et lui fut avis qu'en ce faisant il mettait bonne fin à sa vie.

« Cher fils, pourvois bien diligemment que tu aies

bons prévôts et bons baillis en ta terre, et fais souvent pourvoir qu'ils fassent bien justice et qu'ils ne fassent injure (tort) à personne, ni nulle chose qu'ils ne doivent. Et fais aussi pourvoir de ceux mêmes de ton hôtel, qu'ils ne fassent chose qu'ils ne doivent. Et bien que tu doives haïr tout mal en autrui, nonobstant tu dois plus haïr le mal de ceux qui ont pouvoir de toi que le mal des autres personnes ; et plus dois garder et défendre que ce n'avienne que tes gens fassent mal.

« Cher fils, je t'enseigne que tu sois toujours dévôt à l'Église de Rome et au Souverain Évêque notre père, c'est le Pape, et lui porte révérence et honneur, ainsi comme tu dois faire à ton père spirituel.

« Cher fils, donne volontiers pouvoir aux gens de bonne volonté et qui bien en sachent user, et pense par grande diligence que péchés soient ôtés de ta terre, c'est-à-dire vilains serments et toute chose qui est faite et dite en mépris de Dieu, ou de Notre-Dame, ou des saints. Et fais cesser le jeu des dés, et péché de corps, et les tavernes, et les autres péchés à ton pouvoir en ta terre. Et fais chasser les bougres (les hérétiques) sagement, et en bonne manière à ton pouvoir, de ta terre, et autres mauvaises gens, de sorte que ta terre en soit bien purgée, ainsi comme tu entendras que ce doit être fait par conseil de bonnes gens. Et avance le bien par tous lieux à ton pouvoir, et mets grande entente que tu saches reconnaître les bontés que Notre Sire t'aura faites, et que tu lui en saches rendre grâce.

« Cher fils, je t'enseigne que tu mettes grande entente à ce que les deniers que tu dépenseras soient dépensés en bons usages, et qu'ils soient justement reçus ; et c'est un sens que je voudrais beaucoup que tu eusses, c'est-à-dire que tu te gardasses de folles dépenses et de mauvaises recettes, et que tes deniers fussent bien dépensés et bien reçus, et ce sens te veuille Notre Sire enseigner ensemble avec les autres sens qui te sont convenables et profitables.

« Cher fils, je te prie que, s'il plaît à Notre-Seigneur que je parte de ce monde avant toi, tu me fasses aider par messes et par autres oraisons, et que tu envoies par les congrégations des religieux du Royaume de France pour requérir leurs prières pour l'âme de moi ; et que tu entendes qu'en tous les biens que tu feras Notre Sire m'y donne partie.

« Cher fils, je te donne toute cette bénédiction que père peut et doit donner à son fils ; et prie Notre-Seigneur Jésus-Christ Dieu qu'il, par sa grande miséricorde et par les prières et les mérites de sa benoîte mère la Vierge Marie, et par les mérites d'anges et d'archanges et de tous saints et de toutes saintes, te garde et défende que tu ne fasses nulle chose qui soit contre la volonté de lui, et qu'il te donne grâce de faire sa volonté, de sorte qu'il soit honoré et servi par toi. Et ce fasse Notre Sire à moi et à toi par sa grande largesse, en telle manière qu'après cette mortelle vie nous le puissions voir, louer et aimer sans fin. *Amen.*

« Et gloire, et honneur, et louange soient à celui qui est un Dieu avec le Père et le Saint Esprit, sans commencement et sans fin. *Amen.* »

II

Enseignements de saint Louis à sa fille Isabelle.

« A sa chère et amée fille Isabelle, reine de Navarre, salut et amour de père.

« Chère fille, pour ce que je crois que vous retiendrez plus volontiers de moi, pour l'amour que vous avez à moi, que vous ne feriez d'aucuns autres, je pense que je vous ferai quelques enseignements écrits de ma propre main.

« Chère fille, je vous enseigne que vous aimiez Notre-Seigneur Dieu de tout votre cœur et de tout votre pouvoir ; car, sans ce, ne peut nul valoir nulle chose, ni autre chose ne peut être aimée si profitablement. Celui-là est le Sire à qui toute créature peut dire : « *Sire, vous êtes mon Dieu qui n'avez besoin de nul de mes biens.* » Celui-là est le Sire qui envoya son benoît fils en terre et l'offrit à la mort, pour qu'il nous délivrât des peines d'enfer.

« Chère fille, si vous l'aimez, le profit en sera vôtre. La créature est bien hors voie qui met ailleurs l'amour de son cœur, fors en lui ou sous lui.

« Chère fille, la mesure par laquelle nous devons Dieu aimer est l'aimer sans mesure : il a bien mérité que nous l'aimions ; car il nous aima premièrement. Je voudrais que vous sussiez bien penser aux œuvres que le benoît fils Dieu a faites pour notre rédemption.

« Chère fille, ayez grand désir comment vous lui puissiez plus plaire, et mettez grand soin et grande diligence à éviter les choses que vous penserez qui lui doivent déplaire. Spécialement, vous devez avoir cette volonté que vous ne feriez péché mortel pour chose qui pût avenir, et que vous souffririez plutôt que l'on vous tranchât tous les membres et que l'on vous otât la vie par cruel martyre, que vous fissiez péché mortel à escient.

« Chère fille, accoutumez-vous à vous confesser souvent, et élisez toujours confesseur qui soit de sainte vie et qui soit suffisamment lettré, de façon que vous soyez par lui enseignée dans les choses que vous devez éviter et que vous devez faire ; et soyez de telle manière que votre confesseur et vos autres amis vous osent enseigner et reprendre hardiment.

« Chère fille, entendez volontiers le service de sainte Église, et, quand vous serez en l'église, gardez que vous ne musiez et que vous ne disiez vaines paroles. Dites vos oraisons en paix par bouche et par pensée, et spécialement quand le corps de Jésus-Christ sera présent à la messe ; et, par espace de temps avant, soyez plus en paix et plus attentive à oraison.

« Chère fille, entendez volontiers parler de Dieu dans les sermons et en entretiens privés ; mais évitez toujours privés entretiens, fors de gens très-élus en bonté et en sainteté. Procurez-vous volontiers indulgences et pardons.

« Chère fille, si vous avez quelque persécution de maladie ou autre chose en laquelle vous ne puissiez mettre remède en bonne manière, souffrez-la alors de bonne volonté et rendez pour ce grâce à Notre-Seigneur et lui en sachez bon gré ; car vous devez croire qu'il le fait pour votre bien, et devez croire que vous l'avez bien mérité et plus, s'il voulait, pour ce que vous l'avez peu aimé et peu servi, et fait beaucoup de choses contraires à sa volonté. Et, si vous avez quelque prospérité de santé de corps, ou autre, remerciez Notre-Seigneur humblement et lui sachez de ce bon gré ; et gardez que vous n'empiriez de ce par orgueil ni par autre vice ; car c'est très-grand péché que faire guerre à Notre-Seigneur par l'occasion de ses dons. Si vous avez quelque tribulation de cœur, si elle est telle que vous la puissiez et deviez dire à votre confesseur, dites-lui ou à autre personne que vous croyez qui soit loyale et qui vous doive bien garder le secret, afin que vous portiez votre tribulation et souteniez plus en paix.

« Chère fille, ayez le cœur débonnaire vers les gens que vous entendez qui sont à mésaise de cœur et de corps, et les secourez volontiers ou de confort, ou d'aumône, selon ce que vous pourrez en bonne manière.

« Chère fille, aimez toutes bonnes gens et de religion et de siècle, ceux que vous entendrez par qui Dieu soit honoré et servi. Aimez les pauvres et les secourez, et spécialement ceux qui pour l'amour de Notre-Seigneur se sont mis à pauvreté.

« Chère fille, pourvoyez-vous à votre pouvoir, que les femmes et les autres personnes de votre maison qui avec vous conversent plus privément et secrètement, soient de bonne vie et de sainte ; et évitez à votre pouvoir toutes gens de mauvaise renommée.

« Chère fille, obéissez humblement à votre mari, et à votre père et à votre mère, dans les choses qui sont selon Dieu. Vous devez volontiers faire à chacun ce qui à lui appartient, pour l'amour que vous devez avoir à eux ; et encore leur devez-vous mieux faire pour l'amour de Notre-Seigneur, qui a ce ainsi ordonné ; mais contre Dieu vous ne devez à nul obéir.

« Chère fille, mettez si grande entente que vous soyez si parfaite, en tout bien, que ceux qui vous verront et entendront parler de vous y puissent prendre bon exemple. Il me semble que ce serait bon que vous n'eussiez pas trop grand surcroît de robes ensemble et de joyaux, selon l'état où vous êtes. Plutôt m'est avis que meilleure chose est que vous en fassiez vos aumônes, au moins de ce qui serait trop ; et m'est avis que ce serait bon que vous ne missiez pas trop grand temps ni trop grande étude à vous parer et atourner ; et gardez bien que vous ne fassiez excès en votre ornement, plutôt soyez plus encline au moins qu'au plus.

« Chère fille, ayez en vous un désir qui jamais de

vous ne se parte, c'est-à-dire comment vous puissiez plus plaire à Notre-Seigneur, et mettez votre cœur à ce que, si vous étiez certaine que vous n'auriez jamais récompense de nul bien que vous fissiez, ni ne fussiez punie de nul mal que vous fissiez, nonobstant ainsi vous voudriez vous garder de faire chose qui à Dieu déplût, et entendriez à faire les choses qui lui plairaient, à votre pouvoir, purement pour l'amour de lui.

« Chère fille, procurez-vous volontiers les prières des bonnes gens et m'associez à vous en ces prières ; et, s'il avient qu'il plaise à Dieu que je parte de ce monde plus tôt que vous, je vous prie que vous procuriez messes et oraisons et autres biens faits pour l'âme de moi.

« Je vous commande que nul ne voie cet écrit sans mon congé, excepté votre frère.

« Notre Sire vous fasse si bonne en toutes choses, comme je désire, et plus assez que je ne sache désirer. *Amen.* »

FIN.

TABLE DES MATIÈRES

CONTENUES DANS LE SECOND VOLUME.

LA TRADITION

LIVRE TROISIÈME

La loi de Dieu dans tous les temps.

LES RÈGLES

LIVRE QUATRIÈME

La loi de Dieu dans les Livres sapientiaux.

PREMIER APPENDICE

LES LIVRES DE FAMILLE ET LA TRADITION DOMESTIQUE EN ORIENT.

DEUXIÈME APPENDICE

TROISIÈME APPENDICE

FIN DE LA TABLE DES MATIÈRES.

Coulommiers. — Typ. Albert PONSOT et P. BRODARD.

MÊME LIBRAIRIE

BIBLIOTHÈQUE HISTORIQUE ET LITTÉRAIRE

Vacances d'un Journaliste, par VICTOR FOURNEL. *Huit jours dans les Vosges. — De Paris à Madrid. — Simple coup d'œil sur Londres. — A travers l'Allemagne et l'Autriche-Hongrie.* 1 beau volume in-18 jésus, prix : 2 fr. ; par la poste 2 fr. 25

Les Alpes, *Histoire et Souvenirs*, par XAVIER ROUX, 1 beau volume in-18 jésus, 2 fr., par la poste, 2 fr. 25

Histoire naturelle pittoresque, *Mémoires d'une Ménagerie, Frosch et Pécopin*, par H. DE LA BLANCHÈRE. 1 beau volume in18 jésus, avec gravures ; 2 fr. ; par la poste 2 f. 25

Scènes villageoises, *Jacques Brunon. Georges Mauclair*, par EUGÈNE MULLER. 1 beau volume in-18 jésus, avec gravures : 2 fr. ; par la poste 2 fr. 25

Grandeur et décadence d'une Oasis, *Marthe Verdier*, par CH. WALLUT. 1 beau volume in-18 jésus, avec gravures hors texte, 2 fr. ; par la poste 2 fr. 25

Les Révolutions d'autrefois, *Mémoires de don Ramos, Le Siège de Florence*, par A. GENEVAY, 1 beau volume in-18 jésus, prix : 2 fr. ; par la poste 2 fr. 25

COULOMMIERS. — Typog. ALBERT PONSOT ET P. BRODARD.

www.ingramcontent.com/pod-product-compliance
Ingram Content Group UK Ltd.
Pitfield, Milton Keynes, MK11 3LW, UK
UKHW020317200726
13857UKWH00001B/198

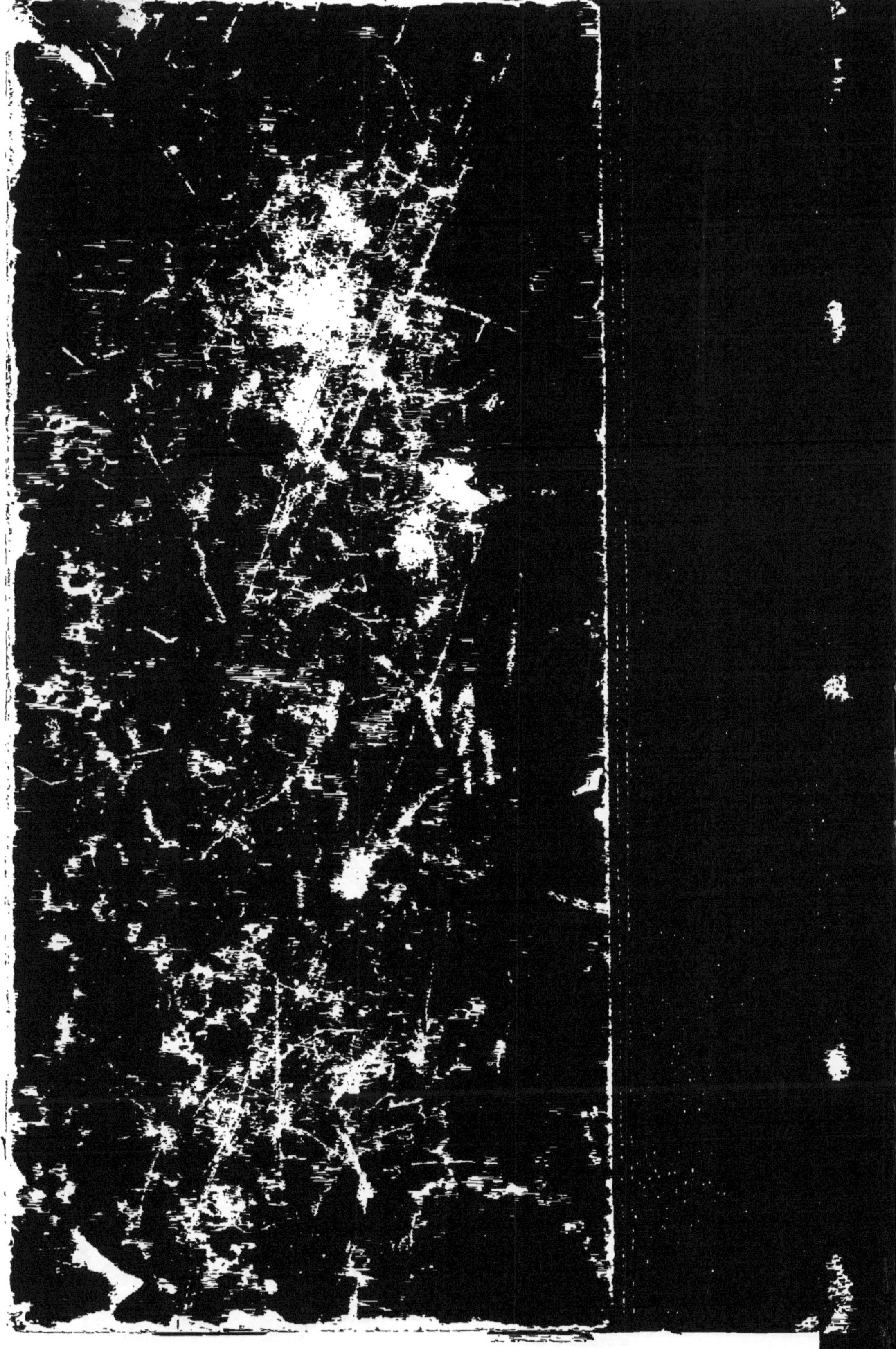

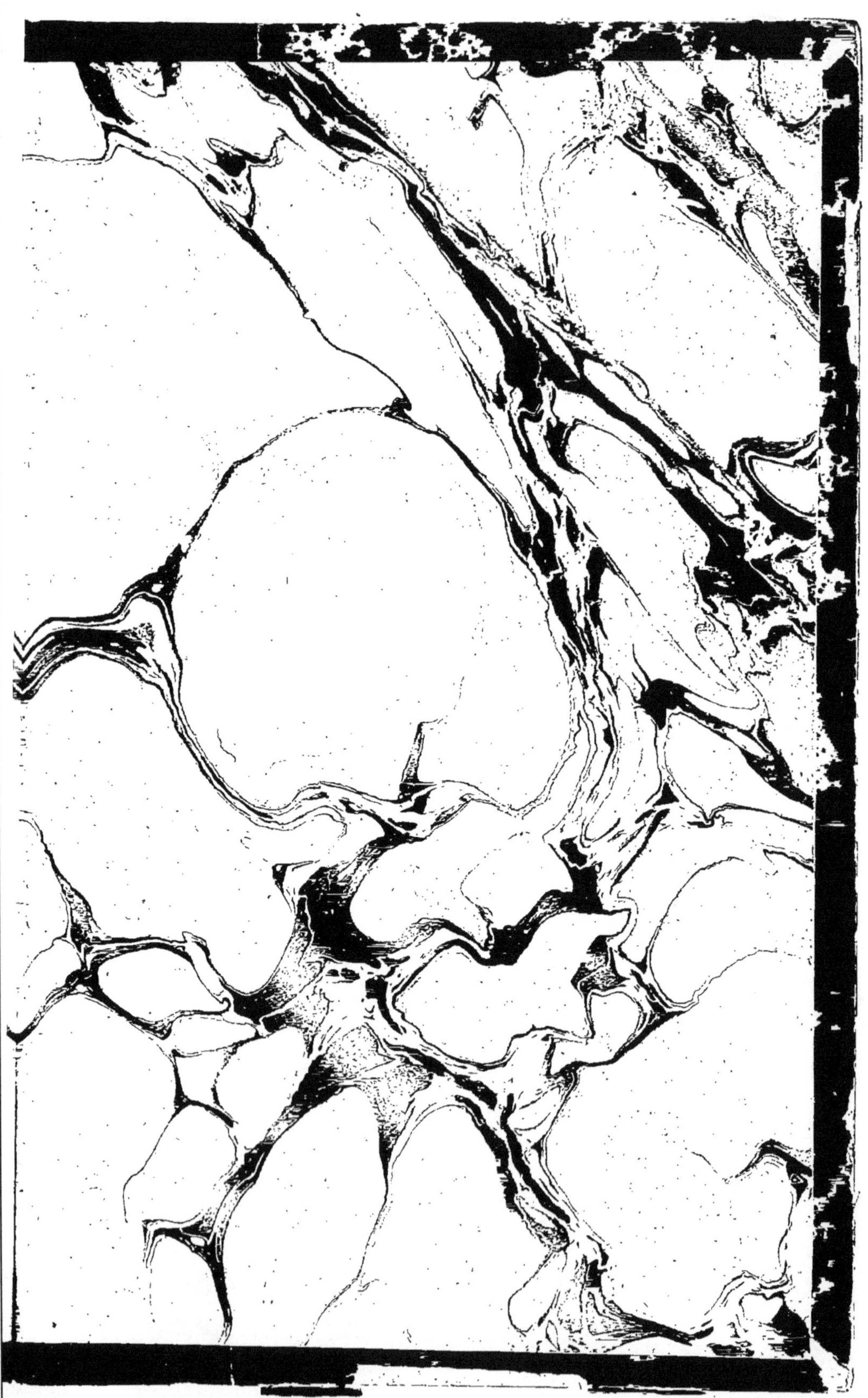